DEUXIÈME SÉRIE

MÉMOIRES

D'AUJOURD'HUI

PAR

ROBERT DE BONNIÈRES

PARIS

PAUL OLLENDORFF, ÉDITEUR

28 BIS, RUE DE RICHELIEU, 28 BIS

1885

MÉMOIRES

D'AUJOURD'HUI

F. Aureau. — Imprimerie de Lagny.

AVERTISSEMENT

Cette nouvelle série de MÉMOIRES est entièrement
consacrée aux littérateurs. J'ai cru devoir mêler aux
chapitres de ce livre quelques fragments des œuvres
de chaque auteur afin d'achever le portrait, pensant
que les écrivains se montrent bien dans leurs ouvrages, et que mes lecteurs les connaîtraient par là
mieux encore que par ce que j'en ai dit. J'ai donc
cité autant que j'ai pu, et peut-être plus qu'il n'aurait fallu ; de cela, l'on ne manquera pas sans doute
de me faire un reproche ; mais j'ai préféré servir
le public plutôt que de me servir moi-même.

Ensuite, en relisant ce volume, j'ai trouvé en
plusieurs endroits quelques raideurs de jugement
que je pourrais regretter malgré leur retenue, si
l'expression n'en était pas sincère. Il y a peut-être de
l'injustice, par exemple, à ne parler de Victor Hugo
qu'à propos de son TORQUEMADA. En tout cas il est
mauvais pour un jeune écrivain d'avoir dans son
dossier littéraire un chapitre tel que celui où j'ai

étudié le poète. Je le sais. J'aurais pu omettre ce cha-
pitre et dans beaucoup d'autres épargner aussi quel-
ques traits qui ont pu fâcher sur le moment. Mais
à quoi bon essayer de déguiser un livre dont tout le
mérite est d'être independant et spontané.

R. B.

2 janvier 1885.

MÉMOIRES

D'AUJOURD'HUI

I

IVAN TOURGUÉNEF

Samedi, 19 mars 1881.

— « Un fonctionnaire excellent et très respectable présenta en haut lieu, en 1860, un rapport au sujet de l'émancipation des paysans. Il lisait son rapport dans les salons de Saint-Pétersbourg. La plus belle phrase était celle où il disait que les paysans émancipés ne manqueraient pas de se répandre, une torche à la main, sur toute la face de la patrie. Il fallait le voir gonfler ses petites joues, écarquiller ses petits yeux et s'écrier en ouvrant sa bouche enfantine : « La torche ! la torche ! une torche à la main ! » — Il se trompait sur un seul point : ce ne sont pas les paysans, ce sont d'autres qui porteront les torches. »

C'est ainsi que le romancier russe fait parler un de ses personnages dans son roman de *Terres vierges*.

Ivan Tourguénef a depuis longtemps à peu près tout deviné. C'est lui qui a donné leur nom aux nihi-

listes. Il ne suffit pas d'être Russe et d'avoir de rares
facultés pour bien connaître la Russie, il faut encore
la bien aimer. Tourguénef l'aime comme on aime
une mère malade. Il va s'inquiétant minutieuse-
ment de toutes ses douleurs ; il découvre ses plaies
d'une main légère. Il sait quels sont ses jours et
quelles sont ses nuits. Il ne veut point de bruit autour
d'elle. Il semble qu'il se plaise à parler à voix basse.
Il l'avertit sans la troubler. Ses livres sont discrets et
précis.

Tourguénef s'est assimilé l'esprit du peuple tout
entier. C'est dans son œuvre que les historiens devront
un jour puiser les plus sûrs documents de l'histoire
de la Russie contemporaine. Ses romans sont moins
des romans que des mémoires.

Une Russe, qui lui est amie, me disait un jour en
devenant tout d'un coup sérieuse :

— Il est la parole de la nation !

On ne peut mieux dire.

Ivan Sergueyevitch Tourguénef est né le 9 novembre 1818 dans le gouvernement d'Orel — une
plaine nue, deux ou trois maigres bouleaux, quelques
aubiers chétifs ; un village, cinq ou six clos, un petit
étang, de méchantes huttes de tremble et des paysans
moroses, chaussés d'écorce tressée ; puis la maison du
seigneur avec son toit de planches peintes en rouge,
des palissades, une porte cochère toujours ouverte,
une grande cour et un perron à auvent. Tel est à peu
près l'endroit où il naquit.

Le fils de Serge fut élevé à l'Université de Moscou,
la ville aux coupoles d'or, aux toits verts et aux murs

peints. La *ville sainte* est demeurée la ville chère aux
Russes. Il acheva ses études à Pétersbourg et à Berlin,
où il prit pour Gœthe une admiration qui ne l'a point
quitté.

A vingt-cinq ans, il fut attaché au ministère de l'intérieur. Là, il respira mal, et il ne tarda pas à quitter
les bureaux. C'était sous le règne de l'empereur Ni-
colas. Ce prince était un soldat dur aux autres et à
lui-même. Il admirait Frédéric II pour ses armées
disciplinées ; mais certes il ne jouait pas de la flûte
comme le *philosophe Sans-Souci* et ne lisait pas aux
offices des romans français. L'Empereur était ennemi
des livres. Les bibliothèques étaient à peu près vides
et les salons muets. Tourguénef fut courageux. Il
publia les *Récits d'un chasseur* (1).

(1) Je cite, à propos de la traduction de ce beau livre, une
lettre très instructive de Tourguénef, que je trouve en tête de la
traduction de M. H. Delaveau : *Récits d'un chasseur* (Dentu,
éditeur, 1859), la seule édition que je connaisse qui ait été au-
torisée par l'auteur. Je fais cette citation avec d'autant plus
d'utilité que les documents sont très rares où l'auteur parle de
lui. Il s'agit, dans la lettre qui suit, de la traduction Charrière (Hachette, éditeur), qui porte le titre fabriqué de *Mémoires d'un Seigneur russe*.

« Saint-Pétersbourg, 19 août 1852.

» Il vient de me tomber entre les mains une traduction française d'un
de mes ouvrages, publié il y a deux ans à Moscou. Cette traduction, inti-
tulée, je ne sais trop pourquoi, *Mémoires d'un Seigneur russe*, a donné
lieu à plusieurs articles insérés dans différents journaux étrangers. On
comprendra facilement, sans doute, qu'il ne peut pas me convenir d'entrer
en discussion avec mes critiques, d'ailleurs beaucoup trop bienveillants
pour moi ; mais ce qui me tient à cœur, c'est de protester contre la traduction d'après laquelle on m'a jugé.

» Cette prétendue traduction est une véritable mystification littéraire.
Je ne parle pas des contresens, des erreurs dont elle fourmille. Une traduction du russe ne saurait s'en passer. Mais, en vérité, on ne peut se
figurer les changements, les interpolations, les additions qui s'y rencon-

« — Le servage, dit-il quelque part, pesait sur le peuple comme un rocher. »

Il entreprit de lutter, étant dans cet état d'esprit qu'il a noté dans un fragment autobiographique publié en tête de ses œuvres, éditées par les frères Salaïef à Moscou. — « Le mouvement qui emportait les jeunes gens de ma génération à l'étranger faisait

trent à chaque page. C'est à ne pas s'y reconnaître. J'affirme qu'il n'y a pas dans tous les *Mémoires d'un Seigneur russe* quatre lignes de suite fidèlement traduites. M. Charrière a pris surtout soin d'orner mon style, qui a dû lui sembler beaucoup trop mesquin et trop maigre. Si je fais dire à quelqu'un « et je m'enfuis » : « Je m'enfuis d'une fuite effarée, échevelée, comme si j'eusse eu à mes trousses toute une légion de couleuvres commandée par des sorcières. » Un lièvre poursuivi par un chien devient, sous la plume enjouée de mon traducteur « un écureuil qui monte sur le sommet d'un pin, s'y place debout et se gratte le nez ». Un arbre qui tombe se transforme en « un géant chevelu qui s'était ri des assauts séculaires de plusieurs milliers d'insectes et qui s'incline solennellement et sans hâte vers la terre, sa vieille nourrice, comme pour l'embrasser, en expirant sous la morsure d'un fer tranchant emmanché par l'homme d'un fragment de bois que l'arbre avait peut-être fourni lui même ». Une vieille dame « passe du chocolat au safran, puis au café au lait, tandis que des bouquets de poil jaune et frisé s'agitent sur son front et que ses yeux clignotent avec un mouvement aussi rapide que la flèche coureuse de la pendule qui bat soixante fois à la minute », etc., etc.

» On comprendra sans peine mon étonnement! Mais voici quelque chose de bien plus fort encore : Dans le chapitre XVII, à la page 280, M Charrière introduit un nouveau personnage qu'il décrit longuement et avec complaisance, une espèce de colporteur, de marchand d'allumettes chimiques... que sais-je! Eh bien! il n'y a pas un mot de tout cela dans mon livre, par la bonne raison qu'un semblable personnage n'existe pas en Russie. Ce qu'il y a de plus curieux, c'est qu'en parlant précisément de ce chapitre dans sa préface, M. Charrière prévient le lecteur que « les préparatifs de l'auteur peuvent paraître un peu longs à notre impatience française ». Vous concevez, monsieur, qu'avec un pareil système de traduction, on peut donner pleine carrière à sa fantaisie. Aussi M. Charrière ne s'en est-il pas fait faute; il taille, il coupe, il change, il me fait pleurer et rire à volonté, il me fait ricaner, et c'est ce dont je lui en veux le plus; il a l'horreur du mot propre, il met une queue en trompette au bout de chaque phrase; il improvise toutes sortes de réflexions, d'images, de descriptions et de comparaisons. Il est possible que toutes ces improvisations soient charmantes et surtout pleines de goût; mais, je le demande à M. Charrière lui-même, comment ne sent-il pas qu'en ajoutant tant de belles choses au texte de mon ouvrage, il le prive par cela même du seul

penser aux anciens Slaves allant chercher des chefs
chez les Varègues, au delà des mers. Chacun de nous
sentait bien que sa *terre* (je ne parle pas de la patrie
en général, mais du patrimoine moral et intellectuel
de chacun) *était grande et riche, mais désordonnée* (1). En
ce qui me concerne, je puis dire que je ressentais
vivement tous les désavantages de cet arrachement du
sol natal, de cette rupture violente de tous les liens
qui m'attachaient au milieu où j'avais grandi... mais
il n'y avait rien d'autre à faire. Cette existence, ce
milieu, et en particulier la sphère à laquelle j'appar-
tenais, la sphère des propriétaires campagnards et du
servage, — ne m'offraient rien qui pût me retenir. Au
contraire : presque tout ce que je voyais autour de

mérite qui pourrait le recommander à l'attention des lecteurs français : du
mérite de l'originalité ? Je remercie beaucoup M. Charrière de toutes les
amabilités dont sa préface est remplie. Mais n'est-il pas un peu étrange
de louer l'esprit de quelqu'un quand on vient de lui en prêter tant du
sien ?

« I. TOURGUÉNEF. »

« *P.-S.* — On me pardonnera d'ajouter un post-scriptum à une lettre
déjà si longue ; mais parmi les contresens dont j'ai parlé plus haut, il y
en a deux ou trois de si piquants que je ne puis me refuser le plaisir de
les citer. Page 104, on trouve la phrase suivante : « Les chiens faisaient
tourner leurs queues... dans l'attente d'un ortolan. » D'où vient cet ortolan ? Il y a *afsianka* dans le texte, et le dictionnaire consulté par
M. Charrière ne lui aura probablement pas dit qu'*afsiaka* signifie aussi
pâtée pour les chiens. — Page 380, le lecteur est tout surpris d'entendre
parler (la scène se passe au fin fond de la Russie) des allées et venues
continuelles des noirs occupés gravement du service. » Des noirs !!! Voici
l'explication de l'énigme : M. Charrière a confondu les mots *arapnik*, fouet
de chasse, et *arap*, nègre, et il a arrangé la phrase en conséquence. —
Page 338, on voit un dignitaire donner sa main à baiser à un général !...
Du reste, je soupçonne ici M. Charrière de s'être trompé à dessein. J'en
passe et des meilleurs, mais il est temps que je m'arrète. »

(1) C'est la phrase historique, et proverbiale en Russie, que
les députés des Slaves auraient prononcée en demandant aux
chefs varègues de venir les gouverner.

moi éveillait en moi un sentiment d'inquiétude, de
révolte, — bref, de dégoût. Je ne pouvais balancer
longtemps. Il fallait, ou bien se soumettre, cheminer
tranquillement dans l'ornière commune, sur la route
battue; ou bien se déraciner d'un seul coup, repousser
de soi tout et tous, même au risque de perdre bien
des choses chères à mon cœur. Ce fut le parti que je
pris... Je me jetai la tête la première dans la « mer
allemande », qui devait me purifier et me régénérer,
et quand enfin je sortis de ses eaux, je me trouvai un
« Occidental », ce que je suis toujours resté... Je ne
pouvais respirer le même air, vivre en face de ce que
j'abhorrais : peut-être n'avais-je pour cela pas assez
d'empire sur moi-même, de force de caractère. Il me
fallait à tout prix m'éloigner de mon ennemi, afin de
lui porter de loin des coups plus assurés. A mes yeux,
cet ennemi avait une figure déterminée, il portait un
nom connu : mon ennemi, c'était le droit de servage.
Sous ce nom, je rangeais et je ramassais tout ce
contre quoi j'avais résolu de lutter jusqu'au bout, —
avec quoi j'avais juré de ne jamais faire de paix; ce
fut mon serment d'Annibal, et je n'étais pas le seul
à le faire alors. J'allais à l'occident pour mieux remplir ce serment (1)... »

(1) Ce qui fait dire à M. Eugène Melchior de Voguë dans
une étude très complète que je ne saurais trop recommander
aux connaisseurs : « Voilà le gros mot lâché : l'écrivain sera
un « Occidental », il tiendra pour Japhet contre Sem, pour la
méthode de Pierre-le-Grand contre les patriotes retranchés
derrière la grande muraille chinoise. Il faut être au courant
des polémiques russes et de la terminologie des partis pour
comprendre quels orages peut soulever cette appellation inoffensive, quels flots d'encre et de bile elle fait couler chaque jour.
« Occidental », cela signifie, suivant le camp où l'on se place,

Il connaissait bien les paysans pour les avoir étudiés dans ses chasses. Il montra leur désespoir silencieux et leur vie misérable. C'est une suite de récits où l'auteur n'entreprend aucune polémique. Il raconte ce qu'il a vu. Dans les *Récits du chasseur*, on respire un air libre mêlé aux parfums amers de l'absinthe et à l'âcre odeur des bouleaux.

Le livre n'était pas approuvé par la censure. L'auteur fit deux mois de prison à Pétersbourg, vécut deux ans dans ses terres et s'en fut à Bade. Alexandre le protégea. Le fils de l'Empereur était sensible et lettré. On avait confié sa jeunesse aux soins d'un poète national russe. Malgré ses habits militaires et les hautes dignités qu'il occupait, le tzarewitch ne se déplaisait point aux belles-lettres. Il était naturel qu'il s'intéressât aux beaux livres d'un romancier utile. Tourguénef a eu ceci de commun avec le grand et bon Dickens, de ne pas écrire en vain.

un fils de lumière ou un traître maudit. Je me garderai bien de juger le procès; d'autant plus qu'à mon sens, il y a là surtout une querelle de mots; les batailleurs aveuglés par la fumée tomberaient facilement d'accord, s'ils pouvaient se retrouver de sang-froid; la raison, les bonnes lois et les bonnes lettres n'ont pas de patrie déterminée; chacun prend son bien où il le trouve, dans le fonds commun de l'humanité, et l'accommode à sa façon. En lisant ce fragment de confession, on est tenté de s'inquiéter pour l'avenir du poète; on entend derrière ces phrases comme un mauvais grondement de politique; est-ce que la grande suborneuse va le détourner de sa vraie voie? Il n'en sera rien heureusement. Tourguénef était bien trop littéraire, trop contemplatif et trop détaché, pour se jeter dans cette mêlée où l'on entre avec des convictions et d'où l'on sort avec des intérêts. Sur un seul point il tint son serment, il porta son coup, un coup terrible, au droit de servage; contre cet ennemi, la guerre était sainte, et tous étaient déjà de connivence. » (*Revue des Deux Mondes*, 15 octobre 1883.)

Le 10 février 1861, l'empereur Alexandre, si cruellement assassiné l'autre jour, émancipait les serfs de
l'Empire. Depuis, il n'a point caché à l'auteur des
Récits d'un chasseur que son livre — « avait pesé sur
sa grande détermination ».

Tourguénef a eu cet honneur peu commun de con-
tribuer au sort meilleur de vingt-quatre millions
d'hommes.

Depuis son voyage à Bade, Tourguénef a parcouru
par goût l'Europe avec une valise. Il connaît toute
l'Italie. Il a reçu à Oxford le diplôme de docteur *in
utroque*, que l'Université lui a décerné par honneur.
Aux bains de l'île de Wight il a rencontré le nihiliste
de *Pères et enfants*. A Heidelberg, il a vu les étudiants
russes fonder un journal socialiste avec ce titre : *A
tout venant je crache*. Il ne suffit pas d'aller en Russie
pour étudier les Russes.

Tourguénef va à Pétersbourg ou à Moscou, selon le
besoin, mais il demeure plus volontiers à Paris. — On
peut le voir et le toucher. Ivan Tourguénef a aujour-
d'hui soixante-deux ans, il est très grand, très droit
et très beau. Sa barbe blanche et ses longs cheveux
blancs le font ressembler au vieillard des contes de
Noël. Il a le nez grand et d'un beau dessin et le pas
lourd d'un homme qui souffre de la goutte. Il a la
douceur qui convient aux enfants et la sagesse que
préparent les longues méditations. Il a beaucoup vu.
Ne vous fiez point trop à l'innocence de ses yeux. —
Sa langue, un peu grosse, le fait zézayer en parlant.
Il semble chercher ses mots. Mais il ne dit que des
mots justes et ne construit que des phrases parfaites.

Un de nos amis prétend même qu'il parle — « trop bien ».

Tourguénef est paresseux et placide. Il y a comme cela dans la steppe de beaux étangs dont l'eau n'est pas courante, mais qui restent limpides parce qu'ils ont des sources d'eau vive cachées et profondes.

Comme le Bonhomme Hiver, Tourguénef conte admirablement. Tout ce qu'il a écrit est plein de sens, de cœur et d'exactitude. Lisez — je vous en prie — *Dimitri Roudine*, *Fumée*, *une Nichée de gentilshommes*, *Nouvelles Moscovites*, *Histoires étranges*, *Pères et enfants*, *les Eaux printanières*, *les Reliques vivantes*, *Terres vierges*. Vous y ferez la connaissance de femmes vivantes, courageuses comme des louves et capricieuses comme des chattes (1).

(1) A propos des femmes de Tourguénef, je détache quelques lignes d'une très belle étude publiée dans le *Temps* par M. Anatole France :

« C'est dans les portraits de femmes et dans les tableaux de nature que Tourguénef est incomparable de délicatesse et de grâce. La pruderie nationale gêne visiblement les écrivains anglais dans leurs études féminines. Nos romanciers sont plus libres, mais ils sont vite indiscrets. Le génie slave, plus rêveur, est particulièrement heureux dans ses créations de femmes. Tourguénef a semé dans ses romans et dans ses nombreuses nouvelles une foule de figures délicieuses. Ses nouvelles sont tout intimes ; aussi les femmes y tiennent-elles la plus grande place. J'ai déjà dit un mot de ses paysannes et laissé entrevoir madame Odintsof. Irène Ratmirof, dans *Fumée*, répand la double séduction d'une magnifique beauté et d'une âme énigmatique qui la fait se donner et se reprendre, comme si elle était elle-même le jouet d'une puissance mystérieuse et terrible. Il y a, dans la nouvelle si heureusement nommée les *Eaux printanières*, le portrait d'une Italienne qui est toute fraîcheur et en qui brillent dans toute leur pureté le duvet et la fleur de la jeunesse. Mais elle n'existe guère que par les sensations qu'elle donne. La véritable héroïne du récit est une sorte de courti-

Vous y rencontrerez aussi des hommes inutiles, généreux, incertains et rarement méchants. La plupart de ses personnages sont Russes, c'est-à-dire en-

sane mariée, de race plébéienne, qui court les villes d'eaux et administre sagement ses vastes domaines. Elle parle le russe savoureux des gens du peuple, la vieille et bonne langue. Elle monte à cheval comme une fille qui a pansé des chevaux dans son enfance. Elle est rusée comme un vieux juif et violente comme une Florentine. Mais les femmes que peint plus volontiers Tourguénef sont bien différentes. Elles sont réfléchies, discrètes ; elles ne laissent rien voir de leur travail intérieur. Leur sein s'embrase sous une toison d'hermine. Telle est Nathalie Lasounsky, dans *Dimitri Roudine*. Lise, dans une *Nichée de gentilshommes*, et Sophie Nicolaïevna, dans les *Scènes de la vie russe*, sont aussi de cette famille. Sophie, la jeune puritaine, livre son secret quand le temps des passions est passé pour elle. « Nous avons toujours, dit-elle, une ancre qui tient ferme aussi longtemps qu'on ne la brise pas soi-même. » Je ne veux point détacher toutes ses suaves figures de leur cadre pour les rassembler ici. Je veux rappeler seulement Viera, qu'une lecture perdit.

» Elle vivait paisible entre ses deux enfants. Son mari était sans imagination, elle ne paraissait pas en avoir plus que lui. Elle avait un regard de jeune fille : elle portait toujours une robe blanche, et c'était sa parure naturelle. Mais son calme avait quelque chose de ferme, de volontaire et comme d'obstiné. Un voisin, de nature ardente et délicate, vint, revint et voulut échauffer cette âme, l'envelopper de poésie. Tout plein du vieux Gœthe, il lut le *Faust* à Viera, sous de beaux arbres, avec toutes les inflexions de l'amour, car il aimait Viera sans le savoir, ou du moins sans se l'avouer. Dante a dit comment Francesca et Paolo se donnèrent un baiser en lisant les amours de Lancelot. Ils furent vaincus en un moment :

> Ma solo un punto fu che ci vinse.

» Viera écoute tout le *Faust*, tranquille, les mains jointes sur ses genoux. Le lecteur ne croit point l'avoir troublée, tant il y paraît peu. Mais il l'a frappée mortellement. A peu de temps de là, elle meurt. Elle l'avait pourtant dit : « La glace, tant qu'elle dure, est froide comme la pierre ; mais, sitôt qu'elle fond, il n'en reste rien. »

fantins, corrompus, superstitieux et philosophes, naïfs, raffinés, amis de la vérité et pourtant menteurs, patients, révoltés, inquiets et lents. Malgré tout, l'auteur nous fait aimer son pays, parce qu'il l'aime. Tout cela, comme dit le proverbe russe, « coule comme le miel sur l'huile d'olive ». — Et puis, il en sait long sur les nuages, les oiseaux, le vent, les bouleaux pleureurs, les muguets, les étangs, les gelinottes et le noble coq de bruyère. Il me rappelle le roi d'un vieux conte de fée slave qui avait reçu le don d'entendre le langage des plantes et des animaux. Il entendait dire aux petites mouches dorées :

— « Sus, sus à l'avoine du meunier ! »

Dans les paysages que Tourguénef s'abandonne à décrire, un esprit anxieux se promène et murmure d'une voix moins douce ce qu'aux oreilles du roi murmurent les mouches du conte. Le conteur russe a l'ouïe fine, et il est familier aux voix de la nature comme à celles des hommes.

Voici comme exemple de sa manière, le début d'un des plus beaux *Récits d'un chasseur*, le *Rendez-vous*.

J'étais assis près d'un arbre, dans un bois de bouleaux, en automne, vers le milieu du mois de septembre. Il tombait depuis le matin une pluie fine, et quelques chauds rayons de soleil perçaient parfois les nuages ; le temps était variable. Le ciel, couvert de nuées blanches et sans consistance, s'éclaircissait subitement sur quelques points, et en s'ouvrant ainsi pour peu d'instants, les nuages laissaient découvert un ciel bleu et limpide, semblable à un œil doux et intelligent. Je regardais de tous côtés, et prêtais l'oreille au moindre bruit. Le feuillage qui s'étendait au-dessus de

ma tête était presque immobile; le bruit qu'il rendait en
s'agitant aurait suffi pour marquer la saison dans laquelle
on se trouvait. Ce n'était point le gai frémissement des
feuilles à peine écloses, le doux et le long murmure de
l'été, le frôlement timide et froid qu'on entend dans les bois
à la fin de l'automne, mais une sorte de babil languissant et
à peine sensible. Un vent léger effleurait par moments les
cimes des arbres. L'intérieur du bois, qui était tout impré-
gné d'humidité, changeait à chaque instant d'aspect, suivant que le soleil brillait ou se voilait. Lorsqu'il y donnait
en plein, le bois s'illuminait et s'égayait soudainement; les
troncs élancés des bouleaux, assez écartés l'un de l'autre,
prenaient tout à coup un éclat pareil à celui de la soie
blanche; les petites feuilles qui couvraient le sol s'émail-
laient aussitôt de mille nuances diverses et étincelaient
comme l'or le plus pur; les tiges élégantes des grandes
fougères empanachées qui avaient déjà revêtu la belle
nuance qu'elles ont en automne, et qui ne le cède en rien
au brillant coloris du raisin en pleine maturité, se croisaient
et s'entremêlaient de mille manières sous mes yeux. Mais
le soleil se cachait, et alors tout prenait aussitôt dans le
bois une teinte bleuâtre, les tons les plus vifs s'éteignaient;
les troncs des arbres devenaient d'un blanc mat, comme
celui de la neige qui vient de tomber, et dont le moindre
rayon du froid soleil d'hiver n'a point encore effleuré la
surface; puis une pluie presque imperceptible pénétrait fur-
tivement dans le bois et y répandait son léger murmure.
Les feuilles des bouleaux étaient encore vertes pour la plupart, mais d'un vert déjà très pâle; on en distinguait seulement çà et là quelques-unes de nouvelle pousse toutes
rouges ou d'un jaune d'or; il fallait les voir s'embraser lorsqu'un rayon de soleil se glissait jusqu'à elles en diaprant
sur son passage le réseau de petites branches humides qu'il
traversait. Aucun oiseau ne chantait; ils se tenaient tous
blottis silencieusement dans le feuillage; la mésange seule

jetait par moments son petit cri moqueur, qui retentissait au milieu du silence comme le son d'une clochette d'acier.

Après avoir admiré le spectacle qui s'offrait à lui, il finit par s'endormir de ce sommeil calme et profond que les chasseurs ont la joie de connaître.

Je ne sais vraiment combien de temps je dormis, mais lorsque j'ouvris les yeux, tout l'intérieur du bois était rempli de soleil, et l'azur du ciel qui perçait de tous côtés à travers le feuillage semblait étincelant de lumière ; les nuages chassés par un vent au souffle capricieux avaient disparu ; le beau temps s'était rétabli et l'air avait cette fraîcheur sèche et toute particulière qui remplit le cœur d'un sentiment de bien-être, et annonce presque toujours qu'une belle et tranquille soirée va succéder à une journée pluvieuse. J'allais me relever pour me remettre en chasse, lorsque mes yeux rencontrèrent une forme humaine qui se tenait immobile dans le bois. Je la regardai attentivement ; c'était une jeune paysanne. Elle était assise à vingt pas de moi environ, la tête inclinée d'un air pensif et les deux mains négligemment posées sur les genoux ; l'une d'elles était à demi entr'ouverte et presque entièrement cachée par un épais bouquet de fleurs des champs. Le sein de la jeune rêveuse était agité, et à chacun de ses mouvements le bouquet glissait doucement sur sa jupe rayée. La chemise blanche qu'elle portait était fermée à la gorge et aux poignets, et embrassait étroitement sa taille en formant des plis courts moelleux ; une double rangée de grosses perles jaunes était passée autour de son cou et tombait sur sa poitrine. Elle était jolie. Son épaisse chevelure d'un blond cendré était partagée en deux demi-cercles soigneusement lissés et retenus par un bandeau rouge très étroit qui surmontait son front blanc comme l'ivoire. Le reste de son visage était couvert de ce hâle doré qui est particulier aux peaux fines

et délicates. Je ne pouvais distinguer ses yeux ; elle les tenait baissés ; mais je remarquai ses longs cils, ses sourcils
minces et élevés, et ses paupières humides ; sur une de ses
joues brillaient les traces d'une larme qui s'était arrêtée à
ses lèvres pâlies. Elle avait le nez un peu gros et court,
mais il ne déparait nullement l'ensemble de ses traits, qui
étaient, comme je l'ai dit, fort agréables. L'expression qui les
animait était pleine de charme ; elle peignait la douceur, la
modestie, et en même temps la tristesse naïve d'un enfant
qui ne sait point encore raisonner sa douleur. Il était facile
de voir qu'elle attendait quelqu'un.

Celui qu'elle attendait se montra enfin.

C'était, à en juger d'après les apparences, le valet de
chambre favori de quelque jeune et riche propriétaire des
environs. Son costume trahissait des prétentions au bon
goût et à une négligence recherchée ; il portait un paletot
court de couleur de bronze et boutonné jusqu'en haut, probablement de la défroque de son maître, une cravate rose
avec des pointes jaunes, et une casquette de velours noir à
galon d'or dont la visière était rabattue sur son front. Le
collet arrondi de sa chemise blanche lui coupait impitoyablement les joues et montait jusqu'à ses oreilles ; des manchettes empesées lui couvraient à moitié les doigts, qu'il
avait rouges et difformes ; il avait plusieurs bagues d'or et
d'argent ornées de petites turquoises. Sa figure rouge et
impudente était de celles qui, autant que j'ai pu le remarquer, paraissent insupportables aux hommes, et plaisent
malheureusement, il faut le dire, assez souvent aux femmes.
Il s'efforçait visiblement de donner à ses traits un peu grossiers une expression de dédain et d'ennui ; il clignait continuellement ses yeux d'un gris clair, et qui sans cela étaient
déjà presque imperceptibles ; il se rengorgeait, abaissait les
coins de sa bouche, bâillait sans en avoir envie, caressait

d'un air dégagé les boucles de sa chevelure roussâtre arrangée avec le plus grand soin, et frisait les petits poils jaunâtres qui hérissaient sa lèvre supérieure; en un mot, il posait avec une affectation des plus ridicules. Il avait pris ces façons empruntées dès qu'il avait aperçu la jeune paysanne qui l'attendait; lorsqu'il s'en fut approché lentement, à pas comptés, il s'arrêta, haussa les épaules, et après avoir honoré la pauvre fille d'un regard fugitif et indifférent, il s'assit lentement à ses côtés.

— Eh bien ! — lui demanda-t-il en continuant à regarder d'un autre côté, en bâillant et en remuant une de ses jambes, — y a-t-il longtemps que tu es ici?

La jeune fille resta quelques instants sans trouver la force de lui répondre.

— Mais oui, Victor Alexandritch, — dit-elle enfin d'une voix basse.

— Ah! — fit-il en ôtant sa casquette et en passant dignement la main sur sa chevelure qui touchait presque ses sourcils ; puis, il se recouvrit avec précaution et en promenant autour de lui un regard important. — Oui, je l'avais oublié. D'ailleurs, vois-tu, il pleut. — (Et ici il bâilla.) — J'ai des affaires par-dessus la tête ! — (Il bâilla de nouveau.) — On ne sait comment s'en tirer, et le maître est impatient. Nous partons demain:

— Demain ? — s'écria la jeune fille. Et elle le regarda d'un air épouvanté.

Elle tressaille. Il lui défend brutalement de pleurer :
— Tu sais, dit-il que cela me déplaît.

— Vous m'oublierez, Victor Alexandritch, — dit tristement Akoulina.

— Non; pourquoi cela? Je ne t'oublierai pas ; mais toi, sois bien raisonnable, ne fais pas la sotte, écoute ton père.

Non, je ne t'oublierai pas, sois tranquille. — Et il bâilla de nouveau en s'allongeant de tout son long.

— Ne m'oubliez pas, Victor Alexandritch, continua-t-elle d'une voix suppliante ; vous savez combien je vous ai aimé, et je me suis entièrement donnée à vous. Obéir à mon père, Victor Alexandritch ; mais comment voulez-vous que je le fasse ?

— Comment ? dit-il, toujours couché sur le dos, d'une voix qui semblait sortir de son ventre, et les mains passées sous sa tête.

— Vous savez bien, Victor Alexandritch... vous savez.... ; — elle n'acheva pas.

Au lieu de lui répondre, Victor se mit à jouer avec ses breloques d'acier.

— Tu es une fille intelligente, Akoulina, — reprit-il enfin, — c'est pourquoi je te prie de ne pas radoter. Mais tu n'as pourtant pas d'instruction ; par conséquent, tu ferais bien de m'écouter lorsque je te donne des conseils.

— Cela me fait peur, Victor Alexandritch.

— Allons donc ! quelle sottise ! ma chère ; il y a vraiment bien de quoi s'épouvanter : Mais qu'as-tu donc là ? — lui demanda-t-il en se rapprochant d'elle ; — des fleurs ?

— Oui, — dit tristement Akoulina ; — voilà du bident des champs, — continua-t-elle en s'animant un peu ; — c'est bon pour les veaux. Voici du plantain, il guérit des écrouelles. Voyez donc quelle drôle de petite fleur ; je n'en ai jamais vu de pareille ; voici des germandrées, et, à côté, des violettes. Voilà qui est pour vous, — ajouta-t-elle en prenant un petit bouquet de bluets sauvages attachés avec un brin d'herbe. — Les voulez-vous ?

Le jeune valet de chambre tendit négligemment la main, prit le bouquet, en flaira avec insouciance les fleurs, se mit à les froisser entre ses doigts, et leva les yeux au ciel d'un air pensif et important. Akoulina le regardait... et ses

yeux avaient une expression de tendresse, de dévouement
et d'amour vraiment touchante.

Quant à lui, il reste toujours étendu. Il semble accueillir ses hommages avec une noble condescen-
dance. Il tire enfin un lorgnon de sa poche.

— Qu'avez-vous là? — lui demanda la jeune fille d'un air
stupéfait.
— Un lorgnon, — dit-il avec importance.
— A quoi cela sert-il?
— Pour y mieux voir.
— Donnez-le-moi que j'essaie.
Victor en parut contrarié, mais néanmoins il lui tendit le
lorgnon.
— Prends garde de le casser.
— N'ayez pas peur, je ne le casserai pas. — (Elle porta
timidement le lorgnon à son œil droit). — Je ne vois rien,
— lui répondit-elle naïvement.
— Il faut fermer l'œil, — lui dit-il du ton d'un maître mé-
content (elle ferma l'œil auquel elle avait appliqué le lor-
gnon). — Pas celui-là, bête que tu es !
— L'autre, — s'écria Victor, et avant qu'elle ait eu le
temps de suivre son avis, il lui reprit le lorgnon.
Akoulina rougit, commença à rire un peu et se détourna.
— Il paraît que ce n'est pas fait pour nous, — lui dit-elle.
— Je le crois bien !
La pauvre fille soupira profondément.
— Ah ! Victor Alexandritch ! reprit-elle tout à coup ; —
comme nous allons être tristes, lorsque vous n'y serez plus !
Victor essuya son lorgnon avec le pan de son paletot, et le
remit dans sa poche.
— Oui, sans doute, — dit-il enfin ; — dans le commence-
ment. (Il lui frappa l'épaule d'un air de protection ; elle lui
prit doucement la main et la baisa.)

— Oui, sans doute, — continua-t-il en souriant d'un air satisfait ; tu es une bonne fille ; mais que faire ? Juges-en toi-même ; nous ne pouvons pas rester ici éternellement, mon maître et moi ; voilà l'hiver, et tu sais bien qu'à la campagne l'hiver est insupportable. A Pétersbourg, c'est tout autre chose. Là-bas, ce sont vraiment des merveilles, que toi, pauvrette, tu ne peux pas t'imaginer, même en songe. Des maisons, des rues, et une société, une instruction ! Enfin, tout au monde ! — (Akoulina prêtait l'oreille avec une attention dévorante, les lèvres légèrement entr'ouvertes, comme un enfant.) — Après tout, — ajouta-t-il en se retournant sur l'herbe, — à quoi bon te parler de tout cela ? Tu ne peux pas me comprendre.

. — Pourquoi le pensez-vous, Victor Alexandritch ? — lui dit-elle ; — j'ai compris ; j'ai tout compris.

— Voyez-vous ça !

Akoulina baissa les yeux. — Autrefois vous ne me parliez pas comme cela, Victor Alexandritch, — reprit-elle sans lever la tête.

— Autrefois ! — lui dit-il avec un mouvement d'humeur. Ils se turent.

— Mais il est temps que je parte ! — Et il s'appuya sur le coude.

— Attendez un peu ! — dit Akoulina d'une voix suppliante.

— Pourquoi faire ? je t'ai déjà fait mes adieux.

— Attendez ! — répéta Akoulina.

Victor se recoucha et se mit à siffler. Akoulina le regardait toujours ; mais je remarquai que son sein s'agitait ; ses lèvres frémissaient... Ses joues pâles se colorèrent un peu...

— Victor Alexandritch, — s'écria-t-elle enfin d'une voix déchirante ; c'est bien mal à vous, Victor Alexandritch. J'en prends Dieu à témoin !

— Qu'entends-tu par là ? — lui dit-il, les sourcils froncés, en s'accoudant et en tournant la tête de son côté.

' — C'est bien mal, Victor Alexandritch. Vous ne me dites

seulement pas une seule bonne parole, avant de me quitter,
moi, pauvre abandonnée que je suis!

— Que veux-tu que je te dise?

— Je n'en sais rien ; vous le savez mieux que moi, Victor
Alexandritch. Voilà que vous partez, et vous ne me dites
seulement pas... Qu'ai-je fait?pour être traitée comme ça?

— Tu es drôle? Que veux-tu?

— Pas seulement un petit mot...

— Allons! tu radotes, — lui dit-il avec dépit. Et il se
leva.

— Ne vous fâchez pas! continua-t-elle en retenant ses
larmes.

— Je ne me fâche pas; mais je te dis que tu es une sotte.
Que veux-tu que je fasse? Tu sais bien que je ne peux pas
t'épouser (1)? Que demandes-tu donc? Quoi?

— Il tendit le cou comme s'il attendait une réponse, et
écarta les doigts.

— Mais rien... je ne demande rien, — reprit-elle en balbutiant et en avançant vers lui d'un air craintif ses mains
qui tremblaient.

Mais ici elle ne put se contenir, un torrent de larmes
s'échappa de ses yeux.

— Allons! la voilà partie! — dit Victor avec calme et en
avançant sa casquette sur son front.

— Je ne veux rien, — continua-t-elle en sanglotant et en
se cachant la figure dans ses mains ; — mais que dira-t-on,
dans ma famille? Comme on va me traiter, et que vais-je
devenir? Pauvre délaissée! On va me donner à un homme
que je n'aime pas, pauvre colombe que je suis!

— Va toujours! va toujours! — dit Victor à demi-voix et
en s'agitant.

— Et lui, il ne veut seulement pas me dire un petit mot,
un seul... S'il me disait, comme ça, Akoulina...

(1) Un drorov regarderait comme une humiliation d'épouser une paysanne; ce serait une mésalliance.

Mais elle ne put achever; les sanglots étouffèrent sa voix, elle tomba sur l'herbe, la figure en avant, et se mit à fondre en larmes... Tous ses membres étaient agités d'un mouvement convulsif; sa tête en était soulevée par moments... Le désespoir qu'elle avait contenu jusque-là l'avait vaincue, et elle s'y abandonnait entièrement. Victor resta là quelques instants à la regarder; puis il haussa les épaules, se détourna, et s'éloigna à grands pas.

Au bout de quelque temps, Akoulina s'apaisa un peu; elle redressa la tête, se leva rapidement, jeta les yeux autour d'elle et joignit les mains; elle voúlut courir après lui, mais ses jambes fléchirent et elle tomba à genoux... Je ne fus point maître de moi, et me précipitai vers elle; mais à peine m'eut-elle aperçu que, retrouvant ses forces, elle se leva, poussa un petit cri, et disparut derrière les arbres en laissant ses fleurs éparpillées sur l'herbe.

Je m'arrêtai, et ayant relevé le bouquet de bluets, je sortis du bois et gagnai la plaine. Le soleil qui touchait déjà l'horizon était beaucoup moins ardent; il n'étincelait plus; il répandait une lumière égale et pâle. Il ne restait qu'une heure de jour tout au plus, et pourtant les premières teintes du crépuscule se distinguaient à peine. Un vent inégal venait à ma rencontre en passant sur les guérets jaunes et desséchés qui couvraient les champs; les petites feuilles racornies qu'il soulevait traversaient hâtivement la route, près du bois; les arbres qui la bordaient comme une muraille, frémissaient tristement à son souffle; l'herbe roussie, les petits buissons, les moindres pailles étaient couvertes de ces innombrables fils d'araignée que l'on voit voltiger dans les airs en automne; ils étincelaient et flottaient en tous sens. Je m'arrêtai... Je me sentais triste; la nature avait encore quelques restes de fraîcheur, mais c'était un dernier sourire qui faisait déjà pressentir les horreurs de l'hiver, qui s'approchait à grands pas. Au-dessus de moi, et à une grande élévation, passa dans les airs un corbeau au vol pesant; il tourna la tête pour me regarder de côté, et disparut dans le bois en jetant à plusieurs reprises son croassement lugubre ; une nombreuse volée de pigeons, indice de l'autómne, parut dans la direction des airs, et s'étant formée subitement en colonne, elle s'abattit sur les champs. Le roulement d'une téléga vide se fit entendre derrière une colline aux flancs dépouillés...

Je regagnai la maison ; mais le souvenir de la pauvre Akoulina ne s'est point effacé de mon esprit, et je conserve encore un bouquet de bluets, quoiqu'il soit fané depuis longtemps.

Je ne sais si cela sera senti comme je le sens ; mais cette belle figure rustique et plaintive apparue dans ce paysage si délicat de couleur et de forme, si triste de sentiment, me donne une émotion puissante, dans laquelle l'idée du beau se mêle à l'idée du pathétique. Et comme on sent là l'indifférence de la nature à l'angoisse humaine !

L'esprit qui créa le petit drame intime qu'on vient de lire et qui en créa mille autres beaux et touchants, ne pouvait que beaucoup plaire à nos meilleurs écrivains. — « Il me rappelle Shakespeare, disait Méri-
» mée dans le dernier temps de sa vie ; il a son
» amour de la vérité. » — M. Taine dit : « Quand on
» a écrit le *Juif...* » et M. Taine termine sa phrase par un geste d'homme entendu qui vaut un bon point. MM. Alphonse Daudet et Émile Zola l'estiment comme ils doivent. On sait l'amitié qui les unit tous trois. Ils font souvent ensemble des dîners de gourmets. Tourguénef a un goût particulier pour les mets de provenance certaine et pour les préparations spéciales. Les biscuits seront de Reims, la langue fumée

sera de Hambourg, l'écrevisse de la Meuse. Aussi, si l'on mange chez lui du caviar, il mange chez M. Alphonse Daudet des plats à l'huile provençale. M. Zola qui n'a pas bon estomac, ne peut suivre ses hôtes jusqu'au bout dans leurs excursions gastronomiques. Cette géographie culinaire ne convient pas à sa santé. Il n'y a pas bien longtemps, M. Zola s'arrêta au coq de bruyère, et demanda à Tourguénef :

— Quel goût a le coq de bruyère ?

— Un peu amer !

Et M. Zola le carnet à la main nota :

« La chair du coq de bruyère est amère. »

Voilà un homme renseigné.

Mais les conversations ne sont pas toujours aussi simples.

Tourguénef demeure à Paris, 50, rue de Douai. Il a pour ainsi dire pris pension chez madame Viardot. Il n'a fait en cela que suivre la mode hospitalière et la bonne coutume des peuples du Nord. Là on le traite avec respect, affection et familiarité. Il est l'hôte. L'été c'est à Bougival où la famille Viardot et lui ont deux chalets jumeaux. Les artistes connaissent les salons élégants de la rue de Douai, et le boudoir où se trouve le grand orgue à tuyaux, un portrait de Rembrandt, le buste original de Voltaire, par Houdon, et, sous une vitrine, la partition manuscrite du *Don Juan* de Mozart. Tourguenef a ses appartements particuliers à l'étage supérieur.

Il a pour madame Pauline Viardot une admiration fidèle. Cette figure mobile, ces sourcils bruns qui s'élèvent tout d'un coup jusqu'au milieu du front, cette bouche puissante, ces yeux myopes qui voient au delà,

ce masque dramatique, enfin, sont capables de faire
méditer tout homme soucieux de l'art d'exprimer les
sentiments humains. On se sent en tout cas à côté
d'une femme peu ordinaire.

On connaît les opinions extrêmes et libérales de
madame Viardot. Il ne faut pas lui reprocher d'être
passionnée. Elle eût peut-être été moins tragique si
elle avait été un politicien plus raisonnable. Mais il ne
faudrait pas pourtant conclure (comme je l'ai entendu faire) de ses opinions à celles de son hôte. Je
dirai, comme disent les paysans russes après les·
grandes pluies :

« Si le foin est noir, le blé sarrasin sera blanc. »

Au bal masqué que donna madame Edmond Adam,
l'année dernière, Tourguénef était costumé en *mou-
jik*. Il portait des bottes de bouvillon, l'*armiak* et le
bonnet des paysans. Je ne m'étonnerais même pas
qu'il eût pris le thé à la façon du peuple russe et
tourné entre ses doigts un petit morceau de sucre en
le croquant par bribes. — Il aime les paysans, mais il
ne les aime pas à la mode des propagateurs. Il peint
les nouveaux révolutionnaires avec une gravité pleine
à la fois d'intérêt et de mélancolie. Il a en pitié les
réformateurs vains, les distributeurs de brochures, les
adeptes mystérieux, la tutelle des amis de Saint-Pétersbourg, les assassins et la « Russie anonyme ».

On a fait à Tourguénef le reproche d'étudier la
société au point de vue négatif: « Il ouvre la blessure, fait pleurer et ne guérit pas. » Ce qui veut simplement dire qu'il n'est pas un pamphlétaire et que
son impartialité ne flatte aucune classe de la société.

Il ressemble aux veilleurs russes, qui, la nuit, dans les maisons des seigneurs, appellent encore les heures en frappant la plaque de fonte et crient d'une voix chantante et rythmée : — « Veillez ! veillez ! »

Il n'est point d'avertisseur plus exact.

« Nous autres Russes, dit-il, vous savez comment nous sommes ; nous espérons toujours qu'il arrivera quelque chose ou quelqu'un pour nous guérir tout d'un coup, pour assainir nos plaies, pour nous enlever toutes nos maladies, comme on arrache une dent gâtée. Qui sera ce magicien ? Est-ce le darwinisme ? Est-ce la commune rurale ? Est-ce une guerre étrangère ? Peu importe ! seulement, bienfaiteur, arrache-nous notre dent ! Au fond, tout cela veut dire : paresse, manque d'énergie et de réflexion (1) ! »

Tourguénef n'est pas un guérisseur à la minute du mal social. Il a eu confiance depuis l'émancipation en la parole de l'empereur mort, « en cette grande parole de liberté, dit-il, qui flotte encore sur le chaos, comme l'esprit de Dieu flottait sur les eaux originelles ».

Et pourtant, malgré cette image éloquente, il est deux proverbes russes qui auraient raison de l'inquiéter :

« Le Russe ne vaut pas une claque, mais il mangera Dieu ! »

Et cet autre encore :

« Une chandelle d'un sou a suffi pour brûler tout Moscou (2) ! »

---

(1) V. *Terres Vierges*, p. 346, Hetzel, éditeur.
(2) Ivan Tourguénef est mort à Paris le 4 septembre 1883.

II

M. DÉSIRÉ NISARD

Mardi, 26 juillet 1881.

Sous ce titre *Une Mère de famille en* 1800 (1), M. Auguste Nisard a fait une honnête et aimable peinture du milieu de petite bourgeoisie provinciale où les frères Nisard sont nés. Auguste Nisard nous montre son père, petit avoué plaidant à Châtillon-sur-Seine, gagnant « bon an mal an, quatre à cinq mille francs, espèces courantes et qui pouvaient se décomposer ainsi : une bonne moitié en pièces de trente sous et le reste, pour un quart, en pièces de cent sous, et pour l'autre quart en écus de six francs ». Trois ou quatre heures de plaidoirie à l'horloge du tribunal de Châtillon-sur-Seine, rapportaient à l'avocat de trois à six francs.

(1) V. *Correspondant*, 16 mars 1873. J'ai cité de cet article le plus que j'ai pu parce qu'il n'a point été réimprimé et qu'on ne l'a point sous la main.

Il était de Paris, et c'est son mariage qui l'avait fixé
à Châtillon-sur-Seine. — « Il avait été le camarade de
collège des frères de mademoiselle X*** et il était résté
leur ami. Or ceux-ci, allant revoir leurs parents en septembre à Châtillon-sur-Seine, l'invitèrent à être du
voyage. Il vit leur sœur; les agréments de cette honnête personne le touchèrent au vif, et sa bonté bien davantage. On ne la lui avait pas montrée avec les arran-
gements de toilette et les petites mines que l'on com-
mande aux demoiselles pour une présentation. Il l'avait
vue telle qu'elle était chaque jour, la plus vive et la plus
affairée dans la maison, y ordonnait de tout ou à peu
près, empressée auprès de son monde, avec des tendresses maternelles pour ses frères... C'était une
femme faite, et une maîtresse de maison qui n'était
plus à former ! Notre Parisien qui avait beaucoup vu
et beaucoup comparé et qui de plus avait le goût bon,
ne remit pas à faire sa demande. Je n'ai pas besoin
de dire qu'elle fut agréée par ces braves gens... A
trois mois de là ils étaient mariés et installés dans la
maison des parents... »

Et l'auteur nous fait le plus vivant portrait de leur
mère, qui était fille d'un maître de musique et orga-
niste de Châtillon. Il nous la représente sans dot, se
mariant à vingt-cinq ans « quoiqu'elle fût belle, saine
et toute raisonnable ».

Nous la voyons en ces pages pleines de naturel,
bonne ménagère, économe (1), obligeante à ses voi-

____

(1) Voici un détail pris sur le vif et fort amusant par le ton
de vérité qu'il a. — « L'aîné seul des quatre garçons était habillé
de neuf. Je m'explique : Comme il était d'humeur bénigne et
peu pétulant dans ses mouvements, il n'usait pour ainsi dire

sines, courageuse et « mettant l'orthographe comme
une villageoise de ce temps-là, à qui on avait appris
à lire et à écrire pour l'amour de Dieu. Ce manque
de culture ou de belles-lettres ne l'empêchait pas
·d'exprimer fort bien sur le papier ce qu'elle voulait
dire : elle n'y mettait que son cœur; et, pour peu·
qu'elle l'eût plein de ce qui touchait quelqu'un des
siens, père, ou mari et enfants, ce cœur débordait
d'éloquence ».

Cette union fut heureuse et féconde. « Vinrent les
enfants. Il en naissait un, de l'un ou de l'autre sexe,
tous les dix-huit mois à peu près. » Cela ·alla ainsi
jusqu'à huit dont six survécurent, quatre garçons et
deux filles.

pas ses hardes; en sorte qu'au renouveau d'hiver et de printemps, elles passaient presque intactes au cadet. Celui-ci, d'humeur toute contraire, — il avait le diable au corps — les avait
bientôt avariées par leur endroit. On les faisait retourner par la
couturière (les tailleurs pour enfants n'existaient pas alors en
province), et le troisième garçon y entrait comme dans du neuf.
Après lui, elles passaient au quatrième, moyennant un petit rac-
courcissement... On voit clairement l'économie dans cette partie
considérable des dépenses. C'était un seul habillement par an
pour quatre. Au reste, l'étoffe se prêtait merveilleusement à
cette série de transformations. On usait beaucoup à cette époque,
d'un gros drap gris d'âne, aussi plucheux à l'envers qu'à l'endroit : il revenait à quatre francs l'aune; il était bien porté par
les fils de la bourgeoisie. Cet impérissable drap gris d'âne ne se
retrouve plus dans le commerce... Ces quatre garçons, invaria-
blement habillés de gris, faisaient honneur à leur mère par je ne
sais quoi de confortable dans leurs personnes. Elle avait horreur des accrocs et du débraillé... » — «... Dans cette maison,
tout le monde, le mari, les enfants, la domestique avaient de la
religion, parce que la maison n'en regorgeait pas... » —
« ... Quand huit heures sonnaient à la pendule de la grande
salle, les enfants s'agenouillaient par rang d'âge sur des chaises.
L'aîné disait, à haute voix et pour tous, la prière du soir. Après
quoi c'était à qui irait le plus vite à son lit... »

Désiré Nisard était l'aîné de cette petite bande.

L'avoué de Châtillon avait été nommé maire de sa
ville sous l'Empire. Il en avait conservé toute sa vie
pour l'Empereur une admiration attendrie, qu'il com-
muniqua de bonne heure à ses enfants.

M. Nisard se souvient (il avait alors quinze ans) que
vers le mois de juillet 1821, son père en s'asseyant un
matin à table pour le déjeuner, leur avait dit :

— IL est mort !

Et deux grosses larmes avaient coulé le long de sés
joues. — On venait seulement d'apprendre en Europe que l'Empereur était mort à Saint-Hélène.

Comme maire, le père de M. Nisard avait pu suivre
de plus près cet inutile congrès de Châtillon où la
France fut, par les Alliés, autant humiliée que Napoléon lui-même.

Qui sait si l'enfant ne vit pas aussi les diplomates
anglais, russes, allemands, chamarrés et satisfaits
et le pâle visage de Caulaincourt après la dernière
conférence.

Le fait est que le jeune Nisard ne fut point pour la
monarchie légitime, et qu'aux journées de Juillet
1830, « il défendit un fusil à la main, la cause de la liberté, sans trop d'ardeur belliqueuse, mais par un
simple sentiment du devoir ».

Comme les autres Révolutions, la Révolution de 1830
fut, après tout, une surprise : ceux qui la firent ne savaient pas au juste ce qui la fit faire. En y pensant, le
hasard et la gravité du résultat invitent les plus con-
fiants à craindre les mouvements populaires les moins
déterminés. Si les choses eussent autrement tourné

et que devant un tribunal on eût demandé aux amis des
Thiers et des Casimir Périer pourquoi ils avaient voulu
renverser Charles X, ils eussent pu répondre avec autant de fondement que Jean Hiroux, parricide :

— Il était grêlé, mon président!

Mais je ne veux point ici faire un reproche à M. Nisard d'avoir, à vingt-quatre ans, en compagnie de ses
deux frères, fait le coup de feu aux Trois Glorieuses
et d'y avoir perdu un oncle.

Il est naturel après ce que j'ai dit du père de M. Désiré Nisard, que le jeune rédacteur des *Débats*, impérialiste et libéral, ait été, comme tant d'autres, sous
Charles X, sensible aux chansons de Béranger et qu'il
ait, au profit du duc d'Orléans, pris part à une révolution où les anciens officiers, les ouvriers et les bourgeois criaient :

— Vive Napoléon II !

M. Nisard a eu toujours présents à l'esprit ses souvenirs d'enfance. Il a toujours été, comme son père,
impérialiste. — Je dirai même plus napoléonien
qu'impérialiste.

Il fut ensuite atteint, comme dit Sainte-Beuve, d'une
espèce de *chauvinisme transcendental* qui se répandit
aussi sur sa littérature (1).

(1) V. *Causeries du lundi*, tome XI, Notes et Pensées, p. 465 :
« Je lis le chapitre de Nisard sur Descartes : Toujours l'*esprit
français* et sa glorification. Nisard est atteint d'une sorte de
chauvinisme transcendental.
» Chaque critique se *pourtrait* de profil ou de trois quarts
dans ses ouvrages : Nisard, sous prétexte de maintenir et
d'exalter l'*esprit français*, ne fait autre chose que de célébrer en
tout et partout ses propres qualités.
» Cette exaltation à toute force et à tout propos de l'*esprit fran-*

Depuis trente ans, toutes les générations d'écoliers et d'étudiants ont connu M. Nisard comme maître de conférences à l'École normale, dans la chaire de Burnouf au Collège de France, à la Sorbonne dans celle de Villemain. Ils ont vu sa figure empâtée d'honnête homme, et son fin sourire de professeur convaincu, de critique classique, d'académicien consciencieux.

On a dit du critique qu'il était moins « pour la littérature *réelle* et particulière que pour la littérature monumentale », c'est-à-dire pour la littérature alignée, ordonnée et considérable qui s'élève aux grands siècles, pour ces monuments, un peu froids, où l'œil

çais par Nisard finit par impatienter et par jeter dans l'excès contraire. »

Voici la définition que M. Nisard donne de l'*esprit français* dans son *Histoire de la Littérature française*, tome I, page 13.

« L'esprit français, on l'a dit, c'est l'esprit pratique par excellence. La littérature française, c'est l'image idéalisée de la vie humaine, dans tous les pays et dans tous les temps ou plutôt c'est la réalité dont on a retranché les traits grossiers et superflus, pour nous en rendre la connaissance à la fois utile et innocente. L'art français, dans le sens le plus précis du mot, c'est l'ensemble des procédés les plus propres à exprimer cet idéal sous des formes durables.   -

» Deux ordres de vérités constituent cet idéal : les vérités simples ou philosophiques, qui expriment ce qui se fait, et les vérités morales, ou de devoir, qui déterminent ce qu'il faut faire. Les passions étudiées, analysées, décrites dans le détail le plus exact, avec le dessein de les rendre visibles à la conscience qui doit les combattre et les régler ; la vérité philosophique subordonnée à la vérité morale, la connaissance pour arriver au devoir : tel est le fond de l'esprit français. Une très petite part est faite à la pure curiosité, aux spéculations qui ne mènent pas à quelque vérité d'application. En France, tout ce qui n'est pas une connaissance intéressant le plus grand nombre, ou une règle de conduite pour quiconque a la bonne volonté, risque fort de n'être qu'une superfluité et un défaut. »

n'a rien à reprendre. M. Nisard semble en effet pré-
férer la Porte-Saint-Denis et le temple de la Madeleine à cette Notre-Dame des romantiques, que Fé-
nelon d'ailleurs n'aimait point.

Quitte à me tromper, je dirai que c'est dans la conception napoléonienne, tant littéraire que gouverne-
mentale, qu'il faut chercher l'origine des préférences
strictes de M Nisard pour le siècle de Louis XIV et le
siècle d'Auguste auquels, pendant dix ans, le règne
de Napoléon, en maintes choses, ressembla par d'iné-
vitables analogies.

M. Nisard aima dans le passé les siècles glorieux et
réguliers, parce que le siècle où il naquit avait commencé de s'édifier un peu sur le même plan. La sévérité du rédacteur du *National* s'anima d'autant plus
contre les romantiques que le romantisme alors était
légitimiste, comme depuis le classicisme est devenu
conservateur. Les amis d'Armand Carrel chantaient
la *Parisienne* et récitaient le *Convoi du Pauvre*.

En 1830 la liberté et la littérature classique pouvaient passer pour deux vertus napoléoniennes.

Je crois que c'est à cette influence qu'est due la formation des idées littéraires de M. Nisard.

Je ne pense pas que Sainte-Beuve ait dit juste en
disant de lui « qu'il n'avait pas de traditions politiques
directes et fixes et point de passion léguée » (1).

(1) V. les deux études que Sainte-Beuve lui a consacrées, l'une
dans le t. III des *Portraits contemporains*, 1836, l'autre dans le
t. IV des *Causeries du lundi*, 1861 ; et ces vers des *Consolations* :

> Ainsi je vais toujours reprenant au bel art,
> Au rebours, je le crains, de notre bon Nisard,
> Du critique Nisard, honnête et qu'on estime,
> Mais qui harcela trop notre effort légitime.

M. Nisard, avec l'impétueux et sensé Carrel, partit en guerre dans le *National* contre le romantisme et la littérature facile (1), contre Charles Nodier, Victor Hugo, Alexandre Dumas, Sainte-Beuve, Frédéric Soulié, Eugène Sue, Balzac, Alfred de Vigny.

Cette épithète, relevée avec vivacité et courtoisie par J. Janin, en 1834 (2), dans la *Revue de Paris*, fut retenue pendant vingt ans et constitua un fonds de célébrité à son auteur.

— « Votre mot nouveau, la *littérature facile*, est un mot vague, disait J. Ja in, et un mot injuste en ce qu'il enveloppe dans le même blâme tous les auteurs contemporains... »

Et tout le reste qui est plein de verve, d'entrain et de facilité.

L'impression de ces luttes est demeurée si vive chez les contemporains que, l'autre jour, Victor Hugo, en proposant à l'Académie Leconte de Lisle, pour le prix de 20,000 fr. qu'a obtenu M. Nisard, se laissa emporter contre ce dernier en termes très vifs. Il évoqua ses souvenirs irrités avec une verdeur rassurante chez un vieillard de quatre-vingt-un an.

On peut dire que dans les jugements de M. Nisard sur le romantisme, il y a quelque part de vérité, et qu'il était assez bien armé pour mener campagne, assez éloquent pour se faire écouter, assez clair pour

---

(1) Dans un manifeste, resté célèbre, et qui, je crois bien, a paru dans le *National*, il divisait la littérature en deux camps : la littérature facile, qui consiste à faire *Henri III*, *Antony*, *Marion Delorme*, et la littérature difficile, dont la tâche, bien supérieure, est d'imiter les *Épîtres* de Boileau, ou, si l'imagination fait défaut, de traduire Hérodote et Virgile ou Pline.

(2) La biographie Didot dit 1839, mais c'est une erreur.

se faire comprendre, assez instruit pour faire valoir ses arguments, assez consciencieux pour forcer du moins au respect ses meilleurs adversaires.

Et puis, écoutez la façon dont il aime les lettres françaises, et dont il en parle. Ce morceau de haute pédanterie est malgré tout singulièrement réchauffé par l'amour et le talent qui y sont mis :

Quiconque a tenu une plume sait ce qu'il en coûte pour être goûté, ou seulement pour n'être pas rebuté. Que d'efforts pour être clair, simple, précis, pour ne se servir que des termes propres, c'est-à-dire pour n'être pas un méchant écrivain !

De là, chez presque tous ceux qui ont du goût, une grande répugnance à écrire. Ils sentent la difficulté, et ils craignent la fatigue, que ne paye pas toujours le succès. Aussi n'y a-t-il d'écrivains résolus que ceux qui sont doués extraordinairement, ou cette foule qui n'a pas conscience de la difficulté.

Au reste, l'art n'est pas facile, même aux mieux doués. Ce que l'histoire anecdotique de nos grands écrivains nous raconte de ces manuscrits raturés à toutes les lignes, de ces rédactions premières qui n'ont été que des tâtonnements laborieux, nous autorise à dire que la langue française, si complaisante pour le lecteur, est sans pitié pour l'écrivain.

Pour écrire clairement en français, c'est-à-dire pour arracher les idées de ce fond obscur où nous les concevons, et les amener à la pleine lumière, que d'efforts et de travail ! Si nous ne les voyons pas dans le lointain poindre devant nous, comme des lueurs qui nous attirent invinciblement et nous dérobent la longueur du chemin, qui donc entreprendrait un si rude labeur ? Quelques-unes naissent spontanément et tout exprimées : c'est la facile conquête de ceux qui sont nés sous une constellation heureuse ; mais combien d'autres, qui sont le fruit d'une poursuite ingrate ; qu'il faut remanier sans cesse ; qui après avoir contenté un moment l'écrivain, le rebutent ; qui ne paraissent jamais qu'une image imparfaite du vrai, mais non le vrai lui-même. Faut-il parler de la défiance que doit avoir l'écrivain de cette demi-clarté trompeuse, qui peut lui suffire, mais qui laisse le lecteur dans les ténèbres ?

Et quelques pages plus loin écoutez ce qu'il dit si justement des figures et des métaphores « dont il est si difficile de se garder » :

A qui n'en vient-il pas dans l'esprit par cette porte banale de la mémoire, toujours ouverte à tout ce qui est imitation et mode ? Notre langue ne souffre point ces nuages qui se placent entre notre pensée et nous ; c'est le premier devoir de l'écrivain de s'en défier, ou plutôt de les chasser courageusement comme Enée dissipait les ombres avec son épée. Les littératures les plus riches en images sont les plus pauvres d'idées. Certains écrivains sont pleins d'images ; tout reluit, tout brille, tout étincelle ; mettez tout cela au creuset : pour quelques parcelles d'or, que de cendre ! L'image ne doit être que le dernier degré d'exactitude, ou plutôt elle ne doit être que la pensée elle-même exprimée en perfection ; mais, pour une qui remplit cet office, combien qui ne sont que des apparences de la pensée.

Et il continue :

Enfin, quel esprit cultivé ne sera pas d'accord avec moi sur ce qu'il en coûte, dans notre langue, pour lier le discours et n'y employer que les termes propres ? Pour la propriété, ce n'est pas assez d'être bien doué ; il faut savoir la langue, et avoir pesé dans les écrits des modèles ce que valent les mots dont nous nous servirons à notre tour. Il faut

que l'étude les place dans la mémoire de l'écrivain, qui les
y garde, comme de l'argent qui dort, jusqu'au jour où l'inspiration les en tire, les anime de sa propre vie, de façon que,
tout en ayant le même sens, ils lui appartiennent néanmoins
par l'emploi qu'il en fait. Il doit donc réunir deux qualités
qui semblent s'exclure : il doit être savant et inspiré. S'il
n'est que savant, il répètera froidement et sans effet ce qui
a été mieux dit par d'autres ; s'il n'est qu'inspiré, il risquera
de parler dans une langue qui ne sera comprise que de
lui (1).

Oh ! que M. Nisard a raison ! comme « il en coûte
dans notre langue pour n'employer que des termes
propres ! » Comme « l'art n'est pas facile même aux
mieux doués ! »

Hélas ! ne semble-t-il pas qu'en nous montrant,
dans les pages mêmes que je viens de citer, les difficultés de l'art d'écrire, M. Nisard se soit plu à s'offrir
lui-même en exemple et à mal écrire et impropre-
ment en certains passages comme à dessein ?

Comment des *lueurs* peuvent-elles *dérober* la longueur du chemin ? Conçoit-on que des idées puissent
devenir *le fruit d'une poursuite* ingrate ?... Je pourrais
encore faire remarquer quelques autres incohérences
de langage que je laisse aux lecteurs le chagrin de
découvrir.

Néanmoins, un de mes amis a eu tort un jour d'im-
proviser cette épitaphe de fantaisie que sa brièveté
rend spirituelle :

> Ci-gît Nisard
> Qui fut sans art !

(1) V. *Histoire de la littérature française*, par Désiré Nisard de
l'Académie française, tome I, neuvième édition, p. 23 et suiv.

L'on a dit aussi de ce pauvre M. Nisard — « qu'il avait la verve du pupitre ».

Ne l'a point qui veut.

Après la « littérature facile », — « les deux morales » défrayèrent vingt-cinq ans plus tard les fureurs littéraires et les susceptibilités politiques et philosophiques des Écoles.

M. J. Ferry, dans son récent discours sur l'instruction primaire obligatoire, a assez inexactement remué ces souvenirs de « grande et de petite morale » (1).

C'était sous l'empire, en 1853. M. Duruy, à l'âge de quarante-deux ans, passait en Sorbonne sa thèse de doctorat. Il avait choisi pour sujet : *l'État du monde romain vers la fondation de l'Empire*, qui devait servir de troisième volume à l'*Histoire des Romains et des peuples soumis à leur domination*.

M. Nisard défendait, à la soutenance, le droit qu'avait eu M. Duruy d'apprécier Tibère en historien, en lui tenant compte des deux portraits contradictoires qu'en a tracés Tacite.

Le père Leclerc, doyen de la Faculté des Lettres, avait critiqué le candidat au nom des doctrines libérales d'alors contre les tyrans.

M. Nisard dit qu'on ne jugeait point, même les mauvais princes, par les maximes d'une morale déclamatoire.

Sur quoi le père Leclerc s'écria :

— Il n'y a pas deux morales, monsieur !

(1) V. *Journal officiel*, 3 juillet 1881, Discussion au Sénat sur l'Enseignement primaire obligatoire.

M. Nisard riposta :

— Non vraiment, mais la bonne peut être déclamatoire (1).

L'expérience semble montrer au contraire qu'il y a autant de morales que de sociétés, de groupes sociaux et d'individus, — et je ne suis trop ici de l'avis ni de M. Leclerc ni de M. Nisard.

Quoi qu'il en soit, voilà l'histoire exacte « des deux morales » telle que je ne l'ai vue nulle part rapportée.

Les commérages et la légende transformèrent si bien l'interruption du père Leclerc que l'autre jour M. J. Ferry a pu, sans être contredit, la mal raconter aux sénateurs.

Le souvenir transformé s'en conserva assez dans le monde des écoles pour que les « deux morales » servissent de prétexte dans la suite aux *chahuts* que les élèves de l'École de Droit et de l'École de Médecine firent les 5 et 12 janvier 1856 aux cours de M. Nisard à la Sorbonne — de M. Nisard impérialiste.

(1) Et M. Nisard ajoute dans des *Notes biographiques* encore inédites et dont un ami commun a bien voulu me communiquer un extrait : — « Cette réplique choqua si peu l'auditoire que, bien que très peu favorable à ma personne d'affreux bonapartiste, il ne s'émut que quand je dis, à propos de la thèse du même Duruy sur Auguste : « que je ne savais de supérieur au génie civil, au degré où l'avait eu Auguste, que la réunion du génie civil et du génie militaire, telle que nous l'offrent César et Napoléon. C'est sur ce nom que s'éleva un léger murmure, ce qui me fit ajouter : Je ne sais qui peut ici me faire le tort de croire, qu'en nommant Napoléon, j'ai cherché la faveur d'une allusion : ce nom était si indiqué et j'ajoute, si topique que j'aurais pu me dispenser de citer César. » Les murmures cessèrent et je pus à mon aise continuer ma discussion sur Auguste. »

— A bas les « deux Morales ! » A bas Nisard ! A la porte !

Et des huées et des sifflets.

Rogeard, l'auteur des *Propos de Labiénus*, ancien professeur qui avait refusé le serment, excitait, comme témoigna le commissaire de police, « ses camarades à faire du tapage ».

Les quinze étudiants qui furent pris au milieu du brouhaha furent défendus par MM. Andral, Bétolaud, Émile Ollivier, et condamnés à des peines variant de 100 fr. d'amende à six mois de prison. — Rogeard poussa son affaire jusqu'en Cassation, où il eut pour avocat M. Hérold (1).

Les élèves des écoles n'eurent pas besoin d'aller, comme ils en manifestèrent l'intention, jusqu'à la rue de Courcelles, où demeurait alors M. Nisard, pour que celui-ci intervînt en faveur des prévenus avec indulgence et bonhomie.

Sous la Restauration, sous Louis-Philippe, sous l'Empire il y avait encore moyen de se prendre à la littérature et à la critique. Les choses de l'esprit pouvaient encore passionner le public.

Sainte-Beuve poussait alors dans les journaux de fines pointes à propos de Stace ou de Lucain. Il se fâ-

---

(1) 1856, 12 *janvier*, ouverture du Cours et désordres. — 12 *janvier*. Nouveaux troubles et arrestations. V. *Gazette des Tribunaux*. — 10 février 1856. Compte rendu de l'audience de la la sixième chambre correctionnelle où 15 prévenus ont comparu (aud. 9 fév.). — 1er juin 1856. Compte rendu de l'arrêt de cassation annulant, quant au prévenu Rogeard, condamné le 9 février, puis par la Chambre des appels correctionnels le 8 mars, la décision qui l'a frappé.

chait pour de bon que son adversaire eût autant mal-
mené Perse. Ronsard et Racine excitaient au tournoi
de bons esprits. Hugo et Lamartine emplissaient les
têtes de feu. Tout cela était pacifique, agréable, — et
point inutile, puisqu'il y avait alors une galerie pour
s'y intéresser, et des spectateurs pour juger des
coups.

Il y avait en ce temps-là des consciences plus hautes
et des courages de critiques plus résolus. — Nisard,
1829, quittait les *Débats,* où il avait cinq cents francs
par mois, et vint au *National,* où il n'eut que deux
cents francs, pour suivre Armand Carrel, et par conviction. — Plus tard, cet ami de Napoléon III, « ce
vil courtisan », comme on l'a appelé, se fâchait dans
le *Moniteur* contre l'auteur de la *Vie de César,* parce
que l'auteur couronné avait, dans son livre, désobligé
Cicéron.

Au fond, qui s'inquiète aujourd'hui de littérature,
qui se passionne aux critiques ?

Et où trouverions-nous vraiment le temps de nous
plaire à des travaux et à des lectures si peu avanta-
geuses ? Les élections sont de mauvaises pièces qui
attirent tout le public et où on va s'enfonçant de plus
en plus.

Puisque ces choses sont, c'est qu'elles ont leur raison d'être, mais ce progrès, vu d'un certain côté, est
assez piteux en soi.

Et voilà pourquoi M. Nisard n'est plus de notre
temps ; voilà pourquoi beaucoup le croient mort
depuis de longues années. Aussi l'étonnement fut-il
prodigieux quand le public apprit qu'à cet académicien, qui l'emporta, en 1850, sur Alfred de Musset,

l'Académie venait d'attribuer le grand prix de vingt mille francs (1).

M. Nisard aima les lettres.

Au train où vont les choses, ce n'est point un si banal mérite que l'avenir n'en garde respectueusement la mémoire.

(1) Ce qui fit dire à M. Sarcey dans le *XIX° Siècle* (8 juillet 1881) : « Ce choix étonnera sans doute beaucoup de jeunes gens, et peut-être même quelques hommes mûrs. Il y a déjà longtemps que Weiss a écrit sur M. Nisard ce joli mot :

« M. Nisard est célèbre ; il l'est, à tort où à raison, de plus de façons qu'il ne le souhaiterait. On peut affirmer qu'il n'est pas connu. »

» C'était sous l'Empire, vers 1862, que Weiss parlait ainsi. En ce temps-là, je m'en souviens fort bien, M. Nisard avait passé tête de Turc. Toutes les fois qu'on voulait flétrir une palinodie politique, c'était un prix fait, le nom de M. Nisard, l'homme aux deux morales, entrait dans la phrase comme un saint dans sa niche. Avait-on à railler quelqu'un de ces impuissants, figés dans l'admiration de Boileau et barrant la route aux jeunes talents épris d'avenir, en quête de renouvellement, on était sûr de voir reparaître la vieille métaphore de l'eunuque du sérail, et l'eunuque, bien entendu, c'était toujours M. Nisard.

» Toute une génération a vécu sur ces lieux communs bêtes. Celles qui ont suivi n'ont plus eu d'intérêt à poursuivre cette petite guerre contre M. Nisard. L'Empire démoli, on remisa la tête de Turc. Mais il ne se fit point pour cela de réaction en faveur de M. Nisard. Il eût fallu le lire pour s'apercevoir de l'erreur où l'on était tombé et lui rendre justice. Et personne ne lit plus guère aujourd'hui. »

III

GEOFFROY ET LABICHE

Lundi, 23 janvier 1882.

Oh! le bon visage de bourgeois!

La face large, deux mentons, le sang à la peau, le nez de M. Prudhomme, les cheveux gris, rares et dérangés, les yeux gris-bleu, sans cils, très clairs, très ouverts, surpris, fixes et tranquilles, la joue en avant et le coin de la lèvre enfoncé dans un sourire moitié béat, moitié ironique.

Il y a plus de quarante ans, Labiche disait en regardant Geoffroy :

— Tu as un coin de lèvre qui fera ta fortune.

Un petit groupe d'académiciens effarouchés avait fait dans le cénacle un reproche à Labiche de tutoyer Geoffroy. Il paraît que ce tutoiement n'était pas académique.

Rien pourtant de plus naturel. Ils se tutoient parce qu'ils se sont rencontrés jeunes dans la vie. C'était vers 1836-37, le temps où Geoffroy qui n'avait que vingt ans jouait « en gamin » dans la troupe Genard. Une singulière troupe qui avait entrepris des représentations aux environs de Paris, à Corbeil, à Saint-Germain, à Pontoise, etc... On jouait le *Gamin de Paris* et tout le répertoire d'Arnal et de Bouffé. On allait de ville en ville dans une espèce de diligence peinte en vert et où on lisait en lettres jaunes : « Troupe Genard ». Les paniers de costumes étaient juchés sur l'impériale, et Geoffroy toujours perché sur la banquette derrière le cocher.

C'est en cet équipage qu'un beau matin la troupe arriva à Rueil. On joua le soir même. Labiche (dont le père avait une grosse fabrique de glucose dans les environs) assista à la représentation et invita Geoffroy à venir souper avec des amis. Il hébergea pour la nuit cette nouvelle connaissance et se prit d'amitié pour l'acteur ambulant auquel il devait plus tard confier la façon de ses types.

Labiche avait vingt-deux ans et venait d'achever ses études au collège Bourbon. Il était imberbe, « rose et blond comme une demoiselle ». Il avait déjà la sagesse comique fine et la bonne santé du rire qu'il a inventé. Car, ne vous y trompez pas. Comme Émile Augier a fort bien dit dans la préface du *Théâtre complet* (1) : — « Pour avoir une réputation de profondeur il n'a manqué à Labiche qu'un peu de pédantisme, et qu'un peu d'amertume pour être un moraliste de haute volée. »

On ne peut être plus Parisien que ne l'est Geoffroy.

(1) *Théâtre complet de Eugène Labiche* avec une préface par Émile Augier. 10 vol in-12 (Calmann Lévy éditeur).

Il est né quai des Orfèvres, dans la Cité, et a été baptisé à Notre-Dame. Le père était joaillier et le fils fut quelque temps employé chez Briquet, le bijoutier du Palais-Royal. Mais il quitta la partie, pour aller courir les environs de Paris, comme j'ai dit. Il joua cinq ou six fois « en passade » au Gymnase et à la Gaîté, demeura un an à Nancy et fit, en 1830, une tournée en Italie avec la troupe Doligny. « La brune mademoiselle Verneuil, une sosie de mademoiselle Mars » était du voyage. — On s'embarqua à Marseille pour Naples. On riait, on chantait « on était trop jeune et trop gai pour avoir le mal de mer » (1).

On joua le *Père de la débutante*, à Naples et l'on remonta toute l'Italie, en passant par Florence, Venise et Milan en longue file de *vetturino* chargés de caisses et de personnages. Et dame ! « Il y avait des villes que Geoffroy préférait. Naples pour les environs. Florence pour y demeurer. » Ce n'était pas mal pour un bourgeois.

A la suite de cette tournée, Geoffroy resta deux ou trois mois à Rouen, où il était sympathique et « pensait toujours rester ».

Mais, un soir Scribe, et Montigny débarquent par la patache. Ils venaient entendre mademoiselle Thuillier. Scribe vit en Geoffroy « un petit jeune homme qui lui semblait bien naturel ». — Il dit cela avec son entrain aimable et en relevant les gros sourcils qui lui couvraient les yeux. On emmène Geoffroy à Paris, on laisse mademoiselle Thuillier.

(1) Afin de conserver au portrait tout son caractère, je donne, entre guillemets, les expressions mêmes de Geoffroy qu'il faut se figurer dites avec la bonhomie comique qu'on sait.

A partir de 1844, voilà donc Geoffroy installé au
Gymnase avec la direction Montigny. Le voilà avec
Ferville qui jouait les vieux généraux et autres ga-
naches sérieuses, avec le Numa des pères nobles, un
grand mince, dandinant, froid et communicatif, avec
Rose Chéri « la vertu même », plus charmante et
plus agréable que régulièrement jolie et qui devint
madame Montigny. « Les femmes se tenaient mieux
au théâtre, en ce moment-là. »

C'était le temps des femmes de Gavarni. Elles portaient alors des capotes de paille si bien fermées qu'il
fallait se placer tout de face pour voir comme en un
petit écrin de soie et de satin les jolis visages. On avait
les manches à gigot, le corsage en pointe et la robe
d'*organdi Lamartine* à palmes vertes sur fond clair. La
jupe fronçait en mille petits plis autour des hanches,
et, en forçant les hanches, amincissait la taille ! C'é-
tait la mode des tailles fines. — Rose Chéri plut ainsi ;
et bien d'autres avec elle.

Geoffroy « se cachait au milieu d'une si belle
troupe » — lorsque, le 15 juin 1850, on joua le *Bourgeois de Paris ou les Leçons au pouvoir*.

Les bourgeois de Paris venaient de mettre à bas
Louis-Philippe, comme depuis, après la Commune,
ils mirent à bas M. Thiers. Car je suis sûr qu'il n'y a
pas un bourgeois qui n'ait voté pour M. Barodet afin
de donner une leçon au pouvoir.

Geoffroy fut impayable dans le *Bourgeois de Paris*.

Il fallait voir le marchand de nouveautés garde national retirer et mettre son uniforme dans la boutique
— vendre du « cachemire vert-myrte » — donner des

leçons de convenance à un jeune homme qui « débutait dans la soie » — trouver que le marquis lui achetait son crêpe de Chine « pour l'humilier » — lui donner sa fille « quoique marquis » — aller au banquet de la réforme où l'on mangeait du veau « une nourriture saine et patriotique » — refuser d'enfoncer son bonnet à poil sur les yeux parce que « ça lui donnait l'air trop terrible. » — Il ne voulait ni sabre ni fusil, ni même de giberne, parce qu'il s'agissait d'une manifestation « pacifique », pour éclairer le gouvernement, — comme on a fait depuis place Vendôme, au mois de mars 1871.

La Constitution était-elle violée? Le *National* disait oui, le *Constitutionnel* disait non. Tout cela ne servait à rien, mais « on se tourmentait, on s'agitait, on veillait, on était bon citoyen ». — Et comme il méprisait ceux qui n'apprenaient qu'un grand danger menaçait la société que par leur laitière ou leur portier ! — Puis la manifestation ayant été coupée en deux sur le boulevard, le bourgeois coffré chantait « sur la paille humide » :

Ingrat pouvoir...

sur l'air : *Une fille est un oiseau.*

Il s'indignait, mais il s'indignait encore davantage quand on le relâchait, sous prétexte qu'il « n'était point dangereux ». Son nom « appartenait à l'histoire » et — « il demandait des juges ».

Voici d'ailleurs comment les choses allaient :

Il est seul, en habit de garde national, coiffé d'un madras, dans une chambre de la pistole à la Préfecture. Il s'écrie :

3.

— « Un cachot! moi, Morin, un homme établi, dans un cul de basse fosse!... Et ils ont encore l'effronterie de me faire payer ça vingt sous par jour... Ingrat pouvoir!...Voilà donc comme il récompense ses amis, ses protecteurs, ceux qui veulent l'empêcher de faire des sottises !

Il en est là de ses tristes réflexions, quand un geôlier silencieux introduit la bonne madame Morin.

MADAME MORIN.

J'ai été d'une inquiétude !

MORIN.

Pauvre chérie, va!... il n'y a que deux jours que je t'ai vue, et il me semble qu'il y a trente ans... Tu ne me trouves pas changé?

MADAME MORIN.

Si! un peu maigri...

MORIN.

Encore la faute du pouvoir... Mais, j'y pense, pour pénétrer jusqu'à moi, qui suis au secret, tu as donc corrompu mes geôliers à prix d'or ?

MADAME MORIN.

Du tout. Je suis allée à la Préfecture et on m'a accordé tout de suite la permission...

MORIN.

De mourir avec moi!...

MADAME MORIN.

Non! de te voir, de t'embrasser. C'est une si bonne chose !

MORIN.

Une meilleure chose encore, ce serait quelque chose à manger...

Morin pourra déjeuner, car voici venir le sieur Cliquot portant sur sa tête une manne pleine de comestibles. A cette vue, Morin s'écrie amèrement :

Cliquot!... mon commis... qui me voit prisonnier!... quelle humiliation !...

CLIQUOT.

Ah! vous voilà, bourgeois... Ce n'est pas trop beau chez vous... Vous ne devez pas en avoir pour cher de logement.

MORIN.

Parbleu! quand on est une victime politique.

CLIQUOT.

Aussi écoutez donc, bourgeois... c'est un peu notre faute!... Nous n'avons pas été bien sage... Allons, allons, convenez que nous n'avons pas été bien sage.

MORIN, *se contenant.*

Cliquot!... Monsieur Cliquot, prenez garde, je vous mettrai dehors.

On devine la repartie facile de Cliquot. Le déjeuner vient de chez Chevet. Il y a du champagne. Mais Morin exprime cette sentence : « On ne boit pas de champagne quand on est dans les fers. » En même temps que des vivres, la bonne madame Morin a apporté un journal au prisonnier qui l'ouvre vivement ; il s'écrie :

Un journal... Ah! je vais donc savoir ce qui s'est passé sur le boulevard, après que nous avons été coupés en deux !

MADAME MORIN.

Tu dois le savoir, toi qui étais à la tête de la manifestation.

MORIN.

Du tout... J'étais à la tête de la queue. (*Il a déplié le journal et lit.*) « Nouvelles diverses. — L'état de l'atmosphère... »

Ça m'est bien égal... « L'état des esprits. » Ça ne me re-
garde pas. « L'état de siège, qui vient d'être décrété... »
Tiens, Paris en état de siège!... Que vois-je!... mon nom !
Le journal parle de moi !

MADAME MORIN.

Pas possible !

MORIN, *avec joie*.

Oui, oui, ma femme!... Dès aujourd'hui, mon nom appar-
tient à l'histoire. (*Lisant*.) « Un sieur Morin, marchand de
nouveautés rue Saint-Martin, nº 104, se trouve au nombre
des personnes arrêtées... (*S'interrompant*.) Oui, oui, et j'en
suis fier... (*Lisant*.) « C'est un imbécile politique... une espèce de fou qui n'est pas dangereux et que le pouvoir s'em-
pressera de lâcher immédiatement. » (*Accablé*.) Oh! les in-
fâmes ! dire que je ne suis pas dangereux.

Un ami de Morin, l'emballeur Bourdonnet, vient
annoncer que l'écrou est levé. « Vite, partons ! » dit
Bourdonnet.

MORIN.

Comment! partons!

BOURDONNET.

Eh! oui, tu es libre.

MORIN.

Libre!... Ah! l'on croit qu'on se débarrassera d'un adversaire politique en le ridiculisant, en le calomniant! Eh
bien, non! Ils m'ont mis en prison et j'y reste.

MADAME MORIN.

Mais, mon ami...

MORIN.

Des juges! Il me faut des juges !

BOURDONNET.

Mais veux-tu bien t'en aller!

MORIN.

Non! je demande des juges.

BOURDONNET.

Ah! tu ne veux pas t'en aller?

MORIN.

Non! non! non! non! non!

BOURDONNET.

C'est ce que nous allons voir. (*Il sort.*)

MADAME MORIN.

Voyons, mon ami, sois raisonnable...

MORIN.

Mais comprends donc qu'on m'a traité de fou et que je ne dois pas sortir d'ici sans jugement... Tu verras comme je serai beau... je foudroierai mes juges... je ferai trembler l'auditoire... Va me chercher un juge d'instruction, des gendarmes. Qu'on m'emmène!

Les gendarmes, requis par Bourdonnet, mettent Morin dehors. Il proteste. Il s'écrie : « Des juges, prenez ma tête (1)|! »

Entendez-vous Geoffroy demander « des juges! » les dents serrées et les yeux tout ronds.

Deux ans plus tard, il jouait *Mercadet le faiseur*.

Balzac hantait le Gymnase et les théâtres, le cerveau excité par l'argent qu'on y pouvait gagner. Il se promenait dans les couloirs, en gros homme, la moustache noire et les cheveux tombant sur le cou, assez

____

(1) *Le Bourgeois de Paris ou les Leçons au pouvoir*, comédie-vaudeville en trois actes et six tableaux, par MM. Dumanoir, Clairville et J. Cordier, représentée pour la première fois, sur le théâtre du Gymnase-Dramatique le 15 juin 1850. — (Acte II, 4ᵉ tableau, scènes ɪ à vɪɪ.)

négligé, parlant vite et fort, et racontant dans les escaliers qu'il rêvait un personnage « qui durerait toujours » et qu'on reverrait indéfiniment dans ses pièces comme il a essayé de faire dans la *Comédie humaine*. — On ne joua *Mercadet* qu'un an après la mort de Balzac.

Pendant douze ans, Geoffroy tint Paris en haleine avec Bressant, Dupuis, le père Achard, Désirée, qui était « la vérité en personne », Antonine et Victoria qui épousa Lafontaine, etc. On jouait *Héloïse et Abeilard* de Scribe, *Cendrillon* de Barrière, les *Toilettes tapageuses* de Dumanoir, *Geneviève* qu'on rejoua l'an dernier pour les débuts de mademoiselle Legault, le *Fils Naturel* d'Alexandre Dumas, qu'on a repris au Théâtre-Français avec M. Coquelin aîné, etc.

Geoffroy était aux appointements de six mille francs, et, pendant les six dernières années, on l'augmenta de mille francs chaque année. Les prix ont monté depuis. — En 1863, il faillit entrer à la Comédie-Française sur la proposition que lui en firent le comte Walewski et M. Camille Doucet. Geoffroy s'intimida un peu de jouer avec des « colosses de talent » comme Régnier, Provost et Samson. Puis, n'entrant point comme sociétaire, il y avait plus d'honneur incertain que de profit réel ; « il faut vivre où l'on vieillit » ; et puis « il ne savait pas qu'ils mourraient. » Au Palais-Royal, on lui offrit de doubler ses appointements du Gymnase, où il venait de jouer le *Voyage de M. Perrichon*. Il entra au Palais-Royal, où il est toujours demeuré. Il entraîna Labiche. L'auteur suivait l'acteur, qui était plutôt fait pour jouer avec Lhéritier, ses comédies

gaies et paisibles, que les fantaisies exubérantes auxquelles Brasseur apportait ses travestissements *super-
coquentieux*, Hyacinthe son grand nez et ses grandes
mains, Gil-Pérès ses ahurissements fous, et Lassouche
son air abruti,—et pour lesquelles ils étaient endiablés.

Labiche et Geoffroy avec leur bonhomie profonde
embourgeoisaient le théâtre le plus gaiement et le plus
naturellement du monde.

Geoffroy avait joué le vrai *Mercadet* de Balzac, fai-
seur-bourgeois et presque sympathique. Got y a mis
ces dernières années plus d'âpreté, ce qui convenait
mieux d'ailleurs à son admirable coup de dent et à
l'attaque gauloise qui enlève le morceau. *M. Perrichon*
symbolisait le bourgeois-reconnaissant; *Célimare le
Bien-aimé* l'amant-bourgeois tranquillement installé
dans un double adultère amical; dans l'inoubliable
Cagnotte, il représentait la banlieue bourgeoise, le
bourgeois de La Ferté-sous-Jouarre, type qu'il avait
pu voir à Rueil et dans ses premières tournées aux
environs de Paris. Dans le *Roi Candaule* de Meilhac,
le viveur-bourgeois, le bourgeois ambitieux dans le
Panache, et, dans le Gévaudan du *Mari à Babette* de
MM. Meilhac et Philippe Gille, le type extraordinaire
de l'inventeur et du placier-bourgeois.

D'ailleurs, il est tout pareil aux personnages qu'il représente. Il ne compose pas ses rôles ; il est tel quel.
Ce n'est que par une sorte de retour tranquille sur
soi-même, une entente obscure et instinctive de sa
propre nature, une ironie réflexe et presque inconsciente, qu'il est supérieur à son rôle et en peut donner
la philosophie.

Il est sur la scène comme chez lui. Il a pourtant
une peur du diable à chaque nouveau rôle qu'il crée.
Au premier mot qu'il dit en scène, tout est fini, « car
il faut payer comptant, et le public ne se doute pas
de cela ». Il a eu aussi peur en créant, en 1882, le
rôle de Gévaudan du *Mari à Babette*, qu'en créant le
Morin du *Bourgeois de Paris*, en 1850.

Ce comédien bourgeois demeure, depuis vingt-cinq
ans, rue des Solitaires, là-bas, là-bas, au delà des
Buttes-Chaumont, non loin de la rue des Mignottes et
de la rue des Alouettes. Il habite une petite maison
de bon petit bourgeois, à un seul étage, au fond d'un
jardinet, entre un maraîcher et une pension de
jeunes demoiselles. Il a bien là dix arbres, en tout,
« qui sont frais l'été ». Il aime « assez » la nature et
se plaît dans « son endroit ». Des meubles, recouverts de velours bourgeois. Je suis sûr qu'en cher-
chant bien on trouverait là, parmi des lithographies
bourgeoises, la lithographie chère à M. Poirier et
représentant un chien de Terre-Neuve aboyant au
bord de la mer devant un chapeau de marin.

Geoffroy ne voit plus personne, il n'ose même plus
aller chez Labiche. Il va au théâtre « pour son affaire »
et vit très isolé. Il aime à parler des amis qu'il réunissait rue des Solitaires tous les samedis soirs depuis
vingt ans. « Ils sont tous morts, et c'est embêtant
tout de même. » C'était Alexandre Michel, Henry
Monnier... Henry Monnier au toupet gris et au double
menton, qui ne ressemblait jamais mieux à M. Thiers
que lorsqu'il mettait les lunettes de M. Prudhomme,
et qui se « réjouissait énormément de son Prudhomme et de ses prudhommeries... »

Le bon Geoffroy s'est remarié, il y a une douzaine
d'années, avec une bourgeoise, fille de commerçants.
Car vous supposez bien qu'un bourgeois « n'épouse
pas comme ça une fille de théâtre ». C'est bon pour
la noblesse. Sa femme est ordonnée, entendue ; tout
va le mieux du monde et elle a su si bien gouverner
leur petite fortune, qu'ils ont de quoi vivre aujour-
d'hui « bien » et « très gentiment ».

Geoffroy n'a plus besoin de jouer.

Il n'est pas de comédien dont le comique reposé et
naturel ait été plus communicatif, plus sain, et qui,
pour un instant, nous ait enlevé mieux aux soucis.

IV

AUGUSTE BARBIER

Mercredi, 15 février 1882.

Auguste Barbier vient de mourir à Nice, en sa soixante-dix-huitième année (1).

Il n'y a pas bien longtemps, Victor Hugo, devant

(1) Auguste Barbier était né à Paris, le 28 avril 1805. Il avait été élu membre de l'Académie française le 29 avril 1869, en remplacement d'Empis, et contre Théophile Gautier. Le 7 février 1878, il avait été fait chevalier de la Légion d'honneur par M. Bardoux, ministre de l'instruction publique.

La première œuvre littéraire d'Auguste Barbier est un roman historique : *les Mauvais garçons*, écrit en collaboration avec Alphonse Royer. Les premiers *Iambes* datent de 1830. Il a également publié : *Chants civils et religieux*, *Rimes héroïques*, *les Silves*, *poésies diverses*, *les Satires*, et un volume de nouvelles sous ce titre : *Trois passions*.

Il a écrit pour Berlioz en collaboration avec Léon de Wailly, l'opéra de *Benvenuto Cellini* et, pour Berlioz encore, les paroles d'un *Hymne à la France* exécuté, en 1844, dans un grand festival au Palais de l'Industrie.

On a aussi de lui une traduction en vers blancs de *Jules César*, de Shakespeare.

qui l'on parlait de l'auteur des *Iambes*, répondit avec
cette voix grave, et qui semble sortir du passé :

— M. Barbier, un jeune homme avec des yeux et
des cheveux noirs..... il vint me soumettre ses *Iambes*.

C'était en 1830. Hugo n'a pas daigné savoir si le
poète avait vieilli depuis ce temps-là. Tout ce qui ne
passe pas devant lui semble ne pas exister pour lui.

En fait, Barbier ou le « père » Barbier comme on
l'appelait dans la jeunesse des écoles, était devenu
d'assez bonne heure un petit vieux ratatiné dont la
personne s'était empreinte de la médiocrité même de
sa vie intime. Il habitait, ces derniers temps, un petit
appartement rue Jacob, sur la cour, au cinquième
étage, — un petit bourgeois dans de l'acajou. Le
menton en casse-noisette, des lunettes d'écaille, un
chapeau gris avec un crêpe, un éternel parapluie sous
le bras et des guêtres blanches comme pour célébrer
le printemps.

Barbier voyait peu de monde. Ses derniers amis
littéraires furent Brizeux et Saint-René Taillandier.
Cet homme modéré était modéré même en amitié.

L'honnête Barbier était, en plus, de nature très
économe et assez dur aux misères d'autrui. Ce qui
exaspérait Brizeux.

Brizeux, l'auteur de *Marie*, avait l'âpreté paysanne
et bretonne aiguisée par les malheurs de la vie cita-
dine. Il vivait à Paris avec fureur et comme il pouvait,
c'est-à-dire mal. Il avait l'habitude de demander de
l'argent à ses amis en jetant de la rue un caillou dans
leurs carreaux.

— Jetez-moi cent sous, criait-il.

Quand il en était là, c'était plutôt chez Saint-René

Taillandier qu'il pratiquait cette manière d'emprunt.
— Et Brizeux qui ne sentait pas les nuances et ne
pouvait pas comprendre qu'on pût être en même temps
très intéressé et irréprochable, s'écriait à moitié sérieusement : « Barbier prête à la petite semaine ! (1) ».

Ses véritables relations étaient plutôt les œuvres
d'art. Il connaissait tous les tableaux du monde.
Sans même s'inquiéter du nom des concurrents, il
suivait, à l'École des beaux-arts, les envois de l'École
de Rome avec une sympathie toujours jeune. Il a
constamment eu pour l'art un amour qui lui a toujours porté bonheur. Il a fait sur les artistes italiens
ses vers les plus profondément beaux et les plus
durables. Tout le monde a dans la mémoire le sonnet
sur Michel-Ange :

> Que ton visage est triste et ton front amaigri,
> Sublime Michel-Ange, ô vieux tailleur de pierre !
> Nulle larme jamais n'a mouillé ta paupière ;
> Comme Dante, on dirait que tu n'as jamais ri.
>
> Hélas ! d'un lait trop fort la Muse t'a nourri,
> L'art fut ton seul amour et prit ta vie entière ;
> Soixante ans tu connus une triple carrière,
> Sans reposer ton front sur un sein attendri.
>
> Pauvre Buonarotti ! ton seul bonheur au monde
> Fut d'imprimer au marbre une grandeur profonde,
> Et, puissant comme Dieu, d'effrayer comme lui.
> Aussi, quand tu parvins à ta saison dernière,
> Vieux lion fatigué sous ta blanche crinière,
> Tu mourus longuement plein de gloire et d'ennui.

(1) Je rencontrai Barbier une seule fois dans le monde. Il
parla ce jour-là, avec complaisance, des jetons de présence
qu'il touchait à l'Académie. Il en faisait une affaire. On voulut
lui parler de Lamartine qu'il avait dû connaître. Il n'en dit
point du tout ce qu'on aurait voulu, car il prit de l'humeur et
fit un vif reproche au poète de ses dépenses folles.

Il était allé en Italie, après Chateaubriand et madame de Staël, comme Paul et Alfred de Musset et les frères Deschamps — et à peu près vers la même époque.

Il accomplissait ainsi son pèlerinage romantique, allant chercher des formes et des couleurs dans cette terre des arts. Alors les écrivains du siècle, plus sensibles à la religion, aux arts plastiques et à la nature que n'avaient été leurs pères, découvraient, avec toute la naïveté et toute la joie de l'amour, les horizons romains, les palais de Florence, et Venise, et Véronèse. Le plus sincère, le plus ému de ces pèlerins fut Barbier.

A son retour à Paris, il publia les *Iambes* et *Il pianto* « la Colère ».

En lançant les *Iambes*, le jeune bourgeois ne savait pas bien au juste ce qu'il faisait. Figurez-vous M. Thiers tirant un coup de canon pendant une bataille.

Il n'était, pas plus que Brizeux, l'homme de ses vers.

Madame de Girardin avait coutume de dire de lui :

« Il a assassiné un voyageur et lui a volé sa valise : c'est dans cette valise qu'il a trouvé les *Iambes*. »

Un flot de vers, « un fleuve jaune », comme disait Vigny, jaillit tout à coup de son âme indignée. On était en 1830. Toutes les idées de liberté et d'honneur, comme toutes les ambitions et toutes les convoitises, étaient remuées. « L'indignation fit un poète de plus. » Il montrait les révolutions faites en vain par le peuple, toujours frustré, etc...

En bafouant le bourgeois, il a vengé la canaille, sans bien s'en rendre compte.

> C'est que la Liberté n'est pas une comtesse
>   Du noble faubourg Saint-Germain,
> Une femme qu'un rien fait tomber en faiblesse,
>   Qui met du blanc et du carmin.
> C'est une forte femme aux puissantes mamelles,
>   A la voix rauque, aux durs appas,
> Qui, du brun sur la peau, du feu dans les prunelles,
>   Agile et marchant à grands pas,
> Se plaît aux cris du peuple, aux sanglantes mêlées,
>   Aux longs roulements de tambours,
> A l'odeur de la poudre, aux lointaines volées
>   Des cloches et des canons sourds ;
> Qui ne prend ses amours que dans la populace ;
>   Qui ne prête son large flanc
> Qu'à des gens forts comme elle, et qui veut qu'on l'embrasse
>   Avec des bras rouges de sang.

Il devint l'homme des ouvriers liseurs de journaux, et des déclassés de toute espèce, à qui rien ne réussit. Ils firent des *Iambes* leur bréviaire. Madame de Girardin s'en mêla aussi, et son salon était assez agité et puissant pour lancer le livre.

Mais le bonhomme Barbier n'en profita guère.

Au milieu de tout ce bruit, il restait un petit bourgeois tranquille et timide, n'ayant lui même aucune des audaces de son livre, et peu de goût en réalité pour les révolutions. Il restait également éloigné de cette comtesse du faubourg Saint-Germain, dont il raillait le fard et les pâmoisons, et de cette Liberté « aux fortes mamelles », « à la voix rauque », « aux durs appas », qu'il avait peinte avec une sympathie imaginaire et tout artistique.

Malgré son bruyant succès, il vécut assez obscur, abandonné des républicains qui le trouvaient bien

orléaniste ; des orléanistes qui le trouvaient bien
républicain. — On en fit pourtant un académicien
contre l'Empire, à cause de ces vers :

> O Corse aux cheveux plats, que la France était belle !

Et de ceux-ci :

> Je n'ai jamais chargé qu'un homme de ma haine :
>   Sois maudit, ô Napoléon !

Ce fut l'élection d'une de ces petites conspirations
antinapoléoniennes (1), dont l'Académie avait pris
l'habitude, pendant les dernières années de l'Empire.
— L'élection de M. d'Haussonville est de la même
année (1869).

Peu à peu cet homme méfiant, doux et solitaire, à
mesure qu'il vieillissait, trouva grâce devant les con-
servateurs qu'il avait bien effarouchés, mais qui sont
bonnes gens et qui, dans la suite, ne purent s'empêcher d'accueillir parmi les leurs un vieillard qui allait
à la messe et qui, après tout, était un grand poète.
Car Barbier pratiquait exactement ses devoirs religieux. Il était même si scrupuleux que, sur l'avis de

____

(1) On m'a raconté que Montalembert malade et qui, près de
mourir, recevait encore sur sa chaise longue, les dames du
Faubourg Saint-Germain, fut la cheville ouvrière de la candi-
dature Barbier, par pure révolte contre l'Empire.

Il avait cru Barbier mort d'abord, et ignorait d'ailleurs presque ses œuvres, quand on vint lui dire que l'auteur des
Iambes vivait encore. On avait apporté le livre. Montalembert
le parcourut et tomba sur ce vers :

> Sois maudit, ô Napoléon !

— Cela me suffit, dit-il. On votera pour Barbier.

son confesseur, il supprima d'un poème (où il représentait deux petits amoureux à Venise), ce vers délicieux :

> . . . . . . Et ces deux beaux enfants
> Se baisaient sur la bouche en regardant la lune.

Il fit pis encore. Il rougit à la pensée de plaindre Michel-Ange de n'avoir jamais posé son front sur un sein attendri. Il ôta le sein et même le front et mit « un cœur contre un cœur ».

Malgré les grâces qu'il a mises dans le *Pianto*, Barbier est resté pour le public le vigoureux auteur des *Iambes*.

Mais, comme l'a dit en bons termes M. Anatole France : « Ce n'est pas tout l'art de ce rude artisan de vers d'avoir poussé tout d'une haleine de grandes tirades indignées. Ailleurs, son éloquence est plus souple et variée. Il y a dans le *Pianto* des effets de nature fixés magistralement en un vers, des paysages notés en un distique, et, au milieu des coups de force, des éclairs de grâce. L'auteur des *Érinnyes* parle d'un rossignol qui chantait entre deux coups de tonnerre. On entend ce rossignol entre les grondements du *Pianto* et le fracas des *Iambes* (1). »

(1) Pour mieux sentir la manière grande et large de Barbier, ses magnifiques traits de force ou de grâce, cet instinct des belles lignes jetées avec la fougue des grands faiseurs de fresques, pour ne point être injuste et dédaigneux involontairement comme le fut Mgr l'évêque d'Autun, je supplie les personnes qui aiment la poésie, de relire le début de *Melpomène :*

> O fille d'Euripide, ô belle fille antique,
> O Muse, qu'as-tu fait de ta blanche tunique,
> Prêtresse du saint temple, oh ! que sont devenus
> Les ornements sacrés qui couvraient tes pieds nus,

Barbier rapportait à l'ami de sa mère le goût généreux dont il se sentait tout brûlant pour la belle peinture. Sa mère était une femme supérieure. Quoiqu'il fût encore jeune quand il la perdit, elle fut toujours l'inspiratrice et la directrice de sa vie. Et, comme elle peignait, son fils en aima et comprit mieux la peinture. Mérimée aussi eut une mère peintre.

Il est touchant de rappeler, sur cette tombe dans laquelle il va reposer à jamais auprès de celle qu'il aima si pieusement, que sa foi religieuse comme son amour de l'art lui vint de sa mère qui avait en son

> Et les cheveux dorés relevés sur ta tête,
> Et le grave cothurne et la lyre poète,
> Et les voiles de lin et ta marche à longs plis
> Flottant et balayant les dalles du parvis,
> Et le fleuve éternel de tes larmes pieuses...

le *Campo Santo* tout entier, et surtout le beau cantique à la foi :

> Heureux, oh ! bien heureux qui dans un jour d'ivresse
> A pu faire au Seigneur le don de sa jeunesse...

Les beaux sonnets de *Mazaccio*, d'*Allegri,* du *Corrége* et celui de *Michel-Ange* que j'ai eu la joie de citer,

L'invocation à Gœthe, dans le *Campo Vaccino :*

> Et toi, divin amant de cette chaste Hélène,
> Sculpteur au bras immense, à la puissante haleine,
> Artiste au front paisible avec les mains en feu,
> Rayon tombé du ciel et remonté vers Dieu,
> O Gœthe ! ô grand vieillard ! prince de Germanie !

. . . .

Lisez aussi *Érostrate* et les *Sonnets héroïques.* Il y a dans ces sonnets des vers d'un beau dessin. Le sonnet sur *Jeanne d'Arc* contient deux vers qui sont, après les deux vers de Villon, ce qu'on a dit de mieux, « de la bonne Lorraine » :

> Lorraine aux brunes mains, au cœur plein d'innocence,
> Qui fit si grande chose avec tant de candeur.

4

âme délicate le germe des belles choses qu'il a exprimées.

Il en a lui-même témoigné, dans les pages charmantes que voici :

« Ma mère était petite. Elle avait la taille courte et les épaules un peu hautes ; malgré ces légers défauts, elle était fort jolie et fort admirée. Rien n'était mieux fait que ses pieds et ses mains. Son nez était un peu retroussé, ses yeux grands et noirs, sa bouche bien arquée et son menton décoré d'une petite fossette. Ses cheveux, d'un noir de jais et qu'elle conserva tels jusqu'à sa mort, auraient pu dans leur abondance lui couvrir le corps. Sa voix était douce, mais peu étendue. La faiblesse de son organe ne nuisait point cependant à sa netteté. Ce qui dominait dans les agréments de sa personne, c'était la grâce. Elle parut longtemps jeune ; sur le milieu de l'âge, elle prit de l'embonpoint.

» Ma mère était naturellement sérieuse et réfléchie. Elle ne put jamais danser ni se mettre à genoux ; la délicatesse de sa complexion faisait qu'elle s'évanouissait sitôt qu'elle restait un peu longtemps agenouillée. Je lui ai entendu dire que, lorsqu'elle fit sa première communion, le prêtre qui donnait l'hostie fut obligé de commencer par elle pour ne point la laisser trop longtemps dans une position qui pouvait lui être nuisible. Ces deux impossibilités physiques s'accordent très bien avec certains traits de son caractère. Ainsi les plaisirs du monde ne la tentèrent point ; elle aimait l'étude et la société intime. La lecture avait un grand charme pour elle ; non la lecture des romans, — je ne me souviens point de lui en avoir vu souvent dans les

mains, — mais la lecture des moralistes et des historiens. A la voir jouer aux échecs et lire des ouvrages
sérieux, on aurait dit que l'imagination et le sentiment
de l'idéal manquaient tout à fait à sa nature. Cela n'é-
tait pas. Le sens de l'art était, au contraire, très
développé en elle, tellement que je puis presque dire
que la peinture et le dessin furent, avec ses enfants,
sa seule et véritable passion. Les relations de son père
avec MM. V... et David lui avaient valu quelques conseils et même des leçons de la part de ces illustres
personnages. Aussi se livra-t-elle avec ardeur à l'é-
tude du dessin et de la peinture. Ses travaux sur ce
point n'étaient nullement ceux d'une jeune femme
qui s'amuse, mais ceux d'un homme qui veut marquer
dans la carrière de l'art. L'anatomie et la perspective
furent sévèrement étudiées par elle, l'art fut le passe-
temps de sa jeunesse et de sa consolation. Croissant
au milieu des orages de la révolution et placée dans
des conditions de famille très malheureuses (son père
avait été emprisonné au Luxembourg et le séquestre
mis sur ses biens), son talent devint une ressource,
et, comme je lui ai entendu dire, elle fut plus d'une
fois obligée de donner des leçons dans le voisinage,
et de vendre des images de la Liberté, pour vivre.

» Le calme étant un peu revenu, et ayant subi, plus
que désiré, le joug du mariage, elle quitta les pinceaux
et cessa d'être artiste. Elle devint mère de famille.
Les devoirs d'une nouvelle existence et l'amour qu'elle
portait à ses enfants lui imposaient ce sacrifice. Elle
le fit courageusement ; cependant, de loin en loin, tout
le reste de sa vie, elle regretta parfois de n'être pas
restée fille pour pouvoir vouer à l'art sa destinée. Il y

avait dans sa manière de dessiner une grande justesse
d'imitation, beaucoup de grâce et de vigueur tout
ensemble. Elle ne se contentait pas de copier, elle
essaya aussi de produire quelques compositions qui
n'étaient pas sans charme. Je suis convaincu que si
elle avait persévéré dans la pratique de l'art, elle fût
arrivée à faire parler d'elle. Je me rappellerai toujours
avec quel plaisir elle me donnait des leçons de dessin
pendant le temps de mes vacances. Elle semblait re-
naître et échapper aux tristes réalités de la vie domestique. Mon amour pour le bel art et le peu de
pratique que j'ai pu y acquérir, me viennent entièrement d'elle. Ma mère aimait la musique, mais par
nature elle n'y était pas autant inclinée qu'à la peinture. Aussi ne la cultiva-t-elle point. D'ailleurs, la
faiblesse de sa poitrine et son peu de voix l'en auraient éloignée, quand bien même elle aurait eu pour
cet art une prédilection marquée. Le travail silencieux
des mains et des yeux convenait beaucoup mieux à sa
nature tranquille et sédentaire ; en général, son esprit
était juste et sensé, et non dépourvu, comme on a pu
le voir, du sentiment de l'idéal ; mais c'était sous le
rapport moral qu'elle était vraiment supérieure. Doué
d'une volonté forte et d'un cœur excellent, cet être
timide et maladif avait une vigueur d'âme étonnante
dans les grandes crises de la vie

» Pendant l'occupation étrangère, une troupe de
Russes entra sur le minuit dans notre habitation et
demanda avec des voix grossières un logement et des
vivres. Ma mère sans s'effrayer de cette soldatesque,
se lève, s'habille à la hâte et, tout de suite, avec le
plus grand sang-froid, distribue à ces gens le loge-

ment qui leur est dû et les vivres qu'ils réclament.
Plus tard, un de ces soldats, à moitié ivre, poursuit sa
domestique en levant le sabre sur elle; ma mère arrive
et, par la seule force de sa dignité et de son regard,
arrache cette pauvre fille à la brutalité du soudard.

» S'agissait-il de venir au secours d'un de ses pro-
ches malheureux, d'une connaissance dans l'embarras,
il n'était point de pas si pénibles, de démarches si difficiles qu'elle ne fît. Le bien qu'elle a opéré avec la
modique pension que lui faisait son mari est vraiment
très grand. Cette pension, qui devait suffire à l'entre-
tien de sa toilette, passa près de quarante ans presque tout entière en actes de bienfaisance et en plaisirs
procurés à ses enfants. Les leçons de musique de ma
sœur et mes différents voyages furent payés avec ses
économies. Il est vrai de dire que, sur les derniers
temps, cette pension avait doublé par suite d'un héritage. Quant à elle, elle ne se donnait que le strict
nécessaire. Sa mise était toujours des plus simples,
mais sa grâce et son goût faisaient qu'elle paraissait
élégante. Je ne sais de quelle manière elle s'y prenait;
mais, comme elle le disait elle-même, elle n'usait pas.
Sa maison était comme sa personne, parfaitement
tenue. Je ne doute point que son esprit d'ordre n'ait
beaucoup contribué à l'accroissement de la petite fortune qu'elle avait apportée à son mari. Son naturel
charmant avait dû amener et lui avait amené en effet
de véritables amis. Presque tous étaient d'un âge mûr.
Aussi avait-elle de la société sans mener grand train.
C'étaient gens de robe, avocats, avoués, médecins,
hommes d'administration qui la composaient. Quelques nobles déchus, et quelques hommes de lettres la

traversèrent. Cette société d'honnêtes bourgeois n'a pas été sans influence sur mon éducation et elle a balancé, par ses formes contenues, la mauvaise éducation des pensions où mon père avait été obligé de nous mettre par économie (1). »

J'ai tenu à citer cette page attendrie tout entière, afin d'adoucir le portrait que j'ai fait de l'homme privé et qui a pu paraître trop rigoureux à force d'être exact (2).

(1) Extrait de *Souvenirs personnels* (Dentu, éditeur), écrit en 1838.

(2) Auguste Barbier eut comme on sait, pour successeur à l'Académie française Mgr l'évêque d'Autun, dont le discours (Jeudi 19 août 1883) fut un manifeste de haute politique religieuse et libérale. Barbier n'était qu'un prétexte. Ni M. Perraud, ni M. Rousset, qui lui répondit, ne semble avoir lu seulement *Il Pianto* ou *Lazare* ou *Érostrate*. Il est certain tout au moins que l'intelligence de génie poétique de Barbier leur échappa complètement.

Le lendemain on eut dans le *Temps* un article de Ed. Scherer qui est une curiosité. Je rêve parfois un musée Tussaud de la littérature, un musée des horreurs. Il faudrait y mettre la collection complète des articles de M. Edmond Scherer.

M. Edmond Scherer affirme que Barbier copia ses *Iambes* sur les ïambes de Chénier. M. Edmond Scherer dit en propres termes :

« La *Curée* en somme était un pastiche. Seulement on ne s'en doute pas. »

Mais il s'en est douté, lui, M. Scherer.

Il a des lumières spéciales. Sans lui, nous ne saurions pas que Molière écrit mal, que Balzac n'est point digne d'être lu par l'*honnête homme* de la Bruyère, que Baudelaire a l'image courte et que Barbier faisait des pastiches. Cet homme n'a vraiment pas la férule heureuse, ainsi que nous l'allons voir dans le chapitre qui suit.

V

M. EDMOND SCHERER

Vendredi, 21 avril 1882.

Un jour, une dame qui se trouvait à table à côté de Sainte-Beuve lui demanda à brûle-pourpoint :

— Monsieur de Sainte-Beuve, que pensez-vous d'Homère?

Le critique lui répondit en souriant le plus doucement du monde :

— Est-ce pour un mariage, madame?

En cette circonstance, M. Scherer eût certainement dit ce qu'il pensait d'Homère, comme il nous a dit l'autre jour, dans le *Temps* (1), ce qu'il pensait du style de Molière, — sans que personne d'ailleurs l'en ait prié.

Mais avant de vous parler du critique et de l'homme de lettres qui sont en M. Scherer, je voudrais vous

(1) V. *Temps*, dimanche, 19 mars 1882.

présenter l'homme politique et l'ancien professeur d'exégèse à l'école évangélique de Genève.

M. Scherer est fils d'un banquier d'origine suisse, établi à Paris vers le commencement du siècle. Quoique M. Scherer soit né à Paris vers 1815, son goût le ramena bien vite vers sa patrie d'origine, où il enseigna longtemps Christ, et critiqua Paul et Augustin.

Et ce furent les *Prolégômènes de la dogmatique de l'Église réformée*; l'*Esquisse d'une théorie de l'Église chrétienne*; des *Lettres à mon curé*, publiés chez Joël Cherbuliez, à Genève, et les *Mélanges de critique religieuse* enfin, publiés chez Calmann Lévy.

M. Scherer se demandait dans ses livres « si le ter-
» ritorialisme, dépouillé de sa forme thomasienne,
» n'avait pas moins que le collégialisme un grand
» fond de vérité » ; si « l'épiscopalisme était bien la
» théorie du dix-septième siècle ». Il discutait sur le péché «inné» ou « non inné», sur l'existence de « l'in-
» conditionné » et l'hypothèse de la chute « préexis-
» tentielle ».

C'était bien. Il était dans son élément et s'y mouvait avec facilité.

Il apportait même à ses études une conscience élevée, une érudition solide, un grand souci de la chose humaine et divine (1). Peu à peu, cependant, il allait

---

(1) Le lundi 29 octobre 1860, Sainte-Beuve consacra dans le *Constitutionnel* un article très favorable à l'auteur des *Mélanges de critique religieuse*. — Je cite. — « Voilà bientôt dix ans que M. Edmond Scherer s'est fait une réputation solide et originale, non seulement comme hébraïsant, mais comme critique théologien, comme investigateur historique aussi précis que hardi dans l'examen des textes du Nouveau Testament, et aussi comme écrivain philosophique de premier ordre. Sa place est entre

scandalisant le monde protestant orthodoxe un peu
de la même façon que M. Renan, le monde orthodoxe
catholique vers 1860. M. Scherer perdait la foi à mesure, « mais en s'obstinant à ne jamais la perdre tout
à fait », ce qui serait l'explication d'une phrase un
peu obscure qu'il écrivit un jour à un pasteur de Genève : — « Je suivrai la volonté de Dieu, jusqu'à l'a-
théisme. »

M. Scherer est pourtant demeuré protestant, mais
il a choisi parmi les nombreuses sectes protestantes
une secte qui n'a point de culte, — de telle sorte que
s'il meurt un jour (ce qui arrivera), son enterrement
pourra très bien passer pour un enterrement civil.
Mais ne vous y laissez pas prendre : ce sera bel et
bien l'enterrement d'un protestant, mais d'un protestant qui fait partie d'une secte qui n'a pas de culte.

Je dis cela pour que les libres penseurs ne se ré-

M. Ernest Renan et M. Taine, qu'il apprécie et juge avec su-
périorité et indépendance : il faudrait peu de chose, selon moi,
pour que le volume qu'il publie et qui est le recueil des articles qu'il a insérés dans la *Revue de Théologie* éditée à Strasbourg, soit dans la *Bibliothèque universelle de Genève*, le plaçât
d'emblée dans l'estime public à côté des esprits éminents auxquels il ne le céda ni par la science ni par la sagacité. » (C l.,
tome XV, pages 53 et 54.) — On voit que je n'épargne point à
M. Scherer les éloges que les maîtres lui font. L'article de Sainte-
Beuve est de 1860. M. Scherer était alors un jeune savant de qua-
rante-cinq ans qui donnait des promesses. Il n'a point depuis
mérité les éloges que lui donnait le critique qui eût été bien surpris des progrès fâcheux qu'a faits depuis vingt-deux ans son
protégé. — Sainte-Beuve d'ailleurs semble déjà se méfier du style
de ce théologien laïque, car il ajoute quelques lignes plus loin :
« Quand on écrit pour de purs savants et si près du Rhin, on
ne se gêne guère, on emploie leur langage, leur phraséologie,
etc...» Sainte-Beuve est mort trop tôt pour connaître M. Scherer autrement que dans sa fleur.

jouissent pas tout à fait quand le moment sera venu.

M. Scherer n'entra dans la vie parlementaire qu'en 1871. Il fut élu à l'Assemblée Nationale et nommé sénateur inamovible en 1875.

Malgré les notes politiques anonymes qu'il publie au *Temps*, malgré ses brochures et son assiduité aux séances, il n'a pu jusqu'ici prendre un rôle politique important. On connaît pourtant deux mots célèbres, mais contradictoires, dits par lui depuis douze ans :

— La République, c'est l'ordre.

Et cet autre :

— La République deviendra une bousingotière (1).

Il eut, en mai 1879, un mouvement d'honnêteté politique, qui le força de quitter son journal « pour des besoins de liberté personnelle », mais il y rentra en juin sans que le journal eût pour cela changé sa ligne.

Toute sa vie politique me semble contenue dans le résumé qu'en donne un biographe favorable :

« Il ne prit jamais la parole et vota continuellement avec la gauche républicaine. »

Pour nous, le seul intérêt de sa présence dans les Assemblées a été de nous permettre de le voir et de pouvoir ainsi donner son signalement physique avec exactitude.

Grand, sec, pâle et rasé, froid comme un jour de

---

(1) Voici la phrase exacte : — « Il s'agit encore aujourd'hui d'empêcher une révolution de se dévorer elle-même. Il s'agit de savoir si la République de 1875 restera habitable ou deviendra une bousingotière. »

Cette phrase termine la brochure *La Revision de la Constitution* (novembre 1881).

L'épigraphe *amara salutifera* est bien dans la manière pédante de l'écrivain.

pluie; de petits favoris blancs en virgules à l'envers,
les cheveux longs et rares sur le sommet de la tête,
l'œil clignotant et la lèvre inférieure mouillée, tout de
noir habillé, une large cravate roulée deux ou trois
fois autour du faux-col, la main fine et les pieds
énormes, ayant résolu le problème d'être svelte et
lourd à la fois, habile à se faufiler dans les foules et
se faufilant même quand il est seul dans un large cou-
loir; un binocle et des gants de filoselle.

Il parle parfois d'un ton bourru et d'une voix forte.
Il s'emporte souvent et rougit comme une jeune fille.
Sa vanité est extrême. Tout le contraire enfin de son
directeur, M. Hébrard, qui est resté tout petit, avec
une grande activité qui fait toute la joie de ce scep-
tique, de cet homme déhanché, aimable et intelligent
à la course.

Mais surtout M. Scherer n'est pas si bonhomme que
paraît M. Hébrard; je crois même qu'il n'est pas bonhomme du tout, si j'en juge par ce qu'il dit à ses voisins au Sénat, un jour que M. J. Ferry répondait à
M. de Chesnelong en le traitant « d'éminent orateur ».

— Quand cesserons-nous, s'écria M. Scherer, de reconnaître ainsi publiquement du talent à nos adversaires? Ne nous déferons-nous donc jamais de cette
sotte habitude?

Le fait est que M. Scherer est un homme tranchant,
— tranchant et modéré comme il convient à un théologien, — mais très capable de terminer une étude mo-
dérée sur l'enseignement par ces mots tranchants :

— « L'Université fait des hommes, les Jésuites font
des eunuques. »

S'il faut en juger par M. Scherer, l'école évangélique de Genève ne fait ni des hommes, ni des eunuques, car il n'est ni l'un ni l'autre, mais quelque chose d'entre deux, — ce qui est pire.

Que M. Scherer vienne trancher en France de politique et de théologie, il est sénateur, c'est bien ; mais qu'il vienne sans nécessité donner son avis sur notre littérature, non pas !

Il ne suffit point, pour soutenir cette prétention, d'avoir débuté dans les lettres en écrivant l'histoire de la vie et des œuvres de M. Vinet, professeur de lettres françaises au Gymnase de Bâle, et de terminer autant dire sa carrière en imprimant que Molière « est aussi mauvais écrivain qu'on peut l'être, quand on a du reste les qualités de *fond* qui *dominent* tout ».

Voici d'ailleurs la phrase tout entière :

Il faudra bien que la raison finisse par avoir raison, et que l'évidence finisse par se faire reconnaître. On lit peu de notre temps, on lit mal, avec distraction, sans réflexion, sans examen, sans dégustation, mais j'en appelle avec confiance à quiconque voudra prendre son Molière, et cela aux meilleurs endroits, et donner quelque attention à la marche du discours et aux procédés du style : il n'y a pas moyen de se dérober à la conviction que notre grand comique est aussi mauvais écrivain qu'on peut l'être, lorsqu'on a, du reste, les qualités de *fond* qui *dominent* tout.

Voyez-vous l'homme modéré ! — et puis pour un homme si sévère en matière de style, concevez-vous que « des qualités de *fond* puissent tout *dominer* ».

M. Scherer veut protester contre « les engoue

ments ». Il ne veut pas plus de « culte en littérature » que dans sa secte. Il n'admet point « la piété des fidèles ».

Il pense que l'admiration pour Molière est en train de passer « à cet état d'orthodoxie hors de laquelle il n'est point de salut ». Il repousse « toute croyance officielle » en Molière, « ce grand artiste ». Il se défend contre les fanatiques qui veulent « canoniser Molière » et il cite du latin moins amusant certes que celui de Molière. Il sait pourtant qu'il hasarde « une hérésie » et pour s'encourager à dire du mal du style du *Misanthrope*, il appelle Luther à son secours et cite en épigraphe pédantesque les paroles du Réformateur à la diète de Worms :

— « Me voici. Je ne puis dire autrement : Dieu me soit en aide. Amen ! »

Et armé de cette citation, il se lance contre les fanatiques :

Qui ne croient jamais assez admirer un écrivain *aussi longtemps* qu'ils ne l'ont pas canonisé comme « impeccable ». Encore un peu et ils iront jusqu'à la Conception Immaculée !

M. Scherer est décidément un théologien de lettres bien extraordinaire !

Je n'entrerai pas dans tout le détail du style de l'article que M. Scherer a consacré au style de Molière, cela n'en vaut pas la peine. La prétention est si lourde qu'on fléchit sous le poids de ce style accablant. Pour construire des phrases sérieuses, on n'avait pas encore employé en France de matériaux si pesants. Les mots que M. Scherer émet, les phrases qu'il livre à la circulation sont pareils à ces lourdes monnaies spartiates. Il en faut un tombereau pour avoir cinq louis de notre monnaie : ce qui n'est pas commode pour échanger ses pensées dans le train ordinaire de la vie raisonnable.

Et le malheureux vient nous parler de ce style et prend la peine de nous dire ce que c'est que d'écrire. — « Qu'est-ce écrire? dit-il. L'art d'écrire se compose de trois choses... » et il continue :

En premier lieu, le vocabulaire, c'est-à-dire le choix des mots, le terme plus ou moins approprié, quelquefois heureux, quelquefois même ayant sa beauté, sa poésie. Aprèsle mot vient la phrase, qui n'est pas seulement une suite de mots unis les uns après les autres dans l'ordre de la pensée, mais qui, ayant à suivre les nuances et les complications de cette pensée, entraîne avec elle des incidentes, et qui, par conséquent, a besoin d'être conduite. La phrase est un organisme à la fois logique et esthétique, elle doit être claire et elle doit plaire. La phrase, enfin, n'est pas là pour son seul et propre compte. Elle fait partie d'un discours, et ce qui vient d'être dit de la phrase s'applique au paragraphe et au morceau tout entier ; le discours doit former un ensemble organique, les pensées doivent s'y acheminer dans un ordre à la fois savant et charmant.

Est-il besoin d'ajouter que l'art d'écrire est aussi applicable aux vers qu'à la prose? La poésie se compose, elle aussi, de mots, de phrases et de discours, et elle reste, par conséquent, aussi bien que sa sœur, soumise aux deux conditions supérieures de la perspicuité et de la beauté. Ce qui est vrai, c'est que la poésie a ses difficultés particulières, en ce qui concerne la conduite de la pensée. Gênée par la nécessité du rythme et de la rime, obligée non pas seulement de dire nettement et agréablement comme la prose, mais de dire en lignes d'une mesure déterminée et avec l'assonance des derniers mots de ces lignes, la poésie est exposée à une terrible tentation, celle de la cheville.

Je prends ici ce terme dans une acception un peu plus étendue que l'on ne fait d'ordinaire. On l'entend habituellement d'un mot superflu que le poète glisse dans son vers pour lui donner la mesure voulue ; il me semble qu'on peut regarder aussi comme des chevilles, de grosses chevilles, si l'on veut, le vers qui n'est là que pour rimer avec le précédent ou le suivant, que dis-je? la proposition tout entière qui arrive à la suite d'une autre, sans y rien ajouter, rien au moins de sensiblement nouveau et qui en vaille la peine.

Ceci dit, j'arrive à l'hérésie que j'ai déjà hasardée plus haut, etc.

Mais non, l'art d'écrire ne se compose pas de trois choses... « N'écrivez pas en français, mais ayez un style, » disait Montesquieu. C'est ce qu'ont fait sans doute Montesquieu, Molière, Saint-Simon et Michelet.

Soyez indulgent pour Molière et les autres, monsieur Scherer, ils sont assez riches pour vous payer. Et vous, monsieur Hébrard, quittez cette idée que M. Scherer est « un homme considérable », comme vous dites.

Si on laisse de côté le style même de M. Scherer et qu'on veuille juger de la qualité de son goût et de son esprit, le doute se change bientôt en une certitude qui n'est pas à l'avantage de son amour-propre qui est grand.

Vous pouvez avoir un aperçu du tout par la dépense qu'il fait de ses facultés critiques pour reprocher à son auteur les synonymes oiseux et les redondances.

M. Scherer trouve par exemple que *ridicule* et *peu*

permis sont synonymes, de même qu'*à propos* et *bien-séance*, etc.

Je laisse M. Scherer s'expliquer lui-même :

Les défauts dont un travail trop pressé charge la manière d'écrire de Molière peuvent se résumer dans le mot que je prononçais tout à l'heure : il cheville. Molière cheville continuellement, horriblement ; il n'a pas seulement des dires inutiles, mais des répétitions fatigantes ; il ne répète pas seulement le mot, mais aussi la phrase ; ses phrases, enfin, ne constituent pas seulement des redites, mais elles se suivent par voie de juxtaposition, sans se lier, sans se combiner organiquement, ce qui donne au discours une allure traînante. A la représentation, l'art de l'acteur déguise ce vice, mais il est sensible pour le lecteur, et, j'en appelle à tous ceux qui en ont fait l'expérience, il rend tout à fait laborieuse et ingrate la lecture à haute voix des vers de notre grand comique.

Le *Misanthrope* va nous fournir des exemples de tous les sujets de plainte que je viens d'articuler.

Molière, pour faire le vers, donne constamment des synonymes oiseux de l'expression qu'il vient d'employer :

> Il est bien des endroits où la pleine franchise
> Deviendrait *ridicule* et serait *peu permise...*
> Serait-il à propos *et de la bienséance*
> De dire à mille gens tout ce que d'eux on pense ?...
> J'entre en une humeur noire, *en un chagrin profond,*
> Quand je vois vivre entre eux les hommes comme ils font.

Il est inutile de multiplier les exemples de cette manière de faire ; il n'est guère de page qui n'en fournisse.

Il y a pourtant des choses *ridicules* qui sont *permises*, c'est ainsi qu'il a été permis à M. Scherer d'écrire des articles ridicules, et ce que je dis là est fort *à propos* quoiqu'il ne soit peut-être pas *de la bienséance* de donner des leçons à un vieillard de cette importance.

L'inintelligence de M. Scherer à comprendre les mots et leurs nuances, me fait douter de sa clairvoyance à démêler le mouvenment des pensées elles-mêmes (1).

(1) Voici par exemple le jugement qu'il porte sur le *Misanthrope* : — « Je prends le *Misanthrope* parce que cette pièce est de la pleine maturité de l'auteur, qu'elle passe en général pour son chef-d'œuvre, pour l'un de ses chefs-d'œuvre du moins, et qu'elle mérite, en effet, ce rang par des beautés de premier ordre. Cela ne m'empêche pas, pour le dire tout de suite, d'y trouver, et dans la conception même, des vices profonds. Le titre déjà est faux et sert à fausser le point de vue auquel le lecteur est tout d'abord placé. C'est le *Bourru* qu'il aurait fallu appeler la pièce, le « Bourru chagrin », comme il est dit dans la lettre de Célimène, à la dernière scène, ou bien encore l'*A-trabilaire amoureux*, conformément à un sous-titre que Molière lui-même avait dans l'origine mis à son ouvrage. Un misanthrope n'est pas un homme qui s'offense des ridicules et des bassesses dont il est le témoin, mais celui qui fuit ses semblables par une aversion dans laquelle il les enveloppe tous, par un éloignement pour la société tout entière, pour ses usages, ses contacts, ses servitudes. Le misanthrope n'est point, comme Alceste, un être d'une moralité supérieure ; le mot n'implique rien de semblable.

» Un reproche bien plus grave, c'est l'exagération que Molière a donné au caractère d'Alceste. On s'est intéressé à cet honnête homme lorsqu'on l'a vu réprouver les méchancetés et les perfidies du salon de Célimène, lorsqu'il n'a pu prendre sur lui de louer un sonnet qu'il trouvait mauvais, mais cet intérêt ne tarde pas à s'évanouir devant les extravagances, auxquelles l'auteur permet à son héros de s'emporter. Un individu qui peut se réjouir de perdre un procès important parce que cette perte, dit-il, le mettra en droit de pester

> Contre l'iniquité de la nature humaine.
> Et de nourrir contre elle une effroyable haine,

Cet individu est un fou pour lequel il est impossible d'éprou-

C'est être bien mauvais psychologue que de croire que les mots différents ne correspondent pas à des états d'âme différents. Un critique si inhabile à débrouiller le sens des mots, ne doit pas être très compétent pour surprendre les mouvements délicats de la pensée humaine et des sentiments humains et les poursuivre dans leurs tours et leurs détours. Les formes de la pensée sont mobiles comme l'homme lui-même et risquent fort d'échapper à un critique si lourdement chaussé. M. Scherer donne vraiment envie

ver d'autre sentiment que celui de la pitié. J'en suis fâché pour les fanatiques de Molière, mais il me paraît évident que la conception de l'artiste lui a gauchi entre les mains. Alceste, au commencement, devait être un censeur honnête et grognon des travers du monde : ce n'est plus, vers la fin, qu'un maniaque à enfermer dans une maison de santé.

» L'inconséquence ne se borne pas à rendre burlesque et rebutant un caractère qu'on nous avait d'abord représenté comme noble et attachant. Mais il y a une contradiction plus criante encore dans le rôle d'Alceste ; je veux parler de son amour pour Célimène. L'amour a beau être aveugle, la passion a beau être brouillée avec la logique, on ne peut comprendre qu'un homme sérieux, austère, fanatique de droiture et de vertu, s'éprenne d'une coquette affligée de tous les défauts les plus opposés à ceux de son amant ; on ne peut se faire surtout à entendre ce parangon de vertueuse rudesse soupirer aux pieds de la futile beauté, lui débiter le phébus des déclarations, lui parler de flammes, de chaînes, de combats, et tout cela dans quelle langue, bon Dieu !

> Pourvu que votre cœur veuille donner les mains
> Au dessein que j'ai fait de fuir tous les humains.

» J'ignore si un amour tel que celui du misanthrope est possible mais rien au monde ne peut le rendre vraisemblable. Il y a là une disparate qui achève de rendre inintelligible le caratère déjà ambigu, insaisissable du héros de la pièce. »

M. Scherer veut-il donc que pour lui l'amour devienne raisonnable et que les passions donnent de la logique aux hommes ?

d'embrasser M. Sarcey, qui est bon compagnon de lettres, au moins, et franc du collier.

Tous ces reproches sont graves, s'adressant à un littérateur qui a consacré sa vie à critiquer les œuvres de nos meilleurs écrivains.

Et puis l'ennui, le lourd ennui, l'ennui fade, dont il a pétri toute son œuvre est à étouffer un honnête homme ! C'est de la pâte ferme où l'on ne trouve jamais la fève — cette fève que Sainte-Beuve a mise dans toutes les parts du gâteau et qui nous donne pour un instant de cette royauté intellectuelle qui est une des consolations de la vie.

C'est à mourir !

Oh ! comme après avoir vu, lu ou entendu M. Scherer, on se sent un besoin fou de chanter n'importe où et sur n'importe quel air :

> J'aime mieux ma mie
> O gué !
> J'aime mieux ma mie.

Ne lisez jamais M. Scherer (1) !

---

(1) J'aurais à récrire ce chapitre que je n'y changerais point un mot. Plus j'y songe, plus il me semble que, pour être juste, il faudrait charger encore le personnage, et que l'entreprise en serait louable. Tel qu'il est, ce chapitre plut à un académicien (et non pas des moins illustres de la compagnie) qui me confirma en disant : — « Ce que vous avez dit de M. Scherer à propos de son article sur Molière, est fort juste, d'autant plus que chez lui ce n'est pas un accident. »

VI

PAUL DE SAINT-VICTOR (1)

Mercredi, 10 mai 1882.

Le tome II des *Deux Masques* va paraître ces jours-ci. Il ne sera que temps : Saint-Victor commençait à s'oublier, après quelques mois qu'il est mort (2). Il fut pourtant un brillant homme de lettres et un exemplaire distingué du journaliste d'autrefois.

(1) A propos des *Deux Masques*, tragédie-comédie, par Paul de Saint-Victor. Première série : Les Antiques, tome II, Sophocle, Euripide, Aristophane, Kalidassa. Paris, Calmann Lévy, éditeur, 1882.

(2) Paul de Saint-Victor est mort à Paris, le 11 juillet 1881. Le monument qu'on lui a élevé au Père-Lachaise est situé en bordure de l'allée latérale sud, un peu avant d'arriver à la chapelle. La pierre tombale en marbre est surmontée d'une croix. Le buste en bronze, placé devant la croix, est l'œuvre du sculpteur Guillaume. Le tombeau, qu'on a inauguré le 11 juillet suivant, porte cette seule inscription :

PAUL DE SAINT-VICTOR

1825-1881

L'homme, peu familier et ne s'ouvrant guère, n'était, du moins, point banal. Fils d'un aimable royaliste qui fit de gros livres et de petits vers, et marqua dans la bonne société de la Restauration, Paul de Saint-Victor fut élevé à Rome, et il en garda quelque chose de pompeux et de fier.

En ces derniers temps, épaissi, alourdi, engoncé, il prenait dans le monde l'indifférence bourrue d'un sourd. — Mais on a vu autrefois un Saint-Victor ayant assez bon air et le ton qu'il faut. Il plaçait bien ses sympathies et n'ouvrait pas le cercle de son intimité.

Il fut, sous l'Empire, des dîners chez Magny, avec Sainte-Beuve, [Théophile Gautier, Edmond et Jules de Goncourt, Ernest Renan, Gustave Flaubert et le prince Napoléon. Cette société fit quelque bruit et même tout ce que des hommes distingués peuvent se permettre de scandale.

Saint-Victor était le moins original peut-être d'eux tous ; mais il était dans le ton. Il ne lui manqua qu'un peu plus d'indulgence et de politesse pour être un véritable aristocrate de lettres. La roideur de l'esprit fut son grand défaut. Il n'était point de ceux qui comprennent tout, s'amusent de tout et sourient de tout. Il n'y avait pas en lui, comme en Renan, du « bonhomme ». Il se tenait, il se guindait. Sa manière littéraire s'en ressent (1).

---

(1) Je dois dire que Sainte-Beuve, dans l'article qu'il consacre à *Hommes et dieux*, se montre très enflammé pour Paul de Saint-Victor et il loue beaucoup trop, à mon sens, les « assauts d'imagination » qui marquent la manière de son ami (V. 28 janvier 1867, *Nouveaux Lundis*, t. X, p. 438 et suiv.).

Il prit le feuilleton dramatique sous Girardin à l'époque où Janin, le maître du genre, commençait à se perdre en bavardages, en confidences de gros homme à son aise et en joyeusetés de cul-de-jatte.

Les pièces n'étaient pour Saint-Victor qu'un prétexte à placer d'éloquents hors-d'œuvre, qu'il découpa plus tard pour en former son premier livre tant admiré : *Hommes et dieux*. Il mettait dans l'exécution de ces morceaux une virtuosité qui lui valut ce titre de « Paganini de la plume », qu'il doit encore porter dans les cercles de la province intelligente et lettrée (1).

C'est là qu'aujourd'hui sa gloire est réfugiée, comme au temps jadis la gloire du galant d'Urfé émigra de la cour et de la ville au fond des gentilhommières reculées. Ainsi de la *Clélie* et de toute la littérature précieuse. — Tout le monde s'y prend d'abord; et au bout de quinze ans, il n'y a plus que les innocents qui en veulent.

Hommes et dieux est présentement le livre sur lequel se pâment les muses départementales.

Ce livre est ce que la *préciosité* flambante du dix-neuvième siècle a produit de plus achevé. Et ce n'est point, après tout, d'un homme ordinaire que d'exceller dans le gongorisme et l'affectation.

Voici par exemple comme il parle de Benvenuto Cellini, avec toutes les qualités et les défauts que je dis :

Ses *Mémoires*, écrits dans ses dernières années, sont ceux d'un *Orlando furioso* de la vie réelle. La main du vieillard

---

(1) Lamartine disait : — « Quand je lis Saint-Victor, je mets des lunettes bleues. » On l'a aussi appelé « le Vénitien du feuilleton » ou « le Don Juan de la phrase », etc.

tremble en retraçant son histoire, non de vieillesse, mais d'orgueil posthume, de haine inassouvie ou de vengeance satisfaite. C'est le cheval de Mazeppa rentrant à l'étable : il saigne, il fume, il écume encore. Là, on peut voir ce que fut l'Art au seizième siècle, non pas comme dans les époques reposées, un luxe, un goût, un dilettantisme, mais une passion violente et terrible, un fanatisme à outrance, quelque chose comme un mahométisme renversé, propageant, prêchant, imposant ses idoles avec la même ardeur que l'autre mettait à les démolir. La vie de Cellini ne fut qu'un long accès de colère entrecoupé d'inspirations ravissantes. Bandit aux mains de fée, il semait les bijoux dans le sang des assassinats et des embuscades, comme Atalante jetait ses pommes d'or dans la poussière de l'arène. La Renaissance n'eut pas d'enfant plus excentrique que ce gladiateur maniant le burin, que ce cyclope ciselant des bagues. Contraste bizarre de l'imagination la plus délicate, unie au caractère le plus intraitable !

Ce qui le caractérise, c'est la rage passée à l'état chronique. Il est exaspéré de naissance, il est né l'écume à la bouche. Tout est instinct dans cette fauve nature, élan primesautier, exercice soudain et passionné de la force. Il rugit et il se hérisse contre ses émules, comme le lion contre les concurrents de son antre ou de sa citerne.

Ce début du chapitre intitulé : *La cour d'Espagne sous Charles XI*, n'est point simple non plus ni digne de la belle nudité où doit se montrer la vérité :

Au dix-septième siècle, l'Espagne présente le phénomène d'une décadence mortelle au milieu d'une puissance intacte. Le colosse vidé au dedans, se tient debout encore, les pieds sur deux mondes. Son énorme empire est à peine entamé : elle a perdu le Portugal, la Hollande, le Roussillon et la

Franche-Comté : mais c'est comme si l'on avait coupé les ongles d'un géant.

Voyez maintenant comme est gâtée, vers la fin, cette jolie évocation de Diane chasseresse :

Grande et svelte, dépassant de la tête le cortège errant de ses Nymphes. Sa figure est celle d'Apollon à peine adoucie ; aucune mollesse n'alanguit sa beauté hautaine. Sa bouche entr'ouverte aspire le souffle des bois ; ses narines palpitent comme à l'odeur de la proie ; ses yeux fixes lancent des regards rapides et droits comme ses flèches ; ses hanches étroites sont celles d'un éphèbe plutôt que d'une femme ; son sein, rétréci par l'exercice des jeux héroïques, a la verdeur de la puberté. L'idée de la course s'attache à ses jambes, comme l'idée du vol aux ailes de l'oiseau. La bottine crétoise chausse son pied agile ; le court chiton d'Orient étreint de ses plis sa taille élancée, et se retrousse à son genou sous la morsure de l'agrafe. Souvent encore, avec une grâce hâtive, elle ploie son manteau en guise de ceinture autour de ses flancs. Le premier souffle dénouera es cheveux relevés en ondes sur son front, ou noués derrière sa nuque en une simple touffe. Toujours en marche, toujours en mouvement, retournant la tête comme à l'appel d'une fanfare, tirant une flèche du carquois qui bat ses épaules, ou domptant une biche cabrée sous sa main, ses statues offrent l'image de l'activité éternelle.

C'est ainsi qu'au son des cors et aux aboiements de sa meute, elle parcourt les bois et les monts, suivie du chœur de ses Nymphes, farouches et vierges comme elle. La troupe indomptée franchit les précipices et passe les fleuves à la nage, lançant ses traits aux aigles, perçant de ses javelots les sangliers et les ours. A midi, les guerrières agrestes s'endorment sous les vastes chênes, parmi les molosses ; au crépuscule, à l'heure où les lionnes vont boire, elles lavent dans

les sources froides leurs mains sanglantes et leurs bras pou-
dreux. Une loi austère régit le gynécée vagabond. Les compagnes de Diane font vœu de chasteté perpétuelle. Les bois
sacrés sont leurs cloîtres, les montagnes sont leurs monastères. La Déesse est, pour ainsi dire, l'abbesse des forêts (1).

Tout ce morceau est plein de talent; mais cela est-il
vraiment beau? Et que penser de cette Diane « abbesse
des forêts? » Que dire aussi de ces provinces espagnoles comparées aux ongles d'un géant, de ce Cellini
qui se change tour à tour en gladiateur, en Atalante,
en Cyclope, en cheval de Mazeppa.

Paul de Saint-Victor ne fut point, dès ses débuts —
débuts obscurs — le prosateur brillant d'*Hommes et
dieux*. Il débuta par des articles inspirés de Lamartine,
dont il était secrétaire.

C'est à ces pâles commencements que Théophile
Gautier faisait remonter ses souvenirs, quand il
disait de sa voix lente, dans un langage dont il faut
conserver la familiarité expressive :

— J'ai connu Saint-Victor lamartinien *glaireux;* je
lui ai donné quelques-uns de mes gaufriers; et il y
coule assez proprement sa pâte.

Il la coula, cette pâte, pendant vingt ans, avec
propreté et même avec tout l'art d'un praticien consommé.

Ayant le goût haut, sinon fin, et point d'indulgence,
il n'aimait point l'art de son temps au théâtre ni au
salon.

____

(1) Pour les passages cités ci-dessus, V. *Hommes et dieux,*
études d'histoire et de littérature, Calmann Lévy, éditeur, chapitres xii, xv.

Il ne se trouvait certes pas deux pièces par an qui
lui parussent supportables, et son métier était de
rendre compte de toutes les pièces ! — De là ces feuil-
letons tout en digressions et pleins d'échappées dans
l'art et l'histoire. De là aussi quelque chose de tendu,
un air de mauvaise humeur, et cette fâcheuse posture
de l'homme qui, après tout, ne fait pas ce qu'il avait
à faire.

M. Sarcey est moins dégoûté et plus dispos à la
besogne. Il me choque parce que je trouve son esthétique insuffisante aux délicats et aux lettrés, mais les
couplets de vaudeville ne lui font pas du moins mal
aux nerfs, et en assistant aux mésaventures conju-
gales d'un bonnetier, il ne songe pas à la fontaine
Aréthuse. — Saint-Victor y songeait, et ses feuille-
tons y revenaient sans cesse.

Ils étaient en *tartines*. Tartine est le mot. Un de ses
amis l'a entendu de sa propre bouche. C'est en vérité
une chose curieuse et maintenant à peine croyable,
mais pourtant bien vraie : sous l'Empire, on se pas-
sionnait dans les salons, dans les cafés, dans les cours
de récréation des lycées, pour la dernière tartine de
Saint-Victor, sur l'Escurial, sur le génie du Sommeil
éternel, sur le Persée de Cellini ou le Pandroseion.
C'était bien pis. On les lisait tout haut ; on les apprenait par cœur.

Je ne crois pas que Saint-Victor ait jamais regardé
en face une statue ou un tableau. Il avait l'œil effaré
et la prunelle rapide du liseur, il n'examinait jamais
rien. S'il faisait *son* Salon, c'était pour suivre la tradition classique des feuilletonistes littéraires et retenir
en ses mains les deux royautés de la lorgnette.

Il avait chez lui quelques tableaux passables, qui y étaient venus par la force des choses et à la grâce du temps. Son cabinet de travail, empreint à la fois d'abandon et de curiosité, avait un bon air de bric-à-brac élégant (1). Pourtant, je le répète, Saint-Victor était incapable de *voir* une œuvre d'art. Il la regardait. Il prenait ensuite le sujet des tableaux comme un thème, et quelles variations ne brodait-il pas sur ce thème !

Quant aux formes, au métier, à la peinture enfin, il n'y voyait goutte.

Le critique qui, pendant quinze ans, fit trembler les peintres, n'eut pas bien distingué un Boulanger d'un Delacroix ; il était peintre, lui aussi, mais avec la plume, et c'est dans les livres qu'il prenait ses formes et ses couleurs.

Il lisait beaucoup et ne lisait que des vieux livres. Car il avait pour toute la littérature contemporaine un dédain magnifique, un sublime dégoût, qui eussent gagné à n'y point faire de certaines exceptions.

Les *Deux Masques* procèdent de ce dégoût. Il y est bien spécifié qu'on n'ira pas au delà du Beaumarchais. Nous en sommes dans le tome II à Sophocle et à Euripide. Ce qui nous donne, avec le premier tome

(1) Il avait des manies. Durant toute sa vie, il eut un même encrier en bois noir qu'il avait rapporté de la maison des Jésuites de Fribourg, où il fit ses premières études jusqu'à la rhétorique et la philosophie. Il termina ses études à Rome, comme on a vu plus haut. Cet encrier était un fétiche dont il ne voulut jamais se séparer. — Il ne pouvait écrire que dans son cabinet de travail. Il prenait peu de notes en voyage et se fiait à sa mémoire, qui était bonne. Il ne pouvait écrire de son style qu'après avoir été rasé et coiffé.

consacré à Eschyle, la matière du livre que M. Patin
fit, il y a plus d'un demi-siècle, dans un si étrange style
sur les tragiques grecs. Il y a dans la chose du Patin
la *phrase du chapeau* qu'on ne se lassera jamais de
citer comme le plus mémorable exemple du plus
joyeux galimatias (1).

Ce livre d'un pédant empêché, Saint-Victor l'a refait
avec toutes les ressources d'un virtuose de style.

Il y a ajouté des variations brillantes sur Aristophane et même sur le tragique charmant de l'Inde,
Kalidassa. Tout cela est vivement coloré, tout cela
joue et chatoie à l'œil. — Quant au fond, il y en a
peu ou point. Qu'est-ce que Saint-Victor pouvait bien
savoir d'Eschyle? On n'a pas sur ce tragique cinq
lignes de biographie raisonnable, et quant à l'œuvre
elle-même, les philologues véritables vous diront que,
telle qu'elle nous est arrivée, elle ne contient peut-
être point mille vers qu'on puisse hardiment attribuer à Eschyle.

Il faudrait autant que possible savoir le grec pour
parler d'Eschyle et de Sophocle. Les commentaires
éloquents de la beauté antique et orientale, vue par
un moderne à travers trop de voiles, ne me semblent
reposer que sur d'ingénieux faux-sens.

(1) La phrase est bien connue, mais, ma foi, je la donne,
car elle ne l'est point encore assez : — « Disons-le en passant, ce chapeau, fort classique, porté ailleurs par Oreste et
Pylade, arrivant d'un voyage, dont Callimaque a décrit les
larges bords dans des vers conservés, précisément à l'occasion
du passage qui nous occupe, par le scoliaste, que chacun a pu
voir suspendu au cou et s'étalant sur le dos de certains personnages de bas-reliefs, a fait de la peine à Brumoy, qui l'a rem-
placé par un parasol ». *Études sur les Tragiques grecs*, tome I,
p. 114, édition de 1842.

Quant au style des *Deux Masques* (comme de tout le reste), il a de l'éclat, mais l'enflure y cause parfois quelque obscurité. — Ainsi, pour dire qu'*Ajax* est la première en date des tragédies de Sophocle, ce qui d'ailleurs n'est nullement prouvé, l'auteur nous annonce « qu'*Ajax* marche en tête du cortège expiatoire ».

Il est vrai qu'il a parlé dans le précédent chapitre, emprunté, sans le dire, à la *Némésis* de M. Tournier, des rapports que l'œuvre de Sophocle peut avoir avec l'idée de l'expiation.

On voudrait plus de sens et moins d'images.

Paul de Saint-Victor a du goût : ce goût est fort et point simple. Je n'aime guère qu'il me définisse *Œdipe* « une rhapsodie vivante que chacun veut lire », et je ne le comprends pas quand il prétend que « le roi de l'énigme serait insoluble s'il restait dans le gouffre où le Destin l'a jeté ».

Il y a à côté de cela des morceaux bien venus.

Cette évocation de Diane, par exemple, que je citais plus haut et cette mort de Sophocle, où je choisis les meilleurs endroits :

Sa mort ressemble moins à une fin humaine qu'à la rupture d'une lyre ou à l'évanouissement du feu d'un trépied. Les uns le font mourir de joie après son dernier triomphe, les autres, expirer de lassitude en récitant *Antigone*. Ainsi, comme le cygne de la Fable, il serait mort de son chant. Sa mémoire remplit la Grèce d'un parfum de vénération et d'amour qu'on respire encore. Son nom, si doux aux lèvres, n'apparaît, dans les écrits des anciens, que couronné de louanges, comme celui des dieux. Les historiens célèbrent sa piété fervente, sa bonté gracieuse, ses mœurs ingénues. Un cycle de traditions merveilleuses s'était formé autour de son nom. Sa prière avait détourné les vents de peste qui ravageaient la ville. On disait aussi qu'un de ses hymnes chanté sur un navire en péril avait, comme une incantation céleste, calmé la tempête.

. . . .

Il n'y a pas une tache sur cette vie longue, candide, majestueuse comme la robe traînante d'un pontife. Elle s'écoule dans l'exercice de fonctions sublimes ou sacrées, entre les colonnes du temple et sur les gradins du théâtre. L'épitaphe inscrite sur son tombeau, auquel on sacrifiait tous les ans, ressemble à une pluie de fleurs versée par les mains d'un peuple. — « Rampe paisiblement, ô lierre ! sur » le tombeau de Sophocle, couvre-le, dans le silence, de tes » rameaux verdoyants ! Que partout on voie éclore la tendre » rose ; que la vigne chargée de raisins courbe ses grappes » délicates autour de son mausolée, pour honorer la science » et la sagesse de ce poète harmonieux, aimé des Muses et » des Grâces. »

Il serait difficile de retrouver, dans l'art moderne, l'image d'une semblable existence. Si Raphaël avait commandé quelque brillante guerre civile d'Italie, si Léon X, comme il en eut la pensée, l'avait revêtu de la pourpre des cardinaux, si son génie, au lieu de s'éteindre à son midi, s'était évanoui dans un magnifique crépuscule, peut-ère pourrait-on comparer sa vie à celle de Sophocle. Mais il manquerait encore à cette ressemblance le fond radieux du printemps d'Athènes, cet horizon matinal sur lequel Sophocle se détache, comme une statue sur l'azur céleste (1).

Ici, comme ailleurs, le procédé se sent, et on ne s'en plaint pas toujours, tant il est par endroit habilement employé.

(1) V. *Les Deux Masques*, t. II, chapitre 1ᵉʳ.

Mais, ne nous parle-t-il pas ici de Raphaël à propos de Sophocle, avec qui il n'a aucun rapport, de même que tout à l'heure, il nous parlait d'abbesse à propos de Diane? — Et c'est toujours ainsi !

Ce style de parade exprimerait mal la vie, mais il a toute la pompe qui convient à la mort. On croit, en le lisant, assister à un enterrement de première classe, et voir la flamme verte des torchères et les panaches au front des chevaux noirs.

Aussi, a-t-il souvent réussi les morceaux funéraires.

Paul de Saint-Victor fut un embaumeur, ou plutôt il fut un de ces artisans de cercueils, comme ceux qui, en Égypte, faisaient des boîtes splendides pour les momies des prêtres et des rois. — Il nous donnait, lui aussi, chaque semaine, un de ces cercueils de carton et d'or, et — vides.

VII

M. VICTOR CHERBULIEZ

Samedi, 20 mai 1882.

Si, pour avoir vu en débarquant à Calais une servante rousse, on a dit qu'en France toutes les femmes
sont rousses, on pourrait dire de même en voyant
M. Victor Cherbuliez, que tous les Génevois sont
doux, réservés, timides, discrets, modestes, qu'ils
écoutent plus qu'ils ne parlent, qu'ils ont une élévation de vues peu commune, une délicatesse infinie de
langage et une grande connaissance des hommes et
des choses.

M. Cherbuliez a tout cela.

Il a eu d'autant plus de mérite à réussir en France
à nous plaire, qu'on n'aime guère ici, de prime
abord, Genève et ses Génevois, et qu'on trouve peu
d'agrément à leurs sectes, à leurs orthodoxies littéraires et religieuses, à leur démocratie en redingote,
à leurs ardeurs ternes, à leur raideur monotone non
plus qu'à l'humide ennui que les Monod et les

Scherer veulent acclimater en notre beau pays de France.

M. Cherbuliez a du charme et de cette politesse qui fleurissait dans la Genève aristocratique de la fin du dix-huitième siècle et pendant l'émigration.

La Genève gourmée d'aujourd'hui ne l'a pas goûté autant qu'elle aurait dû. Ce qui ne m'étonne point, et ce qui fait d'ailleurs qu'on l'en a séparé.

C'est un Génevois exceptionnel.

Son père, André Cherbuliez, était professeur d'hébreu à Genève, et ses oncles, Antoine-Élysée et Joël, ont été l'un économiste de grande valeur, l'autre libraire et auteur de livres historiques que je n'ai point lus, mais qu'on dit fort intéressants (1).

(1) M. V. Cherbuliez succéda à M. Dufaure à l'Académie française et fut reçu par M. E. Renan, dans la séance du 25 mai 1882. Le passage du discours relatif aux origines de M. Cherbuliez est particulièrement intéressant. — « Selon la lettre de la loi, Monsieur, vous n'êtes Français que depuis deux ans. Vous l'avez toujours été par votre talent ; vous l'avez été surtout depuis le jour où, sous le nom de Valbert, vous êtes devenu l'éloquent interprète de nos griefs, de nos froissemeuts, de ce que nous avons à dire contre des attaques injustes et passionnées.

» Que vous avez bien choisi votre heure, Monsieur, pour vous rattacher de nouveau à une patrie dont une funeste erreur de l'ancienne politique vous avait séparé ! Issu d'une de ces familles protestantes qui durent, il y a deux cents ans, choisir entre leur pays et la liberté de leurs croyances, vous aviez toujours eu dans le cœur un sentiment affectueux pour la patrie de vos pères. Aux jours où la France était heureuse, cela vous suffisait. Mais il y eut un moment où il vous fallut davantage ; c'est le moment où la France subit la plus grande épreuve qu'elle ait connue depuis qu'elle existe. Quand cette vieille mère, abandonnée de ceux qui lui devaient le plus, s'entendait dire, comme le Christ au Calvaire : « Toi qui as sauvé les autres,

C'est dans cette famille studieuse et intelligente qu'il naquit vers 1830.

Il étudia dans une université allemande, professa quelque temps à Genève, fit ensuite quelques éducations particulières, visitant l'Europe d'abord avec ses élèves, puis pour son propre compte ; mais revenant

sauve-toi maintenant ; » quand l'Europe presque entière, après les fautes expiées, raillait notre agonie et ne voyait qu'une bonne place à prendre dans le vide que nous allions laisser ; ce jour où l'ingratitude a été érigée en loi du monde, vous vous êtes pris à aimer plus vivement que jamais votre patrie d'il y a deux cents ans, et vous, descendant d'exilés qui avaient bien quelque chose à oublier, vous avez consacré votre talent à la cause vaincue, et, dès que les devoirs qui vous retenaient à Genève vous l'ont permis, vous avez profité de la loi réparatrice de 1790, qui rend la pleine nationalité française à « toute personne qui, née en pays étranger, descendrait, en quelque degré que ce soit, d'un Français ou d'une Française expatriés pour cause de religion ». Vos preuves étaient faciles à fournir. Le Dauphiné, d'où votre nom est originaire, le Poitou, les Cévennes vous ont fourni au complet la série de vos ascendants.

» Le sérieux des temps modernes dérivant presque tout entier du christianisme, chacun de nous trouve d'ordinaire ses origines en quelque respectable société religieuse, où la gravité des mœurs entretenait la gravité de l'esprit et où la discussion théologique préparait l'aptitude aux longs raisonnements. Ces austères traditions, continuées durant des siècles, ont accumulé les économies intellectuelles et morales que nous dépensons. La vertu ne se développe fortement que dans les milieux un peu sectaires. Il nous est permis, à nous, de sourire et de douter ; car des générations avant nous ont cru sans réserve. Quelles têtes excellentes n'ont pas fournies le jansénisme, le vieux gallicanisme, les sectes protestantes, la synagogue israélite ! Genève mérite d'être placée au premier rang parmi ces sources glorieuses du libéralisme européen. République fondée sur la théologie, cette cité de protestation et de dispute a été une des plus fortes écoles de culture rationnelle qu'il y ait eu. La contrainte souvent pharisaïque qui pesait sur les mœurs et la nécessité imposée à tout laïque d'être controversiste, entretenaient une grande activité et posaient nécessairement la ques-

entre temps au bord du lac habiter la maison de famille à Champel, faubourg à l'est de la ville. Victor Cherbuliez ne vint se fixer à Paris qu'après la mort de son père, c'est-à-dire vers 1874.

On peut donc dire que c'est dans cette maison patriarcale qu'il a toujours demeuré, méditant, après

tion sur laquelle se fait le partage des esprits, la question du rationalisme et de la foi. Les fortes éducations religieuses amènent toujours cette lutte solennelle. Ainsi que vous le rappeliez tout à l'heure, on en sort, au lever de l'aurore, comme Jacob, fortifié, mais souvent avec quelque nerf un peu froissé.

» Cette épreuve, vous ne l'avez point traversée, Monsieur. Elle se passa en monsieur votre père, qui, après des études faites pour le ministère pastoral, rompit avec la vieille tradition génevoise et entra dans la voie de la philosophie et de la critique allemandes. Ce changement, comme il arrive souvent, ne modifia en rien ses règles morales. Monsieur votre père, quoique rationaliste, resta toujours un homme pieux et de mœurs exemplaires. Pour le bien comprendre, il faut avoir eu comme moi le bonheur de vous entendre parler de lui. Une vie entière était parfumée par le souvenir de ces croyances fécondes dont on pouvait sacrifier la lettre sans abandonner l'esprit. Vous avez bénéficié du combat intérieur de monsieur votre père ; vous avez pu observer en lui cette heure excellente du développement psychologique où l'on garde encore la sève morale de la vieille croyance sans en porter les chaînes scientifiques. A notre insu, c'est souvent à ces formules que nous devons les restes de notre vertu. Nous vivons d'une ombre, Monsieur, du parfum d'un vase vide ; après nous, on vivra de l'ombre d'une ombre ; je crains par moments que ce ne soit un peu léger.

» Votre éducation supérieure dura plus de douze ans. Cette période, où le talent se forme et où l'essentiel est de pouvoir attendre en toute liberté l'heure de la maturité, se continua pour vous jusqu'à trente ans. Paris et les principales universités d'Allemagne vous virent assidu aux chaires savantes, avides de toutes les branches d'études nouvelles. A Paris, votre instinct si sûr vous conduit à la petite salle où enseignait le premier maître de notre siècle en fait de philologie et de critique, Eugène Burnouf. Quelle fatalité pour moi, Monsieur ! L'année où vous suiviez ce cours, au Collège de France, j'étais

ses courses européennes, dans le petit jardin attenant à l'habitation, excursionnant dans les montagnes, jouant aux boules avec ses voisins, entouré de ses enfants, des enfants de sa sœur et des enfants du voisinage. Rien ne met en paix l'esprit comme le ramage innocent des enfants.

C'est là que je me représente l'homme aux regards doux, à la moustache pacifique, l'homme chétif et de petite santé, crayonnant de mémoire la frise du Parthénon, qu'il a vu tout blanc sous le ciel tout bleu, revoyant en pensée les provinces espagnoles qu'il a visitées, les rivages de Smyrne, les châteaux du Rhin, les villes d'Italie, les incunables de la bibliothèque impériale de Vienne, les chemins de fer de Londres, Brousse, Constantinople, les thèmes grecs de Munich, et la Pologne avec sa terre noire sans cailloux, ses bouleaux blancs, ses maisons de bois peintes à la chaux et ses habitants vêtus de longues redingotes blanches.

Je me le représente ainsi se souvenant des hommes et des choses, s'intéressant à tout, sachant tout, lisant

en Italie ; sans cela, nous nous serions connus vingt ans plus tôt. A Berlin, vous avez vu le vieux Schelling, qui vous parlait de tout, excepté de philosophie. Oh ! l'habile homme ! Ce qui vous préoccupait surtout à cette époque, c'était le puissant effort intellectuel de Hegel, bien que les élèves fissent déjà tort au maître. Les hégéliens, dont vous suiviez les leçons, vous choquèrent par l'abus de ces formules toutes faites, qui furent le tombeau d'une école créée par le génie, émaciée par la médiocrité. Vous méditiez quelque grande publication hégélienne. Mais une révélation vous fut faite vers cette époque ; vous vîtes l'Éternel face à face ; l'idéal du développement humain sur terre vous fut montré ; tout le plan de votre vie en fut profondément modifié. »

tout, aussi bien les contes d'Hamilton que la grammaire grecque de Krüger, ne jouant jamais au maître sire et apportant à toutes les entreprises de son esprit une humilité excessive.

Il débuta par un livre, où semble se résumer tout ce qu'il a en lui de savoir et de romanesque. Je veux parler des causeries athéniennes, *A propos d'un cheval de Phidias*, publiées chez Calmann Lévy.

On pourrait déduire de ce livre toute la suite de ses œuvres.

Il suppose une famille anglaise en voyage à Athènes. Milord et la marquise sa nièce, une veuve fantasque, intelligente et grande dame, sont accompagnés par l'abbé, le docteur, le chevalier, un joli petit peintre vénitien et un comte français, amoureux de la marquise.

Tout ce monde, au milieu d'une très légère et très touchante intrigue amoureuse, se met un jour à disserter, à la manière des élèves de Platon, sur le cheval de Phidias, le matin devant le Parthénon, l'après-midi sur les bords du Céphise.

Cette dissertation dialoguée est une étude très approfondie du cheval dans l'antiquité. On s'occupe d'équitation grecque, de sellerie, de maréchalerie et d'esthétique et l'on se répand en propos charmants, en digressions vagabondes. — Ces études d'une variété infinie, témoignent d'un goût d'art d'érudition, élevé, délicat, aimable avec une pointe de pédantisme qui ne déplaît point dans le sujet (1).

(1) Voici ce qu'en dit, à propos de ce livre, M. Renan dans son discours. — « Au mois d'août 1959, un voyage en Orient vous conduisit à Athènes. Il ne vous fallut pas longtemps pour dé-

On y sent aussi et déjà le romancier de bonne compagnie à qui la société cosmopolite qu'il aime à peindre de préférence pardonnera ses peintures vraies parce qu'il est lui-même un homme de bonne compagnie et qu'il y donne ses soins.

Écoutez comme il décrit l'impatience du joli pied de la marquise :

« L'inquiétude de ses pensées s'exprimait ainsi par un certain mouvement du pied droit dont j'entendais très bien le sens. Un jour, pendant que le chevalier faisait une lecture, je le vis, ce joli petit pied, chaussé

couvrir qu'il y a un lieu au monde (il n'y a pas un second) où la parfaite beauté a été réalisée. Les cinq ou six petits monuments d'Athènes vous apparurent comme ce qu'ils sont, c'est-à-dire comme les restes d'un monde de miracles d'une éclosion divine qui ne se renouvellera plus. Tout le reste, en effet, du développement athénien fut à l'avenant. Un peuple entier admira cet art de l'Acropole, dont la perfection réside en des ténuités infinies ; ce même peuple vit la perfection de l'éloquence dans cette argumentation de Démosthène, qui est un vrai tissu de fer ; il applaudit un théâtre qu'on dirait fait pour un groupe de raffinés ; il conversa dans cette langue adorable d'élégance et de simplicité, qui est celle des interlocuteurs de Platon. Vous comprîtes à fond ; vous étiez dès lors fixé sur la conception idéale de la vie humaine qui doit servir de règle pour juger tout le reste. Sur le bateau qui vous ramenait à Trieste, vous écriviez ce dialogue exquis où, à propos d'un cheval de Phidias, vous exprimez vos idées sur la transformation la plus profonde qui se soit opérée dans l'humanité, puisque le passage du paganisme au christianisme a été avant tout une révolution esthétique. Vous étiez, dès lors, un excellent écrivain, sans avoir jamais été à aucune des écoles où l'on prétend apprendre à le devenir. Vous pensiez bien et vous saviez beaucoup. Ce fut M. Sainte-Beuve, Monsieur, qui me fit connaître votre livre. Peu de jours après la première édition génevoise : « Lisez Victor Cherbuliez, me dit-il ; c'est un des nôtres. » Voyez comme il était prophète. Si ce maître illustre vivait encore, ce que la mesure ordinaire de la vie humaine permettrait, vous auriez eu un suffrage de plus, et quel suffrage ! »

d'une babouche orientale relevée de broderie d'or, se promener sur une grande rose blanche du tapis avec un air d'agitation croissante qui était vraiment fort éloquent. Et, lui parlant tout bas : « Tu n'es pas content, lui disais-je, le gros livre allemand et le petit monsieur qui le lit ne suffisent pas à ton bonheur. Je comprends, tu ne peux te souffrir, tu voudrais courir, Dieu sait où, et, de force ici retenu, tu fatigues par tes trépignements la grande rose blanche qui n'en peut mais... »

Je ne puis naturellement pas entrer ici dans tout le détail des romans de M. Cherbuliez. Tout le monde a lu l'*Aventure de Ladislas Bolski*, qui me paraît être son chef-d'œuvre, *Meta Holdenis*, le *Comte Kostia*, et tant d'autres, *Samuel Brohl*, *Paule*, *Méré*, que je ne saurais trop engager à lire.

Les détails sont justes et justement observés, mais malgré l'attention qu'il y met, c'est avant tout un romancier romanesque et cosmopolite. Il se plaît à tirer ses personnages de pays qu'il connaît et que nous ne connaissons pas. Il a su donner beaucoup de charmes aux femmes étrangères, et de réalité à ses Anglais et à ses Allemands, à ses Russes, à ses Polonais. C'est ainsi que le père de Ladislas Bolski, est admirablement bien peint :

Je tenais de mon père, dit le jeune Polonais, je me sentais de sa race. Comme lui, j'aimais passionnément l'écarlate, le son de la trompette, les fanfares, les feux d'artifice et les chevaux. Cavalier incomparable, il m'apprenait à monter. Nous faisions ensemble des courses extravagantes, où je surmenais mon poney. Souvent aussi il me

prenait dans son phaéton attelé de quatre chevaux noirs
empanachés, qu'il conduisait lui-même. Nous allions
comme le vent ; les passants se retournaient ; je planais
dans les nues, je me croyais le roi de la création.

Mon père me mettait à l'aise ; à lui seul j'osais tout
dire. De son côté, il aimait à jaser, à papoter avec moi ;
j'étais un auditeur commode, admiratif et béant. Il me
contait ses petites faiblesses, ses petites glorioles, les paris qu'il avait gagnés ; comme quoi, par exemple, après
avoir bu trois bouteilles de vin de Porto, il avait eu la
tête assez libre pour déchiffrer un rébus de journal illus-
tré. Il y avait en lui des enfances ; c'était ma part. Il se
baissait un peu, je me dressais sur la pointe de mes or-
teils, et nous communiquions de plain-pied. Il était à la
fois mon idéal et mon camarade ; j'étais son joujou et son
accoudoir. Durant ses absences je ne vivais qu'à moitié,
j'attendais son retour avec une fébrile impatience. Il était
parti en tapinois, il revenait avec fracas. En ce temps-là,
Genève était un lieu d'asile politique ; elle abondait en
réfugiés de tous pays, bizarre cohue de héros et d'aventu-
riers. Tout ce monde s'empressait autour de mon père.
Au jour fixé pour son retour, amis et pique-assiettes fon-
daient sur nous comme une volée d'étourneaux. Le jardin en était noir et la maison sens dessus dessous. On
tenait table deux jours et deux nuits sans désemparer. J'é-
tais hors de moi, gris, titubant, à ne pouvoir tenir sur
mes jambes ; je poussais des cris, je chantais à tue-tête, et
il fallait m'emporter. Cependant on ne me laissait pas
boire une goutte de vin ; mais on ne pouvait m'empêcher
de respirer et l'air était capiteux.

Amoureux de bruit, de mouvement, de représentation,
ardent, fiévreux, toujours hors d'haleine, mon père entendait comme personne la mise en scène du bonheur ;
peut-être tenait-il plus au décor qu'à la pièce. Caractère
extrême, l'ivresse du plaisir ou l'ivresse du danger, il ne

connaissait que cela ; l'entre-deux lui faisait pitié. Par moments, il devenait en quelque sorte électrique ; la vie lui
pétillait dans les veines, et on ne pouvait le toucher sans
qu'elle jaillît en étincelles. Une fois par mois il éprouvait
quelque lassitude ; alors il se laissait tomber dans un
fauteuil, les mains moites, la tête fumante, les yeux
morts. L'instant d'après, il était debout. J'ai appris plus
tard qu'un de ses amis l'avait défini un héroïque épicu-
rien. Ajoutez que ses mains étaient un creuset où fondait
l'argent. Un jour que je l'accompagnais à la chasse, la
bourre venant à lui manquer, il tira de sa poche deux
billets de mille francs qu'il fourra négligemment dans le
canon de son fusil. Il répétait souvent : autant dépense
chiche que large. C'était son adage favori.

Le fait est que nous nous adorions l'un l'autre. Il me
trouvait charmant, je le trouvais superbe. Ma mère pré-
tendait que nous formions à nous deux une société d'extase mutuelle. Sa prestance, ses airs de tête, ses attitudes
de paladin, sa manière de relever le menton quand il
riait, cette mousse de folie qui pétillait dans ses yeux, le
frémissement dans ses narines, la frisure de sa moustache, la chamarrure de son vêtement, ses brandebourgs,
ses soutaches, ses breloques, ses bagues, ses étourdis-
santes cravates, je ne savais en vérité qu'admirer davantage. Peut-être donnais-je secrètement la palme à ses
chemises, qui étaient toutes plus plissées, plus brodées les
unes que les autres. Il en dessinait lui-même les patrons.
Il daignait s'entretenir avec moi de ces profondeurs. Il me
dit un jour qu'il avait dans la tête une chemise telle que
le monde n'en avait jamais vu. Il est mort, le monde ne
la verra pas.

Néanmoins, si on laisse de côté l'exactitude frappante de beaucoup de détails, la vérité marquée de la
plupart des caractères, la justesse soutenue et la dé-

licatesse constante de la pensée, on peut dire que l'ensemble de chacun de ses romans est le résultat d'une conception *à priori* et d'une construction un peu chimérique.

Avec toute sa fine raison, sa tranquillité intelligente, une prudence pleine de tact et une imagination très maîtresse d'elle-même, il est tout de même dans la manière de madame Sand. Il en a même un peu le style, avec plus de correction, de préciosité, mais moins d'éloquence. La préciosité qu'on remarque en lui semble venir de sa science et de l'occupation qu'il se donne d'être léger et de cacher son savoir. Et c'est là une préciosité très permise et même agréable, quand on veut bien y entrer.

Les réalistes ont beaucoup trop reproché leurs chimères aux romanciers de l'école de madame Sand et de M. Cherbuliez. Toutes les façons de concevoir la vie sont intéressantes. Idéalistes et réalistes se sont heureusement partagé le monde des lettres. Le réalisme en littérature n'est pas d'ailleurs chose si nouvelle qu'on en fasse tant de tintamarre.

Desgrieux ne s'écria-t-il pas :

— Ma chère maîtresse à l'hôpital ?

Manon a été à l'hôpital et Nana ne va même pas à Saint-Lazare! ce qui me paraît d'ailleurs très injuste.

Il suffit de faire bien, quelques moyens qu'on emploie pour cela, et de plaire, ce qui est déjà si difficile, qu'on doit vraiment montrer quelque indulgence à ceux qui réusissent.

M. Cherbuliez a plu.

Il est naturel que la connaissance réfléchie que

M. Cherbuliez a des sociétés, des mœurs et des gouvernements des pays en Europe lui ait encore servi à autre chose qu'à écrire des romans. Les chroniques de politique et de littérature étrangères qu'il fait paraître à la *Revue des Deux-Mondes* sous la signature de M. G. Valbert me paraissent être encore une bonne part et peut-être encore la meilleure de son œuvre.

Tout y est clair, rapide, assuré, raisonnable et modéré. Il fait sentir qu'il connaît tout cela admirablement pour avoir vécu au milieu des choses dont il parle. Il vous met à l'aise parce qu'il est lui-même à l'aise dans toutes ces questions.

Voilà le portrait de l'Allemand qu'il fait en passant à propos de la pollitique de M. de Bismarck :

« L'Allemand ne croit pas à la légère. Sa bonhomie vraie ou fausse est toujours assaisonnée de sens critique ; il a l'habitude de raisonner sa vie ; il se rend compte de tout ce qu'il fait. Il pourra se passer quelque temps encore des ministres responsables, mais il désire que ceux qu'on lui donne lui parlent quelque fois à cœur ouvert et à pleine bouche. Les Romains demandaient aux Césars du pain et des combats de gladiateurs ; l'Allemand demande à ses maîtres la vie à bon marché — et des explications, car les explications sont nécessaires à ses contentements. Le mal est que M. de Bismarck n'aime pas s'expliquer. »

Tel est le ton de ces causeries, nourries de faits et doucement spirituelles.

VIII

GEORGE SAND (1)

Jeudi, 25 mai 1882.

Le premier volume de la correspondance de George Sand comprend les lettres écrites de 1812 à 1836. L'année 1831 fournit dix-neuf lettres, et c'est la plus riche. 1833, si rempli pourtant et si agité, n'en donne que quinze. Nous n'avons là, ni une gazette, ni un journal. Rien de suivi, des pages éparses qu'il faut ajouter çà et là, comme pièces justificatives, à l'*Histoire de ma vie*, à cette histoire qui commence d'une façon claire et charmante, puis s'aggrave et s'assombrit, et pour laquelle le public a été très injuste. On en a voulu à ce livre de n'avoir pas tout dit. Mais ce qui est dit l'est admirablement.

George Sand blâmait son maître Jean-Jacques d'avoir écrit les *Confessions :*

(1) Voir *Correspondance de George Sand*, 1812-1876. Tome Iᵉʳ, Calmann Lévy éditeur. (Voir aussi : *Histoire de ma vie*, 4 vol., Calmann Lévy, éditeur.)

— On ne peut se confesser, disait-elle, sans confesser en même temps un autre avec soi.

Et cela est vrai de certaines fautes.

Elle ne se donna point le tort de l'ami de madame de Warens, et ses lettres (telles du moins qu'on nous les livre), ne fournissent pas plus d'aveux que l'*Histoire de ma vie* n'en contenait. Je parle des aveux volontaires ; car beaucoup de choses lui sont échappées en écrivant, qui la font bien voir.

Les deux premières lettres du recueil (deux billets), datées l'une de 1812, l'autre de 1815, sont d'un enfant et nous ramènent aux délicieuses heures de Nohant. Nohant ou Combourg, ou Blunderston-la-Rookery, George Sand, Chateaubriand, Dickens, il y a dans l'enfance des grands hommes une instinctive poésie !

La petite fille qui devait être George Sand, la petite Aurore habitait alors auprès de sa grand'mère paternelle, madame Dupin de Francœuil. Cette dame était bâtarde de Maurice de Saxe, qui était bâtard du roi de Pologne. — C'est là être bien née, ou je ne m'y connais pas.

Aussi bien, madame Dupin de Francœuil, deux fois veuve, et d'un gentilhomme et d'un financier, avait l'esprit à la belle mode de l'ancien régime, dont elle gardait les manches plates, le petit bonnet rond à cocarde de dentelle et la perruque crêpée.

Elle avait comme madame d'Épinay une bonté indulgente et fine, du goût, de la philosophie et des manières. Cette charmante vieille, blanche et rose, polie, façonna la petite Aurore mieux que n'aurait fait la mère de cette enfant, fille d'un oiseleur du quai de la

Mégisserie, maîtresse, puis femme d'un jeune vainqueur de Marengo, veuve de bonne heure, ignorante
et madrée, criarde, tout à fait peuple et décidément
trop grisette.

Il est inutile de dire que la belle-mère et la bru ne
s'entendaient pas, et se disputaient l'enfant. Madame
Dupin de Francœuil l'emporta.

La belle vieille! Elle chantait d'une voix chevrotante
en s'accompagnant sur l'épinette avec des doigts à
demi paralysés : mais elle avait connu Gluck, et il y
paraissait encore.

On ne peut la rappeler sans rappeler son âne, devenu immortel comme ceux d'Apulée et de Sterne :

« Il y avait à la maison un âne, le meilleur âne que
j'aie jamais connu; je ne sais s'il avait été malicieux
dans sa jeunesse comme tous ses pareils; mais il était
vieux, très vieux; il n'avait plus ni rancunes ni caprices. Il marchait d'un pas grave et mesuré; respecté
pour son grand âge et ses bons services, il ne recevait
jamais ni corrections ni reproches, et s'il était le plus
irréprochable des ânes, on peut dire aussi qu'il était
le plus heureux et le plus estimé. On nous mettait,
Ursule et moi, chacune dans une de ses bannes, et
nous voyagions ainsi sur ses flancs sans qu'il eût jamais la pensée de se débarrasser de nous. Au retour
de la promenade, l'âne entrait dans sa liberté habituelle; car il ne connaissait ni corde ni râtelier. Toujours errant dans les cours, dans le village ou dans la
prairie du jardin, il était absolument livré à lui-même,
ne commettant jamais de méfaits et usant discrètement de toutes choses. Il lui prenait souvent fantaisie
d'entrer dans la maison, dans la salle à manger et

même dans l'appartement de ma grand'mère, qui le trouva un jour installé dans son cabinet de toilette, le nez sur une boîte de poudre d'iris qu'il respirait d'un air sérieux et recueilli. Il avait même appris à ouvrir les portes qui ne fermaient qu'au loquet, d'après l'ancien système du pays, et comme il connaissait parfaitement tout le rez-de-chaussée, il cherchait toujours ma grand'mère, dont il savait bien qu'il recevrait quelque friandise. Il lui était indifférent de faire rire; supérieur aux sarcasmes, il avait des airs de philosophe qui n'appartenaient qu'à lui. Sa seule faiblesse était le désœuvrement et l'ennui de la solitude qui en est la conséquence. Une nuit, ayant trouvé la porte du lavoir ouverte, il monta un escalier de sept ou huit marches, traversa la cuisine, le vestibule, souleva le loquet de deux ou trois pièces et arriva à la porte de la chambre à coucher de ma grand'mère; mais trouvant là un verrou, il se mit à gratter du pied pour avertir de sa présence. Ne comprenant rien à ce bruit, et croyant qu'un voleur essayait de crocheter sa porte, ma grand'mère sonna sa femme de chambre, qui accourut sans lumière, vint à la porte, et tomba sur l'âne en jetant les hauts cris. Mais ceci est une disgression, je reviens à nos promenades. L'âne fut mis par nous en réquisition, et il apportait dans ses paniers une provision de pierres pour notre édifice. Ma mère choisissait les plus belles ou les plus bizarres, et quand les matériaux furent rassemblés, elle commença à bâtir devant nous avec ses petites mains fortes et diligentes, non pas une maison, non pas un château, mais une grotte en rocaille (1). »

Voir *Histoire de ma vie*. Tome II, p. 276 et suiv.

Cela peint tout un monde, celui des belles dames amantes de la nature, qui rendaient la vie facile aux bêtes, et aux gens et à soi-même.

Sera-t-il donné à la petite Aurore de se maintenir dans ce goût et dans cette mesure?

Dès la troisième lettre du recueil, Aurore est mariée depuis un an à un jeune officier, Casimir Dudevant. Celles qui suivent sont assez mornes. On y devine une femme apathique, casanière, somnolente, que l'amour maternel ne réveille qu'à demi, qui se plaint sans cesse de fluxions, de maux d'yeux, qui s'enlaidit, qui se dit vieille, finie. A vingt-cinq ans, elle écrit : « Je suis dans les pommes cuites. » Et cela à la veille de la crise.

Crise ! entendons-nous. Ce fut plutôt une résolution, je dirais même un arrangement. Il y a toujours eu du *train-train* dans les emportements de madame Sand.

Elle écrit de Nohant, le 3 décembre 1830, au précepteur de son fils :

Sachez une nouvelle étonnante, surprenante... (pour les adjectifs, voyez la lettre de madame de Sévigné, que je n'aime guère, quoi qu'on dise !...) Sachez que je viens de prendre un parti violent.

Ce parti a été de dire à M. Dudevant : « *Je veux une pension, j'irai à Paris.* »

A Paris, elle rajeunit, elle refleurit, elle est intrépide. Son « bon petit pied berrichon » trotte sur les ponts, monte les étages, va dans les théâtres, les cafés, les bureaux de rédaction, avec un nerf redoutable. Elle se mourait dans le repos ; elle est infatigable dans l'agitation. Et qui donc a dit qu'elle n'était pas femme?

Les lettres n'ajoutent pas grand'chose à ce que nous savons de ses débuts littéraires.

On la voyait au Français, cette jeune femme, habillée en homme et bottée. La moitié de la salle était dans la confidence, et les galants de la littérature venaient dans sa loge la saluer plus bas qu'on ne salue d'ordinaire un jeune garçon, ce dont les bourgeois s'étonnaient raisonnablement.

Il est vrai que son costume ne semblait pas naturel à tout le monde. Sa mère le sut par les feuilles et l'en tança vertement. George jura à sa mère qu'elle ne portait point culotte. C'était là un pieux mensonge. Adolphe Guéroult, le journaliste que nous avons vu, à son déclin, doux et lassé, et qui ne manquait point de sens, reprocha aussi à la jeune femme « sa redingote de bousingot ». Elle lui répondit en femme qui a gardé ses jupons, du moins dans son caractère : « Monsieur, vous êtes un impertinent. » Et elle lui défendit de disserter à l'avenir « sur un accessoire aussi puéril ».

Le vêtement, madame, est-il un accessoire aussi puéril? Celui d'une femme est féminin et non puéril, ce qui est différent. Les culottes que vous mîtes, madame, permirent bien des choses qui ne sont pas puériles.

Quoi qu'il en soit, le travestissement de George Sand dura des années et fut notoire.

Plutarque rapporte que, la veille de la bataille de Modène, les consuls Hirtius et Pansa se déguisèrent en danseuses pour pénétrer dans le camp d'Antoine et reconnaître les dispositions de l'ennemi. Ce déguisement ne me semble pas plus étrange que celui de George Sand. Concevez-vous madame Edmond Adam assistant en habit noir et cravate blanche à la première d'une pièce montée par M. Perrin !

Les mœurs changent plus vite qu'on ne croit. 1830 est maintenant le passé, et aurait besoin d'archéologues pour être expliqué. Les rares survivants de cette époque ne nous comprennent pas et nous ne les comprenons pas. Voyez Hugo : Il est parmi nous comme une baleine échouée sur une plage de la Méditerranée. On fait cercle autour.

Pendant que George Sand se promenait en bottes à Paris, pendant qu'elle voyageait à Venise en compagnie de Musset, qui ne s'en trouva pas bien ; pendant qu'elle écrivait ses magnifiques romans tout de flamme, son mari vivait à Nohant en gentilhomme campagnard, vendait des chevaux et buvait un peu plus que de raison.

Pourtant ce ne fut que trois ans après la séparation de fait que madame Dudevant, devenue George Sand, demanda la séparation légale à son bénéfice. Pendant l'instance, plus de voyages à Venise, plus d'habit bousingot. Une vie, une tenue à édifier la petite ville de La Châtre où elle s'était retirée. Elle écrivait de là à madame d'Agoult :

J'attends la décision du tribunal. Je suis donc toute seule dans cette grande maison isolée ; il n'y a pas un domestique qui couche sous mon toit, pas même un chien. Le silence est si profond la nuit (vous ne voudrez pas me croire, et pourtant c'est certain) que, quand j'ouvre ma fenêtre, j'entends distinctement sonner l'horloge de la ville... Je ne reçois personne, je mène une vie monacale. J'attends l'issue de mon procès...

Ainsi, à l'heure qu'il est, à une lieue d'ici, quatre mille bêtes me croient à genoux dans le sac et dans la cendre, pleurant mes péchés comme Madeleine. Le réveil sera terrible. Le lendemain de ma victoire, je jette ma béquille, je passe au galop de mon cheval aux quatre coins de la ville.

Qu'en dites-vous ? Et cela ne vous inspire-t-il pas à l'endroit des femmes des sentiments dans le goût de ceux d'Hamlet ?

Ce n'est pas tout : pour gagner « trois imbéciles en robe noire qui rendent la justice » (ce sont ses propres expressions), elle évite d'aller retrouver madame d'Agoult à Genève, parce qu'elle y est avec Liszt, et elle retarde la publication d'un roman trop républicain.

Ce brave M. Dudevant prenait moins de précautions et se mettait dans son tort.

Puisque, après tout, ce que la *Correspondance* nous fournit de plus curieux, ce sont les traits de caractère, je m'empresse d'en saisir un au passage. Il est dans une lettre datée de *Venise*, le 6 avril 1834 et adressée à M. Jules Boucoiran. *La date* doit être remarquée.

On avait beaucoup parlé à Paris et ailleurs du voyage de Venise et du retour d'Alfred de Musset en France. La personne à qui cette lettre est envoyée est le précepteur des enfants, un grand diable de jeune homme démocrate, paresseux, brave garçon, à qui madame Sand avait recommandé une entière sincérité à son endroit ; il en usa et fut tancé de la bonne manière. Or, dans cette lettre du 6 avril, l'auteur de *Valentine* parle avec quelque ressentiment d'une personne que, dit-elle, « les méchants commentaires *la* forçaient à ne plus voir pendant quelques mois ».

— Il m'a compromise, ajoute-t-elle un peu plus bas (1).

Quel est donc cet homme compromettant et dont on s'effarouche ? Puisque ce ne peut être Musset, sera-ce le galant Sandeau, la coqueluche de La Châtre ? Chopin, jeune, amoureux, malade et beau ? Franz Liszt, qui fait parler de lui, et de toutes les manières ? Michel de Bourges, au souffle de taureau ? Non pas ; ceux-là, on les rencontre à tout moment, on se montre avec eux, on les accompagne en voyage. Celui qu'il faut craindre, celui qu'il faut éviter, c'est Planche, Gustave Planche, Planche qui ne se peigne pas, qui n'a ni ami ni maîtresse, pas même un lit, puisqu'il couche tout habillé sur un billard ; Planche dont les bottes n'ont pas de semelles, qui n'a pas de linge et qui pue le gros vin ! — Voilà l'homme dangereux, l'homme à qui l'on dit : « Prenez garde ! vous m'affichez. » Voilà le pelé, le galeux d'où vient tout le mal.

Écoutez plutôt :

Venise, 6 avril 1834.

Alfred est parti pour Paris, et je vais rester ici quelque temps.

Il était encore bien délicat pour entreprendre ce long voyage. Je ne suis pas sans inquiétude sur la manière dont

(1) P. 267.

il le supportera ; mais il lui était plus nuisible de rester que de partir, et chaque jour consacré à attendre le retour de sa santé le retardait au lieu de l'accélérer. Il est parti enfin, sous la garde d'un domestique très soigneux et très dévoué.

Le médecin (1) m'a répondu de la poitrine, en tant qu'il la ménagerait ; mais je ne suis pas bien tranquille. Nous nous sommes quittés peut-être pour quelques mois, peut-être pour toujours. Dieu sait maintenant ce que deviendra ma tête et mon cœur. Je me sens de la force pour vivre, pour travailler, pour souffrir.

Le manuscrit de Lélia est dans une des petites armoires de Boule. Je l'ai, en effet, promis à Planche ; pour peu qu'il tienne à ce griffonnage, donnez-le-lui, il est à son service. Je suis profondément affligée d'apprendre qu'il a mal aux yeux. Je voudrais pouvoir le soigner et le soulager. Remplacez-moi ; ayez soin de lui. Dites-lui que mon amitié pour lui n'a pas changé, s'il vous questionne sur mes sentiments à son égard. Dites-lui sincèrement que plusieurs propos m'étaient revenus après l'affaire de son duel avec M. de Feuillide ; lesquels propos m'avaient fait penser qu'il ne parlait pas de moi avec toute la prudence possible.

Ensuite, il avait imprimé dans la revue des pages qui m'avaient donné de l'humeur. Lui et moi sommes des esprits trop graves et des amis trop vrais, pour nous livrer aux interprétations ridicules du public. Pour rien au monde, je n'aurais voulu qu'un homme que j'estime infiniment devînt la risée d'une populace d'artistes haineux qu'il a souvent tancée durement ; laquelle, pour ce fait, cherche toutes les occasions de le faire souffrir et de le rabaisser. Il me semblait que le rôle d'amant disgracié, que ces messieurs voulaient lui donner, ne convenait pas à son caractère et à la loyauté de nos relations. J'avais cherché de tout mon pouvoir à le préserver de ce rôle mortifiant et ridicule, en décla-

(1) Le docteur Pagello.

rant hautement qu'il ne s'était jamais donné la peine de me faire la cour. Notre affection était toute paisible et fraternelle.

Les méchants commentaires me forçaient à ne plus le voir pendant quelques mois; mais rien ne pouvait ébranler notre mutuel dévouement. Au lieu de me seconder, Planche s'est compromis et m'a compromise moi-même : d'abord par un duel qu'il n'avait pas de raisons personnelles pour provoquer; ensuite, par des plaintes et des reproches, très doux il est vrai, mais hors de place et, qui pis est, tirés à dix mille exemplaires.

De si loin et après tant de choses, les petits accidents de la vie disparaissent, comme les détails du paysage s'effacent à l'œil de celui qui les contemple du haut de la montagne. Les grandes masses restent seules distinctes au milieu du vague de l'éloignement. Aussi, les susceptibilités, les petits reproches, les mille légers griefs de la vie habituelle, s'évanouissent maintenant de ma mémoire ; il ne me reste que le souvenir des choses sérieuses et vraies. L'amitié de Planche, le souvenir de son dévouement, de sa bonté inépuisable pour moi, resteront dans ma vie et dans mon cœur comme des sentiments inaltérables.

Après avoir quitté Alfred, que j'ai conduit jusqu'à Vicence, j'ai fait une petite excursion dans les Alpes en suivant la Brenta (1).

O femmes, cela est la vraie, l'éternelle histoire. Quand vous dites qu'on vous compromet, c'est qu'on vous ennuie tout bonnement. Avec celui que vous aimez, vous brûlez du désir de vous afficher et de vous perdre. Vous ne le montrez jamais assez, celui-là !

(1) *Correspondance de George Sand*, 1812-1876, t. I, lettre CXII, p. 265 et suivantes, Calmann-Lévy, éditeur, Paris, 1882.

Je disais, en commençant, que madame Sand ne
faisait pas d'aveux. Les femmes n'en font jamais, mais
elles se trahissent toujours. George Sand s'est trahie
en écrivant à Rollinat :

Je ne t'ai pas trouvé supérieur à moi par nature ; sans
cela, j'aurais conçu pour toi cet enthousiasme qui conduit à
l'amour.

Avec cette conception de l'amour on est porté à
collectionner les célébrités, et cela peut mener loin
aux époques où les lettres et les arts sont florissants.

Mais qu'importe ! George Sand apparaît dans sa
correspondance ce qu'elle fût en effet, un grand écrivain et une bonne mère. C'est assez de ces deux larges
pans d'amour et de gloire pour couvrir toutes les faiblesses (1).

(1) George Sand, née le 5 juillet 1804, mourut à Nohant le
8 juin 1876.

Je suis heureux de citer une page touchante où M. Armand
Silvestre raconte comment George Sand fut enterrée dans son
village : — « Ils étaient peu nombreux, les voyageurs qui firent
alors le pèlerinage de Nohant. Flaubert, Alexandre Dumas et le
prince Napoléon étaient du nombre.

» Une matinée tiède sous un ciel changeant, balayé de
nuages toujours prêts à fondre avec des bandes d'azur pâle se
rétrécissant sans cesse. Par extraordinaire bondée, la diligence
de Châteauroux à La Châtre avançait péniblement, les chevaux
tendus sous le vol incessant du fouet. Mais la route offrait un
spectacle à la fois curieux et touchant. De dix lieues à la ronde
les paysans accouraient pour assister aux obsèques de « la
bonne dame » et les vieilles femmes égrenaient des chapelets
en marchant, la tête baissée sous leur coiffe, tandis que les
hommes s'en allaient silencieux, une baguette fraîchement
cueillie aux doigts.

» La porte du parc était béante. On se serrait la main, même sans se connaître, en entrant. Le plus souvent la fraternité est faite de douleurs communes. La grande maison semblait déjà vide. A peine osait-on pénétrer dans le vaste salon où le fauteuil de George Sand était encore à sa place, où souriait dans son cadre, comme aux heures joyeuses, le maréchal de Saxe, son illustre aïeul, dont son fils Maurice est le vivant portrait. L'oppression poignante était la même pour tous ; on avait hâte de retrouver, dans le calme indifférent des choses extérieures, un vague rassérènement. Et pourtant, ils semblaient aussi comme embrumés de tristesse, les grands arbres prolongeant jusqu'au seuil leurs avenues. *Sunt lacrymæ rerum.* C'étaient bien des larmes que la pluie récente avait pendues à leur feuillage !

» Le sable humide des allées criait à peine sous les pas. On eût dit qu'il craignait de réveiller l'auguste endormie. Les groupes se formaient pourtant, çà et là, aux ronds-points dessinés par la rencontre des parterres pareils à des presqu'îles fleuries. L'animation était grande dans quelques-uns, ceux où s'étaient réunis les plus grands amis de la morte. La question était grave en effet. Le corps de George Sand passerait-il par l'église ? Je ne nommerai pas ceux dont c'était l'avis et ceux qui s'y opposaient avec une intempestive violence. Elle avait refusé de recevoir le prêtre qui, durant les derniers jours de sa maladie, n'avait cessé d'errer autour de la maison, croyant naïf qui s'obstinait à sauver une âme, ou vulgaire ambitieux rêvant le scandaleux honneur d'une telle conversion. Mais elle l'avait fait sans colère, avec une fermeté polie. Si, — chose inouïe dans le pays, — elle eût désiré être enterrée civilement, il semblait probable qu'elle eût exprimé aussi nettement sa volonté sur ce point. Son silence impliquait, sans doute, l'intention de se soumettre à l'usage. Ses sentiments personnels de tolérance et son indifférence pour les formules le faisaient encore supposer davantage. Profondément déiste, elle affirmait en toute occasion, les droits de sa libre pensée, mais en repoussait, avec dédain, toutes les mesquineries chères à ceux qui en vivent.

» L'église, une petite église basse de village, n'était séparée que par une petite place ombragée de noyers, de la porte du château. Son corps en fit le chemin et ce fut un spectacle inouï que celui de la foule berrichonne, s'agenouillant sur son passage dans les grandes flaques d'eau creusées par l'averse. On avait bien deviné la secrète et dernière pensée de la morte. Le défaut de prières sur ce cercueil eût paru un sacrilège à ce peuple recueilli. Celles-ci furent d'ailleurs rapides. Deux pas encore et l'on était au cimetière fait de quelques croix de bois noir à demi

cachées dans les hautes herbes. Par la voix de Paul Meurice,
Victor Hugo envoyait à George Sand cet admirable adieu :
» Je pleure une morte et je salue une immortelle. » Et c'était
tout. 'La terre s'était refermée déjà sur ce qui avait été la
beauté, la gloire et le génie ! Cette tombe chère, nous la rever-,
rons bientôt, puisque c'est dans quelques jours que sera inaugurée à La Châtre la statue de George Sand par Millet, une
statue qui nous vengera de bien d'autres inutiles. En attendant,
j'ai voulu, une fois encore, saluer d'un souvenir attendri celle
qui fut pour moi l'immortelle image de la bonté. » (*Le Matin*,
15 juin 1884).

IX

VICTOR HUGO ET « TORQUEMADA » (1)

Jeudi, 8 juin 1882.

Le drame de *Torquemada*, qui vient de paraître, a été composé par Victor Hugo dans les dernières années de son exil volontaire à Guernesey. Il est comme manière et comme procédé, de l'époque de la première *Légende des siècles* et du « Livre dramatique » des *Quatre vents de l'esprit*. Les vers y sont travaillés par un maître ouvrier, dont la main, à la fois souple et lourde, n'a point encore de tremblement sénile. Ces vers s'attachent les uns aux autres par des articulations solides. Nous sommes loin encore des aphorismes décousus de l'*Ane* et de la *Pitié suprême*.

Mais déjà, dans *Torquemada*, le poète n'était pas maître de son idée. L'intelligence, toujours faible en cet homme de génie, lui fit défaut avant l'âge. Ne pensant guère que par images, il se laisse aller à

(1) V. *Torquemada*, drame (Calmann Lévy, édit.).

toutes celles qui s'emparent de son cerveau. Aussi ne peut-il plus écrire pour le théâtre. Ce poème, bien que dialogué, est tout autre chose qu'un poème dramatique. Il ne supporterait pas la scène ; l'incontinence des mots, ce luxe d'expressions qui accuse la pauvreté de la pensée, ce bavardage qui nuit irrémédiablement à l'expression des passions et des sentiments, ce vide sonore rendrait *Torquemada* tout à fait insupportable à la représentation.

Lisez, par exemple, le grand monologue du troisième acte : la même idée y est représentée sous plus de trente formes différentes !

La nuit commence à tomber.

La galerie du fond, large claire-voie toute grande ouverte, laisse voir dans le crépuscule la place de la Tablada, couverte de foule. Au centre de la place, est le quemadero, colossale bâtisse toute hérissée de flammes, pleine de bûchers et de poteaux et de suppliciés *in sanbenitos* qu'on entrevoit dans la fumée. Des tonneaux de poix et de bitume allumés, accrochés au haut des poteaux, se vident flamboyant sur la tête des condamnés. Des femmes que la flamme a faites nues flambent adossées à des pieux de fer. On entend des cris. Au quatre angles du quemadero, les quatre gigantesques statues, dites les quatre évangélistes, apparaissent toutes rouges dans la braise. Elles ont des trous et des crevasses par où l'on voit passer des têtes hurlantes et s'agiter des bras qui semblent des tisons vivants. Énorme aspect de supplice et d'incendie.

Torquemada en contemplation repaît ses yeux du quemadero.

TORQUEMADA.

O fête, ô gloire, ô joie !
La clémence terrible et superbe flamboie !
Délivrance à jamais ! Damnés, soyez absous !
Le bûcher sur la terre éteint l'enfer dessous.
Sois béni, toi par qui l'Âme au bonheur remonte,
Bûcher, gloire du feu dont l'enfer est la honte,
Issue aboutissant au radieux chemin,

Porte du paradis rouverte au genre humain,
Miséricorde ardente aux caresses sans nombre.
Mystérieux rachat des esclaves de l'ombre,
Autodafé! Pardon, bonté, lumière, feu,
Vie! éblouissement de la face de Dieu!
Oh! quel départ splendide et que d'âmes sauvées!
Juifs, mécréants, pécheurs, ô mes chères couvées,
Un court tourment vous paie un bonheur infini;
L'homme n'est plus maudit, l'homme n'est plus banni;
Le salut s'ouvre au fond des cieux. L'amour s'éveille,
Et voici son triomphe, et voici sa merveille!
Quelle extase! entrer droit au ciel! ne pas languir!

Cris dans le brasier.

Entendez-vous Satan hurler de les voir fuir?
Que l'éternel forçat pleure en l'éternel bouge!
J'ai poussé de mes poings l'énorme porte rouge.
Oh! comme il a grincé lorsque je refermais
Sur lui les deux battants hideux! Toujours, jamais!
Sinistre, il est resté derrière le mur sombre.

Il regarde le ciel.

Oh! j'ai pansé la plaie effrayante de l'ombre.
Le paradis souffrait; le ciel avait au flanc
Cet ulcère, l'enfer brûlant, l'enfer sanglant;
J'ai posé sur l'enfer la flamme bienfaitrice,
Et j'en vois, dans l'immense azur la cicatrice.
C'était ton coup de lance au côté, Jésus-Christ!
Hosanna! la blessure éternelle guérit.
Plus d'enfer. C'est fini. Les douleurs sont taries.

Il regarde le quemadero.

Rubis de la fournaise! ô braises! pierreries!
Flambez, tisons! brûlez, charbons! feu souverain,
Pétille! luis, bûcher! prodigieux écrin
D'étincelles qui vont devenir des étoiles!
Les âmes, hors des corps comme hors de leurs voiles,
S'en vont, et le bonheur sort du bain des tourments!

Splendeur! magnificence ardente! flambloiement!
Satan, mon ennemi, qu'en dis-tu?

En extase.

Feu! lavage
De toutes les noirceurs par la flamme sauvage!
Transfiguration suprême! acte de foi!
Nous sommes deux sous l'œil de Dieu, Satan et moi.
Deux porte-fourches, lui, moi. Deux maîtres des flammes.
Lui, perdant les humains, moi, secourant les âmes;
Tous deux bourreaux, faisant par le même moyen
Lui l'enfer, moi le ciel, lui le mal, moi le bien;
Il est dans le cloaque et je suis dans le temple,
Et le noir tremblement de l'ombre nous contemple.

Il se retourne vers les suppliciés.

Ah! sans moi, vous étiez perdus, mes bien-aimés!
La piscine de feu vous épure enflammés.
Ah! vous me maudissez pour un instant qui passe,
Enfants! mais tout à l'heure, oui, vous me rendrez grâce,
Quand vous verrez à quoi vous avez échappé;
Car, ainsi que Michel-Archange, j'ai frappé;
Car les blancs séraphins, penchés au puits de soufre,
Raillent le monstrueux avortement du gouffre;
Car votre hurlement de haine arrive au jour,
Bégaie, et, stupéfait, s'achève en chant d'amour!
Oh! comme j'ai souffert de vous voir dans les chambres
De torture, criant, pleurant, tordant vos membres,
Maniés par l'étau d'airain, par le fer chaud!
Vous voilà délivrés, partez, fuyez là-haut!
Entrez au paradis!

Il se penche et semble regarder sous terre.

Non, tu n'auras plus d'âmes!

Il se redresse.

Dieu nous donne l'appui que nous lui demandâmes,
Et l'homme est hors du gouffre. Allez, allez, allez!
A travers l'ombre ardente et les grands feux ailés,
L'évanouissement de la fumée emporte

Là-haut l'esprit vivant sauvé de la chair morte !
Tout le vieux crime humain de l'homme est arraché ;
L'un avait son erreur, l'autre avait son péché,
Faute ou vice, chaque âme avait son monstre en elle
Qui rongeait sa lumière et qui mordait son aile ;
L'ange expirait en proie au démon. Maintenant
Tout brûle, et le partage auguste et rayonnant
Se fit devant Jésus dans la clarté des tombes.
Dragons, tombez en cendre ; enlevez-vous, colombes !
Vous que l'enfer tenait, liberté ! liberté !
Montez de l'ombre au jour. Changez d'éternité !

On dirait que l'auteur a laissé sur le papier tous les essais (même les plus malheureux) par lesquels il a passé dans la poursuite de l'expression juste. On le dirait, et on aurait raison de le dire. Hugo n'est-il pas ce cuisinier dont parle M. Taine, qui met les épluchures dans la marmite ?

Pourtant *Torquemada* se lit sans trop d'ennui, parce qu'il s'y trouve çà et là des *bravoures* d'expression et des drôleries de style qui rappellent le meilleur temps du romantisme.

Aussi bien, je ne connais pas d'œuvre qui soit plus romantique que celle-là, par l'idée comme par le style· Et qui dit romantique dit pittoresque. L'idée de ce drame est pittoresque, assurément.

Elle est tout entière dans la façon de comprendre le caractère de *Torquemada.*

Le *Torquemada* de Victor Hugo n'est pas un méchant homme. C'est, au contraire, un homme charitable ; il a dans l'âme des trésors de pitié : il veut sauver ses semblables ; il verse des larmes de sang à la pensée qu'ils vivent mal et se damnent à l'envi. Et, comme il a la certitude de les sauver en les brûlant, il s'efforce charitablement d'en brûler le plus possible. C'est bien ainsi que M. Hugo a compris *Torquemada*, et il est facile de voir que le poète n'a pas été très intelligent dans ce cas particulier.

En réalité, le *Torquemada* de M. Victor Hugo n'est pas un chrétien fanatique, c'est exactement un maniaque et un monomane. Dans quelque société qu'il se trouve, loin d'avoir aucune action sur les hommes, il se fera mettre à l'hôpital, parce que sa folie est si monstrueusement apparente que tout le monde la verra.

Comment ! cet homme est catholique ; il est moine, il est théologien, et il croit qu'un hérétique jeté au bûcher y fait son salut !

Cette croyance n'est ni orthodoxe, ni hétérodoxe, elle n'est ni conforme ni contraire à aucun dogme, elle est simplement insensée ; et s'il fut un temps, s'il fut un lieu où cette folie devait crever les yeux de tous, c'était bien au quinzième siècle, c'était bien en Espagne, dans l'âge de l'orthodoxie et dans le royaume catholique.

L'idée du bûcher rédempteur serait de la démence chez un religieux ; la prêter à Torquemada, c'est une bourde.

Il ne l'avait pas, en réalité, il ne pouvait pas l'avoir, l'étrange moine que Victor Hugo a cru peindre dans un charbonnage enfantin et monstrueux.

Thomas de Torquemada, prieur des dominicains de Ségovie, inquisiteur général, était fort convaincu, selon toute apparence, de l'utilité de son œuvre. Autant qu'on peut croire, il était plus calme, plus grave, plus sérieux que Fouquier-Tinville. Ce rapprochement de deux magistrats sanglants se fait sans qu'on le veuille.

L'accusateur public et l'inquisiteur général furent l'un et l'autre d'une assez belle inhumanité.

Torquemada, au contraire de Fouquier, n'était pas débauché. Plus puissant que le roi, il vivait dans la crasse. La haine mêlée d'horreur qu'il inspirait, était telle qu'il ne pouvait sortir sans escorte. Il ne mangeait son pain qu'après l'avoir touché avec une corne d'antilope, qu'il croyait être un contrepoison. Il était hors la loi. C'était un monstre ; mais il est impossible de découvrir en lui les antithèses saugrenues, les fantaisies et le romantisme que lui attribue le vieux poète de 1830.

Il ne brûlait pas les juifs dans le but de les envoyer en paradis ; oh ! que non ! Il les brûlait afin de les retrancher comme des membres pourris, qui contaminaient tout le corps de la catholicité.

C'était féroce, c'était abominable, mais c'était logique.

Les juifs, les sorciers qu'on brûlait dans l'autodafé, sur l'échafaud de pierre orné des statues des quatre apôtres, étaient précisément ceux auxquels le sacré tribunal avait dit : « L'Église ne peut plus rien pour vous. » Qu'ils fussent damnés ou sauvés, c'était le secret de Dieu ; le Saint-Office n'avait pas à s'inquiéter de leur entrée dans l'autre monde ; il lui suffisait de pourvoir à leur prompte sortie de ce monde-ci, qu'ils souillaient.

Il y avait çà et là des gens que le Saint-Office croyait pouvoir réconcilier avec Dieu. Ceux-là, qu'on nommait justement les *réconciliés*, n'étaient ni brûlés ni étranglés. Ils étaient notés d'infamie, leurs biens étaient confisqués, leurs vêtements marqués d'un signe. Le pieux tribunal ne désespérait pas de ces malheureux. Il désespérait des autres, et c'est précisément parce qu'il en désespérait qu'il les livrait au bras séculier pour les détruire.

Dans ces conditions, il devenait parfois difficile et scabreux de vivre en Espagne.

Voilà la vérité; elle est triste. Mais elle n'a rien de commun avec la démence de ce moine que Victor Hugo nous montre professant dans l'Espagne catholique qu'un mécréant brûlé est sauvé par cela même qu'il est brûlé.

Cet homéopathe de la théologie qui combat les flammes de l'enfer par les flammes des bûchers et qui s'écrie en assez mauvais style :

Le bûcher sur la terre éteint l'enfer dessous,

ce frocard romantique est une création absurde, dont la gaieté perce à travers le sérieux et l'horrible dont on a voulu l'envelopper.

M. Leconte de Lisle, bien que fort dominé par sa haine du catholicisme, nous a donné dans les *Poèmes barbares* des moines autrement vrais, des vieux dominicains autrement solides.

Tous les personnages de *Torquemada* étant créés dans un même esprit de fantaisie puérile, ils forment un ensemble amusant.

Le rôle du roi est un coq-à-l'âne perpétuel et sent la féerie.

Ce roi s'appelle Ferdinand le Catholique. La reine,

sa femme, s'appelle Isabelle. Mais en dépit de ces noms historiques, le poète nous emporte dans les régions d'un conte bleu ; il n'y va pas par quatre chemins ; il commence par nous dire qu'Isabelle est avare et que Ferdinand est prodigue. Nous sommes sûrs dès lors de n'avoir affaire ni à l'Aragonais Ferdinand, notoirement avare et cauteleux, ni à cette généreuse Isabelle, qui conquit Grenade, devina Colomb et dont José Maria de Heredia a dit :

— « L'Espagne la pleura comme le meilleur et le plus grand de ses rois. »

Avec les personnages de Victor Hugo, qui amusent et ne font pas peur, on reste dans le théâtre des marionnettes. Je ne veux pas médire de Guignol. — Je l'aime.

Tenez : on joue quotidiennement à Guignol, aux Champs-Elysées, une pièce dans laquelle un marmot, oublié dans du linge sale, est mis dans la cuve, passé à la lessive, tordu et aplati à grands coups de battoir. La scène est agréable, précisément parce que le bébé est en bois et très mal imité.

C'est pour une raison semblable que le *Torquemada* de Victor Hugo est, avec sa mise en scène de chairs grillées, une fable amusante. Le grand inquisiteur brûlant par reconnaissance deux délicieux enfants, don Sanche et doña Rose, auxquels il doit la vie, est aussi joyeux pour le moins que *M. Perrichon*, et ce *Torquemada*-là sort du cerveau d'un Labiche inconscient.

Notre dix-neuvième siècle, qui passe pour sérieux et qui se dit profond, a pourtant trouvé son expression littéraire la plus éclatante dans les deux esprits les plus enfantins qui aient jamais existé : Alexandre Dumas père et Victor Hugo.

Torquemada est un exemple curieux de ce que peut l'*irréflexion* dans une grande âme d'artiste.

J'ai dit ce que tout le monde pense et ce que personne ne dira (1). J'aurais voulu ménager davantage

(1) Pour montrer le ton d'exaltation laudative où était montée la presse, lors dé l'apparition de ce volume, je cite quelques extraits des journaux de nuances diverses.

Le *Voltaire* :

« Guidé par la rayonnante bonté qui est le fanal de son génie, Victor Hugo publie *Torquemada* à l'heure même où la persécution des juifs par les chrétiens justifie Néron, Dioclétien et lave leurs mémoires,

» Et cela arrive afin qu'il soit dit que le plus grand des poètes n'aura fait défaut à aucune des causes généreuses de son temps et que, pareil à Hercule, il aura accompli ses douze tâches.

» Oh! quelle superbe figure d'homme, dans l'humanité, que celle du maître de nos maîtres! Tout le siècle s'abat à ses pieds, car il a l'effroyable clémence de ceux qui portent la massue et marchent revêtus de la peau des lions. Que de monstres n'a-t-il pas déjà abattus, sur les terres de l'Idée, où les hydres ont cent têtes renaissantes, et comme la besogne des plus forts manieurs de peuples est chétive auprès de la besogne héroïque de ce Titan du Verbe!...

» J'ai entendu des gens demander si *Torquemada* était du théâtre. A ceux-là il faut simplement répondre : « Oui, *Torquemada* est du théâtre, si le *Jugement dernier*, de Michel-Ange, est de la peinture décorative. » Et de fait, on ne songe pas sans un frisson à l'effet que ce drame produirait sur la scène et à l'horreur tragique dont il l'emplirait.

» Tout le monde sait, à l'heure qu'il est, quelle conception extraordinaire c'est que le *Torquemada* de Victor Hugo, et par quel éclatant tour de force le poète l'a arraché à l'histoire pour le donner à la philosophie. Il nous serait plus aisé, à vous et à moi, de trouver la raison d'être d'un tigre ou d'un chacal que d'exprimer de l'amour de Torquemada, le monstre des monstres. Mais Victor Hugo est un invincible extracteur de bonté, il en découvre dans l'Inquisition. Il lui semble impossible qu'il se soit trouvé un être à face humaine pour brûler ainsi cent mille

une vieille gloire. Mais il y a quelque chose de plus respectable encore que la fortune littéraire de Victor Hugo, c'est la vérité.

hommes, fils de la femme comme lui, sans que quelque raison mystérieuse explique sa furie. Il se penche sur ce fou, et il ramène de l'ombre un exalté prodigieux du catholicisme, terrifié par la peur de l'enfer et abruti par une commisération effrayante pour les menacés du diable. « Cautériser l'enfer », tel est le mot de cet esprit troublé, telle est la clef de cette individualité excessive, même historiquement, dans le mal.

Ah! sans moi, vous étiez perdus, mes bien-aimés !

s'écrie-t-il, pleurant d'extase devant l'autodafé qu'il vient d'allumer. Rêve dantesque, qui eût fait reculer le Dante, cette épuration des âmes par le feu, cette cautérisation de l'enfer. Si la conception est belle, artistiquement, il n'y a pas à le dire; elle est sublime. Elle vous enlève encore à la réflexion. Il n'y a pas de plus belle création dans l'horreur; il n'y en a pas d'aussi belle. Œdipe et Macbeth pâlissent auprès de ce Torquemada, sauveur d'âmes. Mais philosophiquement elle est logique. Le poète ne charge ni n'exagère, et le catholicisme aboutit forcément à ce type. L'enfer donne cela, mathématiquement. Il n'est pas du tout impossible, il est même probable que la véritable explication de Torquemada soit celle proposée par le plus humain des génies.

» Mais je me laisse aller à philosopher et j'oublie que je suis ici pour vous parler des mérites littéraires de l'œuvre. Cette besogne est plus courte que l'autre, et je ne sais d'autre critique devant les pièces d'art immortelles que le silence.

» Chaque vers, chaque scène, chaque mot de *Torquemada* est une leçon de vie et de beauté en art, que je mettrai plus de temps à comprendre que je n'en mettrais à vous la transmettre. Ma foi, lisez vous-mêmes, que voulez-vous que je vous dise!

» Voulez-vous savoir comment est conçu le drame et de quelle manière il se compose? Il n'y a qu'Eschyle qui puisse vous renseigner. Êtes-vous curieux de connaître le secret d'un style surhumain, qui charrie l'or et les pierreries, et par instants tonne comme la foudre, puis chuchote, et soupire comme la brise, demandez ce secret à Shakespeare. S'il sort de sa tombe, il vous le révélera. Et Dante aussi est nécessaire pour la critique que vous désirez avoir; lui seul a vu l'enfer, et seul, jusqu'à présent, il en était revenu.

» Moi, je me borne à me taire, n'ayant d'autre opinion sur ce chef-d'œuvre que celle dont vous relirez l'expression au début de cet article. Gloire au génie et sachons nous estimer heureux de vivre dans un temps où la pensée domine et dirige le monde, aidée de la bonté et guidée par la liberté! — ÉMILE BERGERAT.

Le *Soleil* :

« Ce drame, qu'on se plaisait à rêver farouche, *Torquemada*, étonne par sa mansuétude même. C'est d'une grandeur sans pareille, non une œuvre de combat, mais de douceur et de sérénité, l'œuvre d'un homme qui plane, dans sa verte et féconde vieillesse, au-dessus des misères de ce monde et qui pense que le pardon est la loi suprême, et que, pour juger les hommes, il faut les voir de haut...

» Le grand pourvoyeur des bûchers de l'inquisition n'est pas autre chose, dans le poème, qu'un illuminé de proportions démesurées qu'il serait difficile, je pense, sinon impossible, de lui faire revêtir, au théâtre, les traits d'un homme. A cette époque superstitieuse comme il n'en fut jamais, sinon touchée de folie, où les supplices éternels hantent toutes les imaginations et où les flammes de l'enfer apparaissent comme la conclusion même, la fin de l'humanité, Torquemada se donne pour mission de sauver les âmes. Ce n'est pas un bourreau, c'est un rédempteur : feu contre feu, voilà sa doctrine, et il a la prétention d'étouffer les foyers éternels sous la pincée de cendres qui restent des victimes immolées. Telle est l'idée mère du drame, et je ne crains pas de dire qu'elle est grandiose. La preuve en est cent fois faite, par les effets qu'elle provoque et les scènes qu'elle engendre dans ce drame, où, suivant la méthode et l'habitude du poète, l'idylle la plus suave côtoie les plus sombres épisodes et marche de pair avec eux...

» C'est une page épique des temps écoulés, ressuscitée et vivifiée par le pouvoir de ce magicien du vers qui fit les *Burgraves*, encore des hommes d'une taille disproportionnée, et qui, dans les origines du monde mythologique, devaient escalader l'Olympe en compagnie des Titans. Ce n'est pas sans dessein que je les rappelle. Autour du vieux duc Job, comme autour de Torquemada, s'agitent des foules inconnues et grondent des accents oubliés. Tous deux, ils ont les pieds sur le monde qui sert, pour ainsi dire, de piédestal à leur stature. Ce n'est pas à des actions ordinaires qu'il est permis de mêler des hommes de cette taille, et les paroles qui sortent de leurs lèvres doivent avoir une exceptionnelle sonorité. Ce sont comme deux représentants d'un monde disparu, redressés par le poète sur les ruines des temps, auxquels il souffle la vie, au point de nous donner l'illusion de la plus étrange réalité; d'une réalité morte, mais qui semble avoir existé, et sur laquelle le monde moderne a roulé, de tout son poids, pour l'anéantir à jamais. » — CHARLES CANIVET.

Le *Charivari* :

« On l'annonçait depuis longtemps, cette grande œuvre enfantée par le génie du maître et tenue en réserve comme pour ménager les étapes de notre admiration.

» De quelques rumeurs qu'elle ait été précédée, elle n'a pas déçu l'attente.

» Nous nous réservons de revenir, dans une analyse détaillée, sur ce grand drame aux allures quasi surhumaines. Nous ne voulons, pour aujourd'hui, que saluer l'apparition d'un poème théâtral qui ajoute un joyau de plus aux diamants de notre couronne littéraire. » — PIERRE VÉRON.

Le *Courrier du soir* :

« Dans la nouvelle œuvre de Victor Hugo, l'ampleur de la conception, sa donnée colossale fait songer aux grandes fresques de Michel-Ange. Tout attire et retient. Que ce soit la sûreté de touche des caractères, que ce soit la variété des épisodes, que ce soit la terreur, la passion ou la grâce, le lecteur ne peut y rester indifférent. Il est pris aux moelles par le génie du créateur et du poète. Il admire l'évocateur qui avec un vestige restitue une époque et le rêveur qui, avec des passions surhumaines, fait revivre des types immortels personnifiant ou le Fanatisme, ou la Tyrannie, ou la Duplicité, ou la Bonté, ou l'Amour, dans des vers forgés pour l'éternité ». — EUGÈNE MONTROSIER.

X

LES PAPIERS INÉDITS DE BALZAC (1)

Lundi, 3 juillet 1882.

Vous savez comment, après la mort de madame de
Balzac, les créanciers se sont rués le lendemain même
de l'enterrement, et avec quelle violence ils profitèrent
de l'ignorance, de la faiblesse et de l'isolement de
madame la comtesse Georges Mniszech, dont le goût
coûteux pour les arts né s'alliait pas à un sens bien
pratique des choses de la vie. Ce qui ne peut, en
somme, que lui faire honneur auprès de tous ceux qui
ne sont point commerçants.

Sans égard pour les archives intactes depuis 1850 où
tout se retrouvait, — bibliothèques, correspondances,
papiers de famille, manuscrits autographes de la plus
grande partie des œuvres, manuscrits corrigés, manuscrits inédits , — les créanciers, représentants ou

(1) Voir dans *le Figaro*, mardi 20 juin, *Le Réveil*, vendredi
23 juin, *L'Express*, jeudi 22 juin 1882 : d'intéressants articles sur
le même sujet.

ayants droit se précipitèrent et mirent tout au pillage.

Les tiroirs furent tout simplement retournés.

On préférait les meubles aux papiers. On laissa les papiers à même les appartements. On retrouva trois lettres signées dans les lieux d'aisances et un cahier manuscrit, intitulé les *Héritiers Boirouge*, sous les bottes des porteurs.

Entrait qui voulait. Tous les gens du quartier y passèrent.

On achetait des autographes de Balzac dans les échoppes et chez les marchands de vin, et il n'y a plus un groom ou un petit boutiquier dans le quartier, qui ne connaisse à présent l'écriture de Balzac.

Ce n'est qu'après avoir enlevé le dernier tabouret qu'on pensa aux papiers. On les mit pêle-mêle dans des paniers de blanchisseuse et on les transporta à l'hôtel Drouot (salle 6), pour être vendus au poids.

Là, tout le monde qui y avait intérêt ou curiosité, a pu en prendre connaissance.

Il semble qu'après sa mort même Balzac n'ait pu échapper aux créanciers qui firent le tourment de sa vie malchanceuse.

Bien que je ne croie pas beaucoup de notre temps aux chefs-d'œuvre posthumes, ni que Balzac, très sollicité de copie de son vivant, ait pu réserver des ouvrages bien importants, il n'est point d'homme soucieux des lettres françaises qui n'ait été vivement ému de ce gâchis irrespectueux.

La réputation littéraire de Balzac ne peut guère s'augmenter davantage, mais beaucoup de choses

manqueraient à l'histoire de sa vie même et des
mœurs environnantes, si ces papiers étaient tout à fait
perdus.

En tout cas, je puis dès aujourd'hui et à titre de curiosité, vous donner quelques extraits et quelques in-
dications qui ne manqueront pas d'intéresser les admirateurs du puissant romancier.

Si vous me demandez comment je me suis mis en
mesure de faire ces citations, je vous dirai qu'il n'y
avait qu'à se promener à l'hôtel Drouot et à noter au
hasard dans ces archives désordonnées, où tout le
monde avait le droit de lire.

Je citerai tout d'abord une lettre, datée de Saché
« du 22 juin de la fatale année ».

Cette lettre est tout à fait inédite. Elle ne put être
trouvée à temps par les zélés éditeurs de la correspondance de Balzac. Elle aurait compté, dans leur recueil, parmi les plus belles et les plus intéressantes.

Elle est adressée à madame la comtesse Georges
Mniszech, née Anna Hanska; c'est la fille issue d'un
premier mariage de madame de Balzac.

Zu, « le Zu bien aimé » est le comte Georges Mniszech, que Balzac désigne par le nom de « Gringalet »
dans les lettres où lui-même s'intitule « Bilboquet ».
Ailleurs le comte devient Georges Lépidoptérien, par
allusion à la magnifique collection d'insectes qu'il
rassemblait à grands frais.

En lisant la suite de cette lettre « 22 juin de la fatale année », vous n'aurez point de peine à deviner
qu'il s'agit de l'année 1848. On sait que Balzac a toujours fort bien distingué le fonds d'imbécillité sur le-

quel le républicanisme français est jusqu'ici inva-
riablement fondé.

Saché, 22 juin de la fatale année.

Chère Zéphirinette,

Dites à votre Zu bien aimé que le fameux volume qu'il
voulait colorié est enfin complété, et qu'il l'aura Dieu sait
quand ! Mais il l'aura. Je ne sais pas de quelle somme
je serai reliquataire, mais ce sera peu de chose, 250 à
300 francs, peut-être moins, et il pourra me les faire payer,
selon avis, à quelque marchand d'insectes parisien ; je vous
enverrai d'abord le compte, dès que Souverain m'aura donné
le sien. Avant tout, il faut être un bon comptable.

Je crois d'ailleurs que j'aurai à payer aussi les chemises
à Doctor.

Voilà les affaires de ménage et d'entomologie terminées.
Maintenant, je vous dirai que le chagrin me dévore et fait
des ravages effrayants au physique. Je ne supporte pas,
comme je le prévoyais, une absence prolongée. Les renver-
sements de fortune n'ont pas été pris gaîment, car je n'é-
tais pas seul à en souffrir. Aussi, graduellement, suis-je arrivé à avoir le cœur dans un tel état que je ne puis faire
aucun mouvement violent ; je ne peux pas monter un escalier sans des palpitations qui m'arrêtent tout net. Pour
vous écrire ceci, je suis en nage. Le mal n'est pas dans l'organe autant que dans le moral. J'avais bien ardemment
travaillé à *la Marâtre* ; mais il n'y a pas un spectateur dans
les théâtres. Cet effort suprême a donc été inutile. Aussi,
voyant cela, la littérature crie au chef-d'œuvre !

Je suis venu ici pour reprendre la santé et travailler loin
des préoccupations politiques, ou anarchiques, pour mieux
dire, de Paris ; et je n'y puis rien faire. Hier, M. de Margonne me donnait le conseil de retourner à Paris y consul-
ter le docteur Wacquart. C'est ce que je m'en vais faire dans

quelques jours. Si la digitale est possible, il faudra s'y livrer, car mon idée fixe, c'est d'aller chez *les Saltimbanques,* et j'avoue que je mourrais enragé si je ne les revoyais point. Je ne pense qu'à vous, à tout propos, à tout moment. Je ne vois pas la Touraine, mais l'Ukraine, et c'est à l'état de monomanie. Dans quelque temps on me mettra dans une loge à Charenton, et l'on me montrera comme un exemple fatal de l'amour des pays absolutistes. Les républicains écouteront mon discours avec horreur et diront à leurs enfants : « Vois-tu le danger d'aller en Ukraine ! Il vaut mieux rester à patrouiller pour la patrie et accomplir les commandements de l'Église démocratique » :

> Le lundi les armes prendras
> Et le mardi pareillement ;
> Mercredi garde monteras
> Avec giberne et fourniment ;
> Le jeudi tu la descendras
> Dedans le même accoutrement ;
> Vendredi, tu recommenceras
> A patrouiller civiquement ;
> Samedi tu t'éveilleras
> Au son d'un rappel vivement ;
> Mais le dimanche, tu viendras
> Parader militairement ;
> Et c'est ainsi que tu mourras
> De faim, républicainement.

Nous sommes, comme vous le voyez, toujours les mêmes. Nous nous moquons de nos plaies, de nos douleurs, de notre ruine. Je me moque moi-même de mon chagrin qui me tue et que rien ne console, pas même cette plaisanterie que je vous en fais pour ne pas vous envoyer une lettre par trop triste. Et cependant je le suis bien, allez ! J'ai souvent une petite fièvre, absolument comme l'année dernière à pareil mois, lorsque l'absence est devenue si insupportable que je suis accouru comme une hirondelle ! Si j'ose me plaindre ainsi à vous, chère et bien chère Anna, c'est que

dans la même situation vous seriez tout aussi malade que
moi et que vous savez pourquoi l'on est malade. Je n'ai pas
comme vous la ressource de pleurer comme une Madeleine.
J'ai longtemps vécu sur le sein sans lait de dame Misère, et
m'y voici de nouveau. Les travaux sèchent les yeux, et le
chagrin développe le cœur. Les événements qui acquittent
votre chère maman me font baisser la tête. Comme ils doivent la rendre bien malheureuse! Aussi, consolez-la, soyez
encore meilleure pour elle; c'est un miracle à faire, car vous
êtes adorable; mais ce miracle, faites-le! Elle mérite les
adorations de tout ce qui l'entoure. Ah! chère *Zéphirine*,
quel cœur! quelle abnégation d'elle-même! Elle n'a de
fibres que pour sentir les chagrins de ceux qu'elle aime et
pour se réjouir de leurs bonheurs. Vous ne pouviez naître
que d'elle, vous qui l'imitez et qui êtes devenue plus Zu que
• Zu lui-même. C'est, dans la profonde douleur où je vis, une
consolation que de la savoir entre vous et Zorzi, entre son
Anichette qu'elle aime plus que tout (oui, je le sais) et son
fils d'adoption, le Coléoptérien. Je tâche d'imiter cette sainte
nature, et je me dis souvent qu'elle est heureuse là ; mais je
suis un homme, et de plus *Bilboquet*, en sorte que je ne saurais être parfait, comme vous, et j'enrage, je me débats, je
grogne et je suis très *Bilboquet*.

Vous embrasserez bien votre Zu pour moi; vous vous
regarderez dans la glace en vous disant que votre pauvre
Bilboquet vous trouve toujours la plus gracieuse et la plus
gentille créature du monde, après votre chère maman, et
vous vous chargerez de taquiner en mon lieu et place non
les *demoiselles Valiginski, mais les demoiselles Valirginski*, à
propos d'Andrée et de la théorie du beau. Je ne sais pas si
j'ai gagné dans leur esprit par l'éloignement. Puis rappelez-
moi au souvenir de l'illustre docteur Khotti et de sa superbe
moitié. Tout cela venant de vous aura plus de prix, et je
vous enverrai cette lettre avec le timbre de Tours, afin de
l'accélérer et de vous donner la souvenance de la Boule d'Or

et d'Azay, où je vais aller peut-être aujourd'hui, car M. de
Margonne et mademoiselle Alix vont à Tours ensemble, et
je vais être seul dans le château.

Ah ! comme vous auriez pleuré et palpité à *la Marâtre !* Je
ne peux pas parvenir à faire *les Petits Bourgeois,* et l'on
attend cette œuvre au Français ! J'ai trop de chagrin pour
travailler ! Je suis accablé, je vois l'inutilité du travail dans
les circonstances où nous sommes.

La France est perdue, elle est assassinée et ne se relèvera
pas de tous les coups qu'on lui porte. Je vous assure que je
pleure sur mon pays que j'aime tant, et je ferai plus que
pleurer : je le quitterai pour venir vivre avec vous, car tous
trois vous êtes pour moi plus que la France. Allons, adieu.
Je souhaite que maître Andrichon ait l'autre Anna, quelque
imparfaite qu'elle doive être en comparaison de la nôtre.
Dites-lui bien des tendresses de ma part, car je me fonds en
tendresses au seul nom de Mniszech, de Rzewuski, de Hanska,
de Wierzchownia, et de tous les *nia,* les *ski* et les *ska.*

Je ne puis vous dire des nouvelles de votre tante ; mais,
sans l'avoir vue depuis vingt jours, je suis sûr qu'elle est
quasi folle, ayant le nez non plus à l'ouest, mais au fanon.
Votre chère mère adorée a dû vous dire que j'ai moins senti
mes chagrins pendant quelques jours, lorsque j'ai su que le
procès Rutikowski était fini, que nos chers petits avaient
l'entrée en possession, et dernièrement ma joie s'est accrue
quand j'ai appris que vous mettiez à force en ferme, que
vous aviez un bon intendant, et qu'enfin vous allez faire
garder, réserver et administrer vos bois. Réservez-les surtout ! Plus de places vides ! Oh ! comme je voudrais apprendre
le mariage d'Andrée et la libération totale de Wisnicwicz.
Cela me ferait autant de plaisir que la mienne.

Encore une fois adieu, chers enfants bien-aimés et qui
sont aimés bien. Y a-t-il espérance d'un *Zuzino ?* J'espère
que vous me le direz, madame la duchesse de S...! Songez

que la reine d'Espagne vient de flamber les prétentions du
duc de Montpensier; ainsi, faites une branche aînée de
l'illustre main de Mniszech. Encore mille tendresses.

BALZAC.

D'après ce qu'on vient de lire, vous voyez que Balzac
n'était pas incapable de faire des vers. Vous pourrez
en juger encore par ceux-ci, qui sont tirés d'une tragédie inédite, en cinq actes : *Cromwell*. Le manuscrit
est complet et porte la date de 1820 :

LE ROI

Que me reprochez-vous? Répondez.

CROMWELL

D'être Roi.

LE ROI

Eh quoi ! vous m'enviez mon fatal diadème?
Le foulez-vous aux pieds pour le ceindre vous-même,
Est-ce votre héritage, expliquez-moi vos droits,
Sera-ce votre épée ou vos tristes exploits?

. . . .

Et cet autre passage :

LA REINE

Arrêtons-nous, Strafford, je me soutiens à peine,
En l'état où je suis, qui me croirait la Reine!

Mon Dieu, ces vers ne sont pas moins classiques
que les vers de M. de Bornier, ni plus inutiles ou plus
indifférents (1).

(1) Le grand Balzac est un poète fort mince. Il versifie comme
Ingres jouait du violon. Mais on s'intéresse aux faiblesses des
grands hommes.

Voici un fragment inédit de l'ouvrage perdu, le *Traité de la volonté* :

Nous n'avons que deux états : l'activité ou la passibilité.

Toutes les fois que l'homme est passif, il est dominé, il est contraint, il est esclave, il tend à reprendre son activité.

Toutes les fois que l'homme n'est dominé par rien et que maître de lui-même il s'adonne à une chose *proprio motu*, il est libre. La volonté qui le fait s'adonner à telle chose est un sentiment, et dans cette vraie nomenclature de nos forces, il n'existe de sentiments véritables que l'amitié, la reconnaissance en général, et l'amour de la gloire. Dans tout le reste, l'homme est contraint par des choses extérieures ou intérieures.

Peut-être y avait-il encore dans les tas, que je n'ai pas eu le loisir d'étudier en détail, les *Scènes de la vie militaire* qui occupaient Balzac pendant les dernières années de sa vie — et l'*Ecce homo*, œuvre déjà commencée en 1836 et que l'*Événement* annonçait encore en 1848, et son *Autobiographie* interrompue et ses projets de théâtre, *La Conspiration*, *Prud'homme* (qu'on a vu sous les pieds d'un garçon de la Salle Drouot) — et *Richard Cœur d'Éponge*, pièce en cinq actes qui était commencée et dont le principal rôle était destiné à Frédérick Lemaître, et le *Roi des Mendiants* qu'il préparait pour les Variétés en 1849, et *Pierre et Catherine* dont il donna le plan à M. Hostein, et *Orgon*, qu'il entreprit avec Amédée Pommier, etc...? — Je n'en sais rien.

Mais ce que je regretterai davantage, ce sont toutes les lettres à madame Hanska — c'est la pièce importante, et la plus considérable. Le paquet m'est passé sous les yeux. Chaque lettre est écrite sur du papier

pelure d'oignon, soyeux, transparent, encore par-
fumé. C'est là où toute l'âme de Balzac est contenue,
là où l'on retrouvera toute l'activité de sa fidélité passionnée, toutes les nuances de sa sincérité respec-
tueuse, toute l'ardeur dont il fut capable, toutes les
confidences de ce cœur vrai qui ne tricha point et se
donna tout entier à un amour, lequel fut prodigieux,
comme tout ce qu'il a entrepris.

Balzac conte à madame Hanska toutes ses affaires.
Il la met au courant des menus détails de sa vie et de
ses travaux, si bien qu'on pourra suivre heure par
heure, pour ainsi dire, les mouvements des idées de
ce puissant cerveau mêlé au train-train de sa vie habituelle. — Là il se réjouit de tout le bien que le prince
Esterhazy a dit d'elle l'autre soir, pendant que les
femmes chuchotaient entre elles. Le prince a dit « qu'il
ne connaissait pas deux femmes qu'on pût opposer à
madame Hanska comme instruction sans pédanterie,
comme grâce de femme, comme fierté de sentiment ».
Balzac en est tout heureux et « il ne lui dira pas tout,
de peur de mériter un reproche ».

Là, il raconte les difficultés qu'il a eues « pour lui
faire goûter du Cotignac d'Orléans ». — Là, il lui dit
comment il a fait le *Père Goriot* en quarante jours et
qu'il n'a pas dormi quatre-vingts heures dans ces quarante jours » et il ajoute : « Il faut que je triomphe ! »

Il semble qu'il doit à celle qu'il aime un compte
exact de l'emploi de sa vie et de ses pensées.

Jusqu'ici la *Correspondance de Balzac* n'a pu rien
donner de semblable sur ce drame continuel auquel
je ne manquerai point de revenir un jour.

Je me borne aujourd'hui à l'indiquer rapidement (1).

Balzac gardait soigneusement les lettres des amis et des amies inconnus qui lui écrivaient. J'ai vu entre autres un gros paquet de lettres anonymes de femmes, triées entre toutes.

On en pourrait tirer la plus jolie comédie du manège féminin qui se fait autour d'un auteur en vogue et y étudier au juste les mœurs d'une époque et ses secrets psychologiques.

Que dites-vous de ce début de lettre :

« Je cache mes cheveux noirs sous une chevelure blonde, je troque un bibi de Simon pour un castor de Baudoin ; je dissimule ma taille dans une redingote de Staub, je délace la bottine de Gélot pour chausser la botte de Fitz-Patric, et substituant à mon nom de femme celui de Jules, je me hasarde à vous écrire... »

Cela sent-il assez son romantique ?

Et il y a cent sortes de femmes qui écrivent : les pédantes, les rêveuses, les passionnées, les jeunes, les vieilles, les dévotes, les mal mariées. — L'une se demande : « Est-il jeune, brun, blond, de belle taille, spirituel, etc... » — Cette autre « est timide et ne veut point se nommer parce qu'elle n'oserait plus lever les yeux devant lui ». — Une autre voudrait savoir si les belles choses qu'il dit viennent de la tête ou du cœur. « On vous accuse d'égoïsme et de fatuité », dit-elle, et elle lui donne rendez-vous pour le Mardi-Gras au

(1) Une importante partie de ces lettres, tout au moins, est sauvée. L'éditeur des *Œuvres* de Balzac, Calmann Lévy, en prépare en ce moment la publication.

foyer de l'Opéra. « Je serai noire de la tête aux pieds, ajoute-t-elle, et des nœuds roses au bas de mes manches. »

Une autre lui reproche « de juger les femmes comme des enfants »; celle-ci lui écrit « au nom de toutes les vieilles filles », celle-là se plaint « du rude rôle qu'il donne aux maris ».

Ce sont encore les confidences : L'une a besoin « d'un ami sincère, elle a jeté les yeux sur lui. Elle a un mari qu'elle n'aime point, mais la religion lui impose des devoirs et elle aime un poète qui a douze ans de moins qu'elle ». Cette excellente femme est impayable car elle ajoute : « J'ai une bonne mère à qui je dis tout ce que je pense, excepté cela. »

Il y aussi l'étrangère qui l'avertit de ne point s'étonner si elle se sert « d'expressions qui paraîtront peu françaises ».

Puis ce sont les blondes qui se fâchent; pour un mot qu'elle tire du *Père Goriot*, l'une d'elles cite des vers : sur les yeux bleus et les yeux noirs :

Les noirs prouvent un cœur plus vif mais plus léger.
Les bleus un cœur plus tendre et moins prompt à changer.

Une jeune fille se représente avec deux de ses amies « sur trois fauteuils mis en rond dans le salon de leur mère » et se demandant à demi-voix des explications sur la *physiologie du mariage* et n'en pouvant donner.

Puis, ce sont les lettres de madame Zulma Carraud, l'aimable auteur de la *Petite Jeanne*. Et toutes ces lettres sont bien écrites parce que toutes les femmes écrivent bien les lettres.

Enfin, au milieu de cette correspondance, une lettre égarée du père Buloz — une lettre aimable, — où il offre à Balzac de passer par toutes ses conditions.

Il y avait encore au milieu de tous ces papiers mille feuilles volantes plus faites pour occuper un biographe qu'un éditeur et qui révèlent Balzac et ses manières d'être de façons imprévues et différentes. Il y a des chemises entières sous cette rubrique : *Littérature à garder*, des notes et des mémoires envoyés par des correspondants de bonne volonté ; le certificat de libération de la classe 1819, où l'on voit que Balzac avait « 1 mètre 65 cent. de taille, exerçait la profession d'étudiant en droit et demeurait dans le septième arrondissement », — des billets à ordre payés, en liasses bien rangées, avec la signature effacée de sa main, et le relevé exact des billets acquittés, ce qui témoigne de beaucoup d'ordre dans son désordre ; aussi des enveloppes au nom de madame veuve Durand, rue des Batailles, 13, à Chaillot. C'était l'adresse où il se faisait écrire, à cause de ses créanciers... et tant d'autres pièces.

Le défaut des éditeurs aujourd'hui est de trop éditer de rognures. Si jamais ces papiers doivent être publiés un jour, je conseillerai un choix très sévère et très restreint. Il faut se défier de trop de conscience à faire valoir un auteur, qu'une exactitude minutieuse finirait par diminuer.

On s'est beaucoup étonné dans la presse que le gouvernement qui a dressé un monument à M. Ricard ne soit point intervenu argent en main au moment de la prise en possession des papiers de Balzac par des créanciers trop expéditifs. On s'en étonnerait moins si l'on connaissait mieux la haine naturelle que M. J. Ferry et les hommes politiques portent involontairement à tout ce qui touche à la littérature et aux littérateurs, et le peu de cas qu'ils font des lettres françaises. Un vote utile à leur intérêt, une manœuvre profitable les séduit bien davantage. Je ne puis vraiment les en blâmer. Ils n'ont pas de situation assez indépendante, ils ne sont pas assez libres et dégagés pour se plaire à loisir aux choses de l'esprit. Ils sont trop préoccupés à bâtir leur fortune et à s'élever socialement pour prendre souci des plaisirs inutiles de la pensée, du luxe littéraire et des imaginations des meilleurs d'entre nous. Cela d'ailleurs ne les regarde pas.

Personne n'a rien à reprocher au gouvernement; et puis il eût fait beau voir que la République s'intéressât aux papiers de ce rude réactionnaire. Nos hommes nouveaux en veulent personnellement à saint Louis et à Louis XIV de leur royalisme. Jugez de ce que ce doit être pour un homme mort seulement depuis trente ans.

Du reste, dans les questions d'art, je ne crois qu'à l'initiative personnelle (1).

(1) On dit que quelques-uns de ces papiers ont été trouvés, grâce au zèle infatigable, à l'intelligente activité et à la rare sagacité d'un Belge, M. le vicomte Charles de Shpoelberch de Lovenjoul, l'étonnant bibliographe des œuvres de Théophile Gautier et l'auteur de l'*Histoire des Œuvres de M. H. de Balzac*.

XI

SAINTE-BEUVE

Vendredi, 7 juillet 1882.

Sainte-Beuve grandit. Les études littéraires se suc-
cèdent sur celui qui a étudié tout le monde. Ç'a d'a-
bord été M. Morand, qui a considéré, avec la sympathie d'un compatriote et la gravité d'un magistrat, la
jeunesse de l'auteur de *Joseph Delorme*.

Puis les deux secrétaires. M. Levallois, honnête, sincère, mais un peu dogmatique, et M. Pons, plus
souple, plus facile, moins discret, et dont le livre a
fait scandale. Enfin nous avons eu le travail consciencieux de M. le vicomte d'Haussonville. M. d'Haussonville est fort bien informé des choses politiques ;
mais il ne semble pas avoir bien connu la personne
et la littérature de Sainte-Beuve. Il brouille la *Gabrielle* d'Augier et les *Consolations* et le prend d'un
peu trop haut avec le Sainte-Beuve du second em-

pire. En fait, de tous les biographes de Sainte-Beuve, celui qui l'aime le moins est précisément celui qui l'a pratiqué le moins.

Il est vrai que M. Nicolardot, qui fut, à l'en croire, un des hôtes les plus assidus de la petite maison de la rue du Montparnasse, vient précisément de publier un volume dans lequel Sainte-Beuve est étrangement traité, en compagnie de l'eunuque de la reine Candace, de Saint-Guhsciatazarde, gouverneur et chambellan du roi Sapor, de Saint-Calocer, d'Henri VIII, de Mérimée, d'Agésilas, des poules grasses et des lapins blancs. Mais il ne faut pas y prendre garde. L'innocence nauséabonde de M. Nicolardot est égale à celle des petits enfants, bien que moins aimable (1).

Sans s'arrêter à ce livre, il est à remarquer que Sainte-Beuve a été maltraité par ceux dont il a peu, point ou mal parlé dans ses causeries, et qu'il n'a guère été maltraité que par ceux-là.

Il s'est trouvé, par exemple, un M. Bonhomme

(1) *Confession de Sainte-Beuve*, par Louis Nicolardot, Rouveyre et Blond, éd. à Paris, 1882. — Dans *Gil Blas* (20 juin 1882), M. Jean Richepin donne ce portrait de M. Nicolardot : — « Toutefois, une chose inquiète quand on a fermé le livre. Poussant à bout les conclusions mêmes de M. Nicolardot, on se demande quel Apollon du Belvédère, quel conquérant à l'air impérial, quel coq invincible aux combats amoureux, quel héros de force et de beauté peut bien être cet impitoyable bafoueur de tant de grands hommes si laids, si salement vicieux, si lamentablement impuissants.

» Hélas! j'ai le regret d'être obligé à détruire de telles illusions et je ne le fais que par amour pour la vérité. M. Nicolardot est un petit homme fort mal en point, au poil grison, aux yeux vairons et clignotants, aux dents en chocolat avarié. Mais je dois lui rendre cette justice, qu'il est tout en nerfs et pas du tout en lymphe, et qu'il n'a pas plus de bedaine qu'un hareng saur. »

pour dire, dans la *Revue britannique*, que Sainte-Beuve
écrivait très mal. M. Bonhomme ne se laisse pas sé-
duire comme vous et moi : il voit les défauts de
Sainte-Beuve et il les montre, dans le seul zèle de la
langue française et par un pur amour de la syntaxe.

Les fautes que relève M. Bonhomme sont dans un
article sur Piron, où le même M. Bonhomme est traité
négligemment par le critique. Mais M. Bonhomme
nous avertit que ce qu'il en dit n'est pas par rancune,
comme on aurait pu le croire. M. Bonhomme est un
honnête homme. Il n'a pas ajouté que Sainte-Beuve
avait empoisonné sa mère. C'est à peine s'il a répété
ce qui se dit couramment, à savoir que Sainte-Beuve
avait l'âme vile.

Sainte-Beuve était timide. La timidité est l'agrément des gens qui ne sont rien. Elle leur sied, elle les
orne. Chez un homme supérieur, elle est absurde ;
elle est un contresens ; on n'y croit pas et on la
prend, selon les circonstances, pour de la morgue,
pour de l'hypocrisie, pour le trouble d'une âme mal à
l'aise. On a attribué à sa laideur la timidité de Sainte-
Beuve. Il est de fait qu'il n'était pas beau. Mais son
sourire avait toujours été charmant, et le visage avait
pris du caractère avec l'âge. Le front luisant et nu, ce
front à deux étages, avait l'ampleur tranquille d'un
dôme. Sous ce front, des sourcils en broussaille,
agiles, animés, sensibles ; des yeux fins d'amoureux
et de bibliophile, et une bouche sinueuse comme
celle de M. Leconte de Lisle. Le reste informe : un
petit bœuf sur des jambes d'éléphant. Les habits
achevaient le personnage.

Des paletots de la Belle Jardinière et, de peur du froid, des genouillères tricotées, par-dessus le pantalon. Sous le bras, par tous les temps, un riflard de campagne.

Un jour pourtant, le temps était si beau, le ciel si bleu, l'air si pur, que le critique laissa son parapluie à la maison. Il prit à la place un volume de l'Institut, un gros in-4°, dont il n'avait que faire.

— Cela donne une contenance, dit-il.

Il bredouillait d'ordinaire et ne pouvait achever ses phrases. Il fuyait toutes les occasions de paraître et se dérobait le plus possible au monde. Dans son salon, il posait sans l'enfoncer une calotte de velours noir sur sa tête ; de sorte, a-t-on dit, qu'il avait l'air, dans l'ombre, d'avoir un chat ou un corbeau sur le crâne. C'était enfin un timide achevé, avec des gestes de vieux lièvre obèse et l'amour de son trou.

Quand, de 1843 à 1845, il inséra des chroniques anonymes à la *Revue Suisse*, ses inquiétudes étaient incessantes.

Il écrivait à M. Olivier, en lui envoyant un article :

Donnez-le comme tiré de vous-même, tiré des journaux ; enfin qu'il y ait un double rideau de mon côté. Je vous dirai que je ne suis pas sans quelque souci pour cette chronique.

Ma position personnelle est très bonne, quand je ne vais pas dans le monde et que je boude. Alors j'ose. Quand j'y retourne, quand je suis repris, alors je deviens plus timide.

Il était timide, mais point poltron, notre ami. On a dit que la révolution de 48 lui avait fait peur. On a dit une sottise. Il avait l'humeur populaire et un goût

grondeur de vieux bourgois qui lui rendait les
émeutes dans la rue assez plaisantes.

Il avait ses peurs : il avait peur d'emprunter de
l'argent, peur de signer des billets, peur des déména-
gements ; il avait peur de ses bonnes, et pour cause.
Un jour le marchand de vin du coin lui apporta une
note qui commençait ainsi :

> Du 2, *Grenache pour Monsieur.*
> Du 4, 6 *bouteilles de Mâcon pour Monsieur.*
> Du 6, *Saint-Emilion pour Monsieur.*

. . . .

Quand il lut cette note, plus longue qu'un *lundi* du
Constitutionnel, et quand il comprit qu'Adèle régalait
à ses frais deux ou trois casernes, il frémit à la pensée de congédier cette fille.

Il lui offrit une forte somme et alla prévenir le
commissaire de police. Mais Adèle fut généreuse. Elle
prit l'argent et partit sans l'aide des agents. Sainte-
Beuve, attendri, pleura.

Il avait peur de la pluie, et il se battit au pistolet
avec son parapluie ouvert sur la tête, sans trouver
que ce fût comique, parce qu'il n'avait pas pensé
qu'un duel fût plus solennel qu'une promenade.

Mais il n'avait pas peur de la mort et il fut sublime
dans la souffrance.

Courbé en deux, brûlé, déchiré par les plus atroces
douleurs, il dictait de magnifiques articles, vérifiant
les dates et goûtant les nuances du bien-dire. La
veille de sa mort, entre deux hurlements de douleur,
il vantait Ovide en termes aussi frais et brillants que
les vers des *Métamorphoses*.

Avec un tel caractère, il n'eut point près des femmes les débuts de Chérubin. Il ne connut d'abord ni Suzanne ni la comtesse. Nous avons sa confession sur ce point. Se reportant à l'adolescence, avant toute « rencontre », il dit :

J'eusse été très sauvage à la rencontre, précisément à cause de mon naissant désir. La moindre allusion à ces sortes de matières dans les discours était pour moi un supplice et comme un trait personnel qui me déconcertait.

La timidité amoureuse éloigne du boudoir et conduit au bouge. C'est précisément la direction que prit le jeune Sainte-Beuve :

Je repassais plusieurs fois tout haletant aux mêmes angles... Je venais effleurer le péril, de l'air effaré dont on le fuit. Mille propos de miel ou de boue m'accueillaient au passage. Mille mortelles images m'atteignaient. Je les emportais dans ma chair palpitante, courant, rebroussant comme un cerf aux abois, le front en eau, les pieds brisés, les lèvres arides.

Timide et insatiable, il était toujours fourré dans les coins. Sa mère, qui veillait de loin, disait plaisamment : « — Pourvu qu'il me rapporte ses deux oreilles, je ne lui en demande pas davantage. »

Et cette course dans les petites rues, cette montée dans les escaliers noirs, dura cinquante ans.

Quand tout fut fini, une demoiselle Jenny Delval aborda au cimetière, devant le caveau de Sainte-Beuve, le docteur Veyne et lui dit :

— « Pourquoi ne m'a-t-il pas couchée sur son testament ? Je suis venue à son enterrement. »

— « Si toutes celles qu'il a connues, répondit le docteur, avaient fait comme vous, c'eût été un beau convoi. Quand vous auriez défilé dix de front, le chemin de la maison au cimetière n'eût pas suffi pour vous contenir. »

Une fois, une fois seulement, Sainte-Beuve fut enchaîné dans le jardin d'Armide ; Armide était madame Adèle... Il ne faut pas la nommer : d'ailleurs c'est bien inutile.

Ce bel amour, chanté par l'amant dans un petit livre secret, commença avec une grande douceur :

> En entrant, je la vis, ma future maîtresse,
> A côté du génie un peu reine et déesse,
> En sarrau du matin, éclatante sans art.

Il en savoura les chastes commencements :

> Apprenons à rester dans le bonheur permis.

Il disait à son Adèle, avec un goût d'innocence :

> Fais-moi souvent aller au tombeau de ta mère.

Mais le mari (et quel mari !) délaissait l'épouse, obsédée pendant ce temps par l'amant, qui plaignait d'un cœur touchant cette Adèle :

> Et ses pleurs d'Ariane et ses nuits solitaires.

Il triompha, comme on dit. Cela s'appelle triompher. Chateaubriand seul a pu dire en pareil cas : « Je succombai. »

Cet amour finit comme tous les amours ; c'est-à-dire mal.

Il en reste du moins un millier de vers délicieux. L'amant a parlé d'Adèle et il a tout dit : il était sincère. Il avouait ses faiblesses amoureuses, même ses bonheurs ; il avouait qu'il n'avait pas compris un mot à Hegel.

Le mot anglais *vérité* : TRUTH, était gravé en exergue sur son cachet ; c'était sa devise. Il y fut aussi fidèle qu'il est possible à un esprit très excitable, très impressionnable, susceptible de colère, de dépit, et enfin des innombrables faiblesses communes à tous les hommes.

Sainte-Beuve a dit la vérité, *sa* vérité du moins, autant qu'il lui a été possible. On l'a fort soupçonné de rancune ; mais il était bien occupé pour cela et n'a-t-il pas dit : « Les animosités demandent à être cultivées. »

Il était compatissant. Il s'est dépouillé toute sa vie pour les malheureux.

Après un travail de soixante ans, il n'avait accru son héritage maternel que de deux mille livres de rente. On sait l'épisode de ce vieux mendiant qui, le trouvant au lit, se mit à sangloter. Le malade lui demanda la cause de cette douleur.

— Hélas ! soupira le vieux, vous allez mourir, et que deviendrai-je ?

Madame Desbordes-Valmore, qui avait l'âme délicate, disait :

— Je ne crois pas qu'on oblige mieux que Sainte-Beuve.

Il avait un chien très laid, vieux et hargneux ; il le

garda et le soigna, ainsi que le lui reproche M. Nicolardot. L'histoire ne nous dit pas comment s'appelait
ce chien. Mais je ne suis pas embarrassé de lui trouver un nom.

Pourtant le vrai Sainte-Beuve n'est ni l'homme des
femmes ni l'homme des autres relations ; c'est
l'homme des livres ; c'est celui qui se tenait à sa table
tout le jour, en robe de chambre, une marmotte
blanche sur la tête et une chaufferette sous les pieds,
avec l'air d'une vieille femme et l'âme d'un grand
homme.

De lui aussi on peut dire :

L'art fut son seul amour et prit sa vie entière.

Le travail régulier, scrupuleux, obstiné, voilà sa
vie : elle est exemplaire sous cet aspect, le seul qui
importe.

Son œuvre, qui consuma ses forces énormes, est
celle du plus grand lettré du monde ; il a porté sur
toute la littérature sa curiosité féconde : il a fait la
lumière sur tous les points qu'il a remués : il a créé
la critique moderne, et il en a donné en même temps
le chef-d'œuvre.

Frappé, en 1868, d'une ophthalmie pour avoir trop
lu ; atteint ensuite d'un mal profond qui choisit d'ordinaire les hommes sédentaires, Sainte-Beuve mourut de cet amour dont il avait vécu, de l'amour des
lettres. Et cette vie, dans laquelle on découvre des
sottises comme dans toutes les autres, est originale
et magnifique par l'œuvre qui en est sortie jour par
jour, pendant plus d'un demi-siècle.

XII

J MICHELET

Jeudi, 22 juillet 1882.

C'est le 13 juillet que la tombe de Michelet fut inaugurée par des conseillers municipaux et des ministres qui pensaient à tout autre chose. Et la fête funèbre de l'historien se perdit dans le rayonnement un peu brutal de la fête de la République.

Cette tombe a été ornée par M. Mercier d'une de ces compositions nobles et agitées qui sont dans la nature de son talent et semblent se dérouler dans une tempête en plein ciel. La figure qui symbolise le génie de l'historien s'élève, dans une attitude sibylline; elle est voilée et ses longues draperies s'arrondissent autour d'elle comme des voiles de navire.

A ses pieds, le grand historien, couché dans son suaire, tient encore la plume qu'il a tant fait courir pendant toute sa vie. Sa figure inanimée, mais point calme, ne plaît guère. Michelet, trop vivant, ne pouvait faire une belle tête de mort.

Michelet était, vers 1868, un étrange petit vieillard. Rose, avec de beaux cheveux blancs en coup de vent, l'air coquet, une mise jeune, des escarpins vernis, il avait l'air d'un ancien maître à danser.

Rien n'était curieux comme de voir, sur son visage de vieil amour rose et qui avait l'air fardé, bien qu'il ne le fût assurément pas, une bouche éloquente et des yeux pleins d'un feu magnifique.

Avec cela, il avait l'allure sautillante; il faisait des pirouettes sur ses jolis petits talons et parlait d'une voix grasse, avec une espèce de mélopée, comme tous les hommes illustres de sa génération. Il s'écoutait parler et il regardait la pointe de ses bottines vernies, miniatures de bottines.

En vous abordant, d'ordinaire, il lançait tout d'abord contre l'Empire une belle phrase indignée et surtout imagée. On m'en a rapporté plusieurs. Ce sont de belles phrases à chanter et à danser.

M. Michelet les chantait et les dansait; il ne lui manquait qu'une pochette pour s'accompagner.

Apparition singulière, curieuse, plaisante, merveilleuse, inquiétante, que celle de M. Michelet! Les bonnes grosses superstitions des campagnes vous traversaient la tête en le voyant : on ne pouvait s'empêcher de voir, dans ce petit vieillard terriblement jeune, joli, gentil, affreux, — le possédé!

Je ne suis pas exorciste de profession, mais je sais bien le démon qui possédait le vieux M. Michelet. C'est celui qu'il nommait lui-même : « la touchante blessée ».

> La femme, enfant malade et douze fois impure,

comme dit Vigny, occupait le cerveau de M. Michelet.

Je dis bien : son cerveau. Elle n'en descendait jamais. Elle y demeurait ; elle y était fixée, la femme ! Elle se tenait là, non point admirablement parée, non point nue ; mais en peignoir du matin, et vaquant sans cesse à des soins de santé.

Sans coliques, la femme eût été un monstre pour M. Michelet. A celle « à qui vient l'amour et de qui vient la vie », il ne demandait compte que de ses « bobos ». Mais aussi, comme il s'attendrissait, comme il était câlin. En parlant des jeunes mères, il eût dit : « Nous autres. » Il était confidentiel comme une sagefemme de première classe.

Et des questions à n'en plus finir ; un besoin de regarder partout, une envie de tout savoir.

Enfin, de quoi se faire appeler « petit coquin » par certaines femmes.

Il est médecin, disait-on. Apothicaire, plutôt. L'Amour apothicaire, en robe, en perruque ; des besicles rondes sur son joli nez, comme on voit sur les vignettes des petits-maîtres du dix-huitième siècle. Et tout armé pour faire son office auprès des « dames agitées, possédées, malades de leur vie impure. » Mais savez-vous quelles sont ces dames ? Ce sont les femmes de l'Évangile. Il n'y a guère que M. Soury qui, depuis, ait soutenu ce ton.

M. Michelet avait l'impiété disgracieuse d'un moine échappé, d'un moine qui s'émancipe, se met à danser, et que voilà, sur le tard, sautillant, trottinant, pirouettant, faisant de petits pas et jetant de petits cris.

Il est à soixante ans comme ce jeune enfant du poète Albert Glatigny, qui, ayant vu une femme en-

dormie, nue, dans un bois, va conter à tout.le monde
ce qu'il a vu, et que c'est incroyable, et qu'il n'y comprend rien.

C'est une obsession. M. Michelet vous parle d'Isis;
vous le croyez occupé de symbolisme égyptien. Oh!
que nenni! Isis, ce n'est pas un mythe pour lui, ce
n'est point une déesse : Isis, c'est aussi, c'est encore
sa « touchante malade »; c'est cette pauvre madame
Isis. Elle cherche les membres dispersés de son époux
et finit par les trouver tous, — hors un seul.

— Profond désespoir! s'écrie M. Michelet; hélas!
celui-ci, c'est la vie! Puissance sacrée d'amour, si vous
manquez, qu'est-ce du monde?

Qu'est-ce du monde, en effet? Mais soyez en paix,
tandis que cette puissance dont vous parlez quitte les
vieux, elle vient aux jeunes. Ne vous mettez point en
peine. Il est aussi insensé de poursuivre le dieu qui
vous fuit que de vouloir, comme la sibylle de Virgile,
arracher la divinité du sein qu'elle est venue enflammer.

Est-il rien de plus curieux que ce petit vieillard, qui
passe tout son temps à préparer des cataplasmes de
graine de lin aux jeunes femmes?

— Prenez, je vous prie; cela vous fera du bien.
— Mais, monsieur, je n'en ai nul besoin.
— Prenez, vous dis-je, vous êtes souffrante.
— Mais, monsieur...
— Toutes les femmes sont toujours souffrantes.
Le bobo sentimental est son dada; écoutez-le :

Bien souvent assis, et pensif, devant la profonde mer,
'épiais la première agitation, d'abord sourde, puis sensible,

puis croissante, redoutable, qui rappelait le flot au rivage. J'étais dominé, absorbé de l'électricité immense qui flottait sur l'armée des vagues dont la crête étincelait.

Mais avec combien plus d'émotion encore, avec quelle religion, quel tendre respect, je notais les premiers signes, doux, délicats, contenus, puis douloureux, violents, des impressions nerveuses qui périodiquement annoncent le flux, le reflux de cet autre océan, la femme !

Du reste, ces signes sont si clairs, que, même hors de l'intimité, ils se manifestent au premier coup d'œil. Chez les unes, qui semblent fortes (mais qui alors sont d'autant plus faibles), un bouillonnement visible commence, comme une tempête, ou l'invasion d'une grande maladie. Chez d'autres, pâles, bien atteintes, mortifiées, on devine quelque chose comme l'action destructive d'un torrent qui mine en dessous. Chez la plupart, l'influence moins énergique semble plutôt salutaire ; elle rajeunit et renouvelle, mais toujours au prix du malaise moral qui trouble bizarrement l'humeur, affaiblit la volonté et fait une personne tout autre, toute nouvelle, pour celui même qui dès longtemps la connaît le mieux.

La femme la plus vulgaire, alors, n'est pas sans poésie. Longtemps d'avance, et souvent dès le milieu du mois lunaire, elle donne les touchants indices de sa transformation prochaine. Le flot vient déjà et la marée monte.

Elle est agitée ou rêveuse. Elle n'est pas bien sûre d'elle-même. Parfois des larmes lui viennent, souvent des soupirs. Ménagez-la, parlez-lui avec une extrême douceur. Soignez-la, entourez-la, sans importunité pourtant, s'il se peut, sans qu'elle le sente. C'est un état très vulnérable. Elle porte en elle une puissance plus forte qu'elle, et comme un Dieu redoutable. Des mots singuliers, éloquents parfois, qu'on n'eût point du tout attendus, lui viennent et vous étonnent. Mais ce qui domine tout (sauf le cas où l'on aurait la barbarie de l'irriter), c'est un surcroît de tendresse, d'amour même. La chaleur du sang avive le mouvement du cœur.

« Amour physique et fatal ! » Oui et non. Les choses se passent dans un mélange indistinct, et le tout reste une énigme (1).

Ou bien encore ce passage pris au chapitre intitulé : *La médication du corps.*

L'amour que rêvent les enfants pour une Iris, blanche et rose, à quinze ans, est à peine l'amour ; c'est le désir à la surface, léger frémissement des sens. Mais celui dont on a dit : « L'amour est fort comme la mort, » est autrement robuste. Mettons-le hardiment, non pas devant la mort, mais, ce qui peut-être est plus dur, en présence de la maladie.

Laquelle? La maladie souvent héréditaire, fatale, dont elle est innocente, cette pauvre femme humiliée. La plus pure, la plus vertueuse, n'en a pas moins un germe dans le sang qui tôt ou tard se trahira. Cette douce fleur, la blonde éblouissante (la *Néréide* de Rubens, si vous voulez, au Louvre), peut voir bientôt se rouvrir les scrofules qu'elle eut enfant. Cette autre, aux yeux profonds, au teint sombre, qui brûle le cœur, hélas ! le dard d'amour qu'elle vous lance dans son navrant sourire, c'est l'élancement du cancer féroce qui lui mange le sein.

On conte que le brillant Espagnol Raymond Lulle poursuivait d'amour une dame qui l'aimait, mais n'accordait rien. Dans son impétueux désir, il la suit jusque dans une église. Là, indignée, hardie par les ténèbres (leurs églises sont fort obscures), elle se retourne, lui découvre son sein rongé. Que croyez-vous qu'il fit? Il s'enfuit, et, de chevalier, devint docteur, prêcheur et mauvais scolastique.

Il n'aimait pas. Combien, s'il eût aimé vraiment, une telle révélation l'aurait attaché au contraire ! Quel lien fort, quelle occasion de dévouement, et j'allais dire quel attrait de tendresse !... Pour l'honneur de notre âge, un penseur éminent,

(1) *L'Amour*, 1882, p. 52.

dans une semblable circonstance, s'est donné d'autant plus. Il a enveloppé l'innocente victime en proportion de son malheur. Des précautions délicates ont été prises pour le voiler à tous et presque à elle-même. Oh ! qu'il doit être aimé !... Ce désert, au milieu des foules, où ils se sont serrés contre le sort et la nature, leur sera envié par tous les cœurs dignes de sentir une telle chose. Et ne serait-ce pas le vrai temple que l'Amour, vainqueur de la mort, a voulu se faire ici-bas ?

La souffrance est la vie même de la femme. Elle sait souffrir mieux que nous, est bien plus résignée. Mais ce qui lui est intolérable, c'est que la maladie, cette cruelle révélation de notre humanité, en découvre mille côtés bas, tristes, point du tout gracieux. Toute femme a eu un âge, un moment de divinité, où on l'a crue, où elle se crut presque elle-même, affranchie de la terre. Le souvenir de ce temps-là la suit, l'ennoblit à ses propres yeux. Le drame même de l'accouchement, qui l'alite passagèrement, la laisse fort poétique. La maladie, hélas ! n'a rien de ces effets. Elle traîne, lourde et plate, étalant à plaisir ce que cache le plus la nature. Triple dégoût, celui des fonctions, celui des maux et celui des remèdes.

Quand la chose peut se cacher, la malade souffre en silence. Mais il semble que la maladie ait pris la malice de se produire volontiers au dehors par des apparitions déplaisantes, des efflorescences perfides qui la mettent en relief. Tels malheureux boutons qui viennent et qui reviennent, une dartre vive qui naît sous les cheveux, c'est assez pour les jeter dans le désespoir. J'ai vu ce dernier mal frapper une jeune dame, éblouissante de beauté, de fraîcheur : elle aurait voulu en mourir.

Tout témoin dès lors est de trop. La femme de chambre est éloignée, renvoyée. Pressée par le mari, la malade pleure : « J'ai honte, mon ami... Cette fille irait le dire partout... — Ne pleure pas, je te soignerai moi seul, et nul ne

le saura... — Mais si je vais te déplaire à toi-même !... car
c'est pour toi que je souffre le plus. »

Une cause profonde et terrible des maladies de la femme
qui n'a plus la première jeunesse, c'est de douter de sa puissance. Ce doute va cesser du jour où, contre son attente,
son mari, dans l'âge de l'ambition et des succès, homme
important peut-être, oublie tout et sacrifie tout, la sert, la
soigne avec bonheur, lui prouve qu'elle est toujours sa chère
et unique pensée.

« Mon ami, véritablement, c'est pitié de te voir à ce point
te détourner de ta carrière, laisser les grandes choses pour
t'occuper de mes misères. J'en ai remords. Je t'en prie,
laisse-moi. » Elle le dit, mais sourit, est heureuse. Son état
moral est très doux (1).

Et enfin cet autre :

. . . .

Une sévérité cruelle qu'on a pour les femmes, c'est de les
juger précisément sur ce qui se fane le plus, le visage. Mais
chez nous surtout, en France, où la physionomie est si mobile, où l'œil rapide, où la bouche gracieuse, souriante,
éloquente, sont en constante agitation, les muscles, de très
bonne heure rompus à tout mouvement, ont une souplesse,
un fuyant qui exclut la fermeté fixe, tendue, de la beauté du
Nord. Une Française a mille jeux, mille variations de physionomie, pour dix qu'une Allemande aurait eues. Donc, ce
visage se fane. Est-ce à dire que dans notre race la chair
soit moins ferme ? Au contraire. Dans telle blessure où l'Allemande a besoin du secours de l'art, la Française guérit
d'elle-même.

Il n'est pas rare pour celle-ci que le corps ait vingt-cinq
ans et le visage quarante. Des plis se creusent autour de
l'œil, à la joue, lorsque au contraire, le genou, le coude,

(1) L'*Amour*, p. 334 et suiv.

naguère saillants, ont pris de jolies fossettes. Même contraste pour la peau : à la face détendue par le jeu constant des muscles, elle est déjà moins unie, quand partout ailleurs, parée d'un délicat embonpoint, elle est jeune et gagne l'éclat du lis ou de la rose thé (1).

Le secret de cette seconde vie est dans la première. Faut-il que les meilleures choses aient leurs dangers et qu'un vice d'esprit corrompe ce qu'il y a de plus pur au monde?

Qu'elle fut belle, la première vie de Michelet! Sa jeunesse austère, pure, ardente.

Oh! ces heures claustrales, écoulées dans l'allégresse du renoncement volontaire et du travail accepté avec amour.

Le jeune Michelet vivait clos dans sa cellule, qui était une bibliothèque, au milieu de ces chartes qu'il vivifiait de son souffle puissant et parmi ces vieux textes dont sortaient, à la volonté de l'écrivain, du poète, mille figures animées.

Imaginez un de ces grands moines studieux du quatorzième siècle, un abbé du mont Saint-Michel, donnez-lui vingt-cinq ans et le génie de Shakespeare, et ce sera Michelet.

L'histoire est l'œuvre des solitaires. Les mondains et les politiques écrivent des mémoires.

Et quelle humilité dans ces années cachées, fortes, fécondes! Michelet, alors, qui n'avait pas d'égal, ne se reconnaissait que des maîtres. C'est de cette belle vie que sortit la belle œuvre : l'*Histoire de France*, jus-

(1) L'*Amour*, p. 332.

qu'au seizième siècle, ces grandes pages où tout vit, ce tableau du sol et des hommes qui fait dire au lecteur : « Je vois, je sens, je touche ; voilà mon pays et mes pères. Voilà saint Louis, et voilà Jeanne d'Arc !

Écoutez-le :

. . . .
. . . .

Cependant la flamme montait... Au moment où Jeanne la toucha, la malheureuse frémit et demanda *de l'eau* bénite ; *de l'eau*, c'était apparemment le cri de la frayeur... Mais se relevant aussitôt, elle ne nomma plus que Dieu, que ses anges et ses saintes. Elle leur rendit témoignage : « Oui, mes voix étaient de Dieu, mes voix ne m'ont pas trompée !... » Que toute incertitude ait cessé dans les flammes, cela nous doit faire croire qu'elle accepta la mort pour la *délivrance* promise, qu'elle n'entendit plus le *salut* au sens judaïque et matériel, comme elle avait fait jusque-là, qu'elle vit clair enfin, et que, sortant des ombres, elle obtint ce qui lui manquait encore de lumière et de sainteté.

Cette grande parole est attestée par le témoin obligé et juré de la mort, par le dominicain qui monta avec elle sur le bûcher, qu'elle en fit descendre, mais qui d'en bas lui parlait, l'écoutait et lui tenait la croix.

Nous avons encore un autre témoin de cette mort sainte, un témoin bien grave, qui lui-même fut sans doute un saint. Cet homme, dont l'histoire doit conserver le nom, était le moine augustin déjà mentionné, frère Isambart de la Pierre ; dans le procès, il avait failli périr pour avoir conseillé la Pucelle, et néanmoins, quoique si bien désigné à la haine des Anglais, il voulut monter avec elle dans la charrette, lui fit venir la croix de la paroisse, l'assista parmi cette foule furieuse, et sur l'échafaud et au bûcher.

Vingt après, les deux vénérés religieux, simples moines, voués à la pauvreté et n'ayant rien à gagner ni à craindre en

ce monde, déposent ce qu'on vient de lire : « Nous l'en-
endions, disent-ils, dans le feu, invoquer ses saintes, son
archange ; elle répétait le nom du Sauveur... Enfin, laissant
tomber sa tête, elle poussa un grand cri : « Jésus. »

« Dix mille hommes pleuraient... » Quelques Anglais seuls
riaient ou tâchaient de rire. Un d'eux, des plus furieux,
avait juré de mettre un fagot au bûcher ; elle expirait au
moment où il le mit, il se trouva mal ; ses camarades le
menèrent à une taverne pour le faire boire et reprendre ses
esprits ; mais il ne pouvait se remettre : « J'ai vu, disait-il
hors de lui-même, j'ai vu de sa bouche, avec le dernier
soupir, s'envoler une colombe. » D'autres avaient lu dans
les flammes le mot qu'elle répétait : « Jésus ! » Le bourreau
alla le soir trouver le frère Isambart ; il était tout épouvanté ; il se confessa, mais il ne pouvait croire que Dieu lui
pardonnât jamais... Un secrétaire du roi d'Angleterre disait
tout haut en revenant : « Nous sommes perdus ; nous avons
brûlé une sainte ! »

Cette parole échappée à un ennemi n'en est pas moins
grave. Elle restera. L'avenir n'y contredira pas. Oui, selon
la Religion, selon la Patrie, Jeanne Darc fut une sainte.

Quelle légende plus belle que cette incontestable histoire ?
Mais il faut se garder bien d'en faire une légende ; on doit
en conserver pieusement tous les traits, même les plus humains, en respecter la réalité touchante et terrible...

Que l'esprit romanesque y touche, s'il ose ; la poésie ne
le fera jamais. Eh ! que saurait-elle ajouter ?... L'idée qu'elle
avait, pendant tout le moyen âge, poursuivie de légende en
légende, cette idée se trouva à la fin être une personne ; ce
rêve, on le toucha. La Vierge secourable des batailles que
les chevaliers appelaient, attendaient d'en haut, elle fut ici-
bas... Et qui ? c'est la merveille. Dans ce qu'on méprisait,
dans ce qui semblait le plus humble, dans une enfant, dans
la simple fille des campagnes, du pauvre peuple de France...
car il y eut un peuple, il y eut une France. Cette dernière

figure du passé fut aussi la première du temps qui commençait. En elle apparurent à la fois la Vierge... et déjà la Patrie (1).

Comme la comtesse de Roussillon, dans la chanson de geste, voyant dans la nuit sur le champ de bataille, tous les braves morts pour elle, voulut les baiser tous, nous avons envie d'embrasser les genoux de tous ceux, rois, seigneurs, paysans, que Michelet, le grand Michelet nous montre ayant fait la France !

Pourquoi n'ai-je pas dit tout d'abord combien l'*Histoire de France* depuis le seizième siècle, combien l'*Histoire de la Révolution* et toutes les œuvres de la vieillesse de Michelet sont livres décevants.

Pourquoi n'ai-je pas dit non plus les erreurs et comment il faut tout à fait se défier de l'exactitude de l'historien. Mon Dieu! oui, Michelet est terrible. Sa méthode est simple et ne varie pas. Ayant à choisir entre deux versions historiques, il prend la plus émouvante, sans s'inquiéter de savoir si elle est la plus véridique. Puis, afin de donner plus de relief aux événements, il les arrange et y ajoute. C'est le système d'Alexandre Dumas qui du moins y met plus de bonhomie. Pourtant il y a une différence. Michelet croit positivement ce qu'il dit. Il est tout le contraire d'un faiseur de contes. C'est un visionnaire incapable le plus souvent de trouver aux choses des explications naturelles et vulgaires. Avec lui, l'histoire devient un mélodrame.

(1) *Histoire de France*, édition Marpon et Flammarion, 1884, tome II, page 285 et suiv.

Gabrielle d'Estrées, par exemple, est morte d'une fausse couche et des mauvais soins qu'on lui donna. Le bruit courut qu'elle avait été empoisonnée, par ordre d'Henri IV, probablement. Mais c'est une fable que démentent les témoins les plus autorisés. Michelet, naturellement, tient pour l'empoisonnement.

De même pour Agnès Sorel. Michelet inventa toute une histoire. Yolande d'Aragon aurait, d'après lui, donné Agnès à Charles VII, afin de placer auprès de lui une femme dont l'ascendant aimable pût le tirer de son indolence. Michelet prétend qu'elle y a réussi, qu'Agnès a fait pour la France autant et plus que n'avait fait Jeanne d'Arc. C'est pure invention. M. de Beaucourt a démontré, par une simple discussion sur la date de la naissance d'Agnès, qu'elle n'avait paru à la cour qu'après le traité d'Arras, bien après, quand les affaires du royaume étaient presque entièrement rétablies.

On pourrait multiplier ces exemples à l'infini.

Mais je n'ai plus le courage maintenant, après avoir rappelé les pages grandes et augustes des cathédrales et de Jeanne d'Arc, je n'ai plus le courage de remuer les misères du génie.

Le François Ier avant et après l'abcès, le Louis XIV avant et après la fistule (1), quelles misérables visions

(1) Voici le passage qui a trait à Louis XIV :

« Dans ce silence inouï de la terre, il montait dans l'apo-théose, ne voyant plus ce monde, entendant tout au plus quelques plaintes soumises et de faibles gémissements, mélodie du triomphe, douce au triomphateur, quand il entend derrière l'esclave soupirer et prier. C'était le moment où Lebrun, faisant tomber les toiles du plafond de sa Galerie, dévoila tout à coup cet Empyrée, tout d'or et de peintures étincelantes. La mons-

de ce voyant qui nous avait montré tant de magnifi-
cences vraies ! Comme l'homme s'est gâté ! Il n'a plus
de pitié que pour les bourreaux et d'indignation que
pour les victimes.

La passion que Marie-Antoinette souffrit avec tant
de grandeur et de sainteté n'a pas ému un moment
l'historien, qui pleure d'attendrissement à la seule
pensée que ce bon Maillart se fit le greffier des mas-
sacres de septembre. Maillart écrivait pendant qu'on
égorgeait. Le pauvre homme ! Et M. Michelet s'essuie
les yeux. Et il n'a pas de pitié de reste pour madame
Élisabeth, la vierge-martyre. Mais là encore, dans

trueuse enflure des Borées qui souffle la gloire n'est rien en comparaison de l'enflure délirante des inscriptions, outrage aux nations qu'on voit renversées de la foudre, terrassées, garrottées,
Le roi regarda froidement, trouva cela naturel, ne fit aucune
objection.

Ce défi à l'Europe, ce ne fut pas assez de le mettre à Versailles, chez le roi, on le mit à Paris, sur la place publique. Les
nations vaincues, les mains liées derrière le dos, furent exposées,
en bronze, comme au pilori de l'histoire. Un Cerbère sous le
pied du roi figurait l'hérésie, la France protestante, moins liée
qu'écrasée. A ce roi pape, à ce roi Dieu, qui, par delà la victoire extérieure, avait eu la victoire sur l'âme, ce n'était plus des
sujets qu'il fallait, mais des adorateurs. Le dévot courageux qui,
sans ménagement pour le roi, au risque de déplaire, dressa l'i-
dole et l'adora, fut le duc de la Feuillade. Le 24 mars 1688, il
donna ce spectacle à la place des Victoires. A la façon des ma-
dones italiennes, le dieu devait avoir sous lui une lampe toujours allumée, en faveur des fidèles qui viendraient y faire des
prières ou suspendre des *ex-voto*. Ce luminaire fut ajourné, pour
ne pas déplaire à l'Église. La Feuillade attendit. A sa mort, la
chapelle devait être son propre tombeau. Un souterrain, partant
de son hôtel et passant sous la place, permettait de placer sous
le maître le fidèle esclave.

Le roi envoya le Dauphin pour l'érection de la statue. Il quittait peu Versailles. Son sang s'était aigri. La violente politique
de ces dernières années, la violente alimentation qui le surex-

cette *Histoire de la Révolution*, l'écrivain est prodigieux : c'est un évocateur.

Il fut admirable d'éclat et de force, jusqu'au bout, et même dans ses injustices, ses légèretés, ses colères de femme et ses envies malsaines. C'est peu que la rhétorique de M. Louis Blanc, c'est peu que la rédaction limpide de M. Thiers, à côté des pages lumineuses de cette *Histoire de la Révolution* détestable et adorable de l'écrivain qui a dit :

— L'histoire est une résurrection.

L'histoire est, sous sa plume, une résurrection dans laquelle les morts apparaissent, les uns transfigurés, les autres défigurés, mais tous vivants.

Michelet est, malgré tout, avec ses grandeurs et ses faiblesses, le vrai historien de la France.

citait, les furieux conseils de Louvois, bombardements, proscriptions, tout faisait fermenter en lui une humeur âcre. Les plus légères contradictions, dans cet état de colérique orgueil, deviennent horriblement sensibles. Le roi avait chez lui un audacieux contradicteur, — un homme? non, nul n'aurait osé, — mais la nature osait. Pendant qu'il se voyait aux plafonds de Versailles, plus qu'homme, un soleil de beauté, de jeunesse et de vie, cette effrontée nature lui disait : « Tu es homme. » Elle se permettait de le prendre à l'endroit par où tous sont humiliés. Il avait eu des tumeurs au genou et avait patienté. Elle lui en mit une à l'anus. Nul remède, que chirurgical, une opération très nouvelle, partant fort solennelle, qui ne manquerait pas de retentir en Europe, dont la chirurgie ferait un triomphe, une éternelle fanfare, pour glorifier l'opérateur hardi. Il allait devenir, comme cet homme de Molière, *un illustre malade*, une victime renommée, un fameux patient. On gardait ce secret encore, mais il ne pouvait tarder d'éclater. Quoi de plus irritant que cette attente? Neuf mois entiers, il résista, recula, craignant l'éclat de cette affaire, pensant, non sans raison, que l'Europe en rirait, et s'enhardirait par le rire. » *Histoire de France*, 1879. Tome XV, pages 318 et 319.

XIII

UN ÉPISODE DE LA VIE DE M. JULES SIMON

RACONTÉ PAR LUI-MÊME

Samedi, 16 septembre 1882.

M. Jules Simon s'est montré toujours discret sur lui-même dans ses paroles et dans ses écrits. Il n'aime point trop à entrer directement en confidences avec le public... et pourtant il l'a fait une fois, sans le vouloir pour ainsi dire, avec un naturel plein d'honnêteté, une franchise délicate et un talent admirable, dans un petit livre où il raconte comment trois de ses camarades de collège, les trois frères Nayl, chouans enragés et réfractaires, furent condamnés à mort et sur le point d'être exécutés à Vannes, vers 1832.

C'est tout de même un livre utilitaire. Il parut d'abord sous le titre *La Peine de mort*. On a eu l'heu-

reuse idée de le réimprimer avec ce nouveau titre :
Trois Condamnés à mort, titre mieux approprié à
l'air de roman que prend ce procès-verbal pittoresque
qui conclut naturellement à l'abolition de la peine
capitale.

Ces hommes politiques sont tout de même de
drôles de gens. L'autre jour, dans une lecture à l'A-
cadémie, M. Jules Simon nous disait que M. de Ré-
musat n'avait point laissé publier son drame d'*Héloïse
et Abélard*, parce qu'il craignait « de compromettre sa
carrière d'homme d'État par une publication qui avait
l'attrait et la liberté d'allures d'un roman ».

Je crois de même que M. Jules Simon n'aurait jamais pensé à écrire ce récit dramatique et vrai, s'il
n'avait pas cru qu'il pût servir à réformer le Code. Il
nous eût privés d'une des peintures les plus émou-
vantes et les plus humaines que je connaisse, s'il
avait pu penser qu'elle était en elle-même une belle
œuvre d'art, et non pas encore un instrument législatif.

Tout d'abord, je me représente très bien M. Jules
Simon au collège de Vannes, vers 1831, « au milieu
de grands garçons enlevés à la charrue par la vanité
de leurs parents ou la générosité de leurs curés, pour
se préparer à l'état ecclésiastique ». Je vois d'ici un
petit homme de seize ans, avisé et sensible, au milieu
de ces gars en veste remontée dans le dos et en sabots. Avec leurs longs cheveux et leurs vingt-cinq ans,
ils étaient plus enfants et naïfs, sans doute, que le petit Suisse, ainsi qu'on disait alors. Ce fut, comme on
sait, M. Cousin qui le débaptisa dans la suite :

— Laissez donc, lui dit-il un jour, cet affreux *Suisse* de côté. Est-ce qu'on s'appelle Suisse quand on veut arriver à quelque chose?

Bien que son père fût républicain et qu'il le fût aussi, comme il dit, « par obéissance, en attendant de le devenir par l'étude et la réflexion », il ne s'accommodait point trop mal de vivre au milieu des chouans les plus déterminés. On lui permettait d'ailleurs d'être républicain, comme on permet à un poète de rêver.

Il n'y avait pas un de ses camarades qui ne fût chouan jusqu'au bout des ongles. Le collège avait déserté en masse, sous la première révolution, pour aller faire la guerre dans les landes avec Cadoudal. Les régents s'en montraient fiers. Ils avaient soin, de temps à autre, de rappeler, avec un orgueil tout à fait communicatif, ce grand fait d'armes du dévouement. De sorte qu'il n'y eut rien d'étonnant à ce que plusieurs des compagnons du jeune Simon se joignissent, pendant les vacances, aux bandes réfractaires qui coururent la campagne après la révolution de 1830.

Ils étaient traqués de village en village par la gendarmerie mobile. Tous les paysans étaient pour eux. Vers le soir, les réfractaires frappaient trois coups à la fenêtre. « Le fermier s'empressait d'ouvrir la porte, qu'on barricadait à l'intérieur; la fermière mettait sur la table les crêpes, le pain, le lard, un pichet de cidre, les gars de la ferme leur bourraient des pipes, décrassaient leurs fusils, renouvelaient leurs munitions et cherchaient dans le coffre commun leurs meilleures chaussures, des guêtres, des habits, tout ce qui pouvait leur rendre la vie moins dure. »

Et, mon Dieu! le jeune Simon fit pour ses amis

chouans plus que les chouans ne firent eux-mêmes.
La délicatesse de son dévouement fut grande pour ses
trois amis, les trois frères condamnés, et pour la
bonne Marion, la femme de l'aîné.

La famille Simon demeurait alors à Belle-Ile-en-
Mer.

On était au mois d'octobre. Le chasse-marée qui
ramenait l'écolier pour la rentrée des classes fut obligé
de courir des bordées dans le Morbihan, et ne put entrer dans le chenal que vers neuf heures du matin.

Jules Simon était en retard pour la messe du Saint-
Esprit.

Il entra dans la chapelle et chercha ses amis du coin
de l'œil. Il ne vit que des figures graves et soucieuses.

Après la messe, ses camarades lui dirent aussitôt :

— Vous ne savez donc rien à Belle-Ile de ce qui se
passe?

— Mais non.

— On a assassiné Brossard, le maire de Bignan, et
ce sont les frères Nayl qui ont fait le coup.

Les frères Nayl étaient les meilleurs élèves du collège, timides, rangés comme des filles, exacts, se
promenant à part les jours de congé, car il s'adoraient,
et d'une dévotion que l'aumônier proposait toujours
comme modèle. L'un devait prendre la soutane dans
quelques mois. L'aîné était laboureur, et l'autre, qui
entrait en troisième, venait de tirer à la conscription.

Brossard, ancien receveur de l'enregistrement, des-
titué sous Charles X, avait été nommé maire et s'était
signalé, dès la première année de son administration,
en refusant de marcher derrière le dais, avec son

écharpe, à la procession de la Fête-Dieu. C'était un homme énergique, inaccessible à la peur. Il avait affiché lui-même, après l'angelus de la grand'messe, l'avertissement de la préfecture relatif aux réfractaires, et, quoiqu'il fût du pays, il n'hésita pas à les dénoncer.

On le trouva, le surlendemain, assassiné dans son lit. Une proclamation menaçante des chouans était plantée avec un couteau sur sa poitrine.

Tout était en ordre dans la chambre du crime, et l'on n'avait rien volé. Aux traces laissées par les souliers ferrés et les sabots, il était évident que plus de quinze personnes étaient entrées dans la chambre.

Depuis huit jours, les frères Nayl étaient avec les réfractaires du canton ; ils avaient accompagné la bande, soupé avec elle et étaient entrés avec les autres dans la maison de Brossard, le maire assassiné.

En faisant les constatations légales, on trouva, derrière une chaise, un chapeau avec ces mots écrits à l'intérieur, selon la mode des écoliers : « Nayl, élève du collège de Vannes. »

Les trois frères Nayl arrêtés comparurent aux assises et furent condamnés à mort.

Ni l'un ni l'autre d'entre eux pourtant n'était coupable, quoique les preuves fussent accablantes contre eux et qu'ils eussent assisté au meurtre.

Les accusés affirmaient que, loin de prendre part à l'assassinat, ils s'étaient efforcés de l'empêcher, mais qu'on les avait solidement tenus dans un coin de la chambre, pendant que le crime se consommait.

Le président montra combien ces allégations étaient invraisemblables.

L'assistance était houleuse et défavorable aux accusés, si bien qu'après, la déposition du médecin,
l'énumération de dix-huit plaies horribles et l'achar-
nement constaté des assassins, il y eut un murmure
d'horreur dans la salle, et que le président crut devoir
prendre des mesures pour empêcher l'escorte des prisonniers de traverser les groupes à la sortie.

Le jeune Simon assistait la famille, qui avait voulu
être présente à l'audience, et il donnait quelque courage à Marion, la femme de l'aîné, à la mère
toute tremblante, et au père, vieux chouan récalci-
trant, qu'on soupçonnait d'avoir poussé ses fils au
meurtre.

Les trois jeunes gens, condamnés à mort, refusèrent
d'abord de se pourvoir en cassation.

— Il n'y a pas de justice, disait l'aîné d'une voix
rauque. Il vaut mieux mourir tout de suite.

Ils ne cédèrent qu'aux sollicitations du président lui-
même, quand le jeune Simon eut fait entrer des
doutes favorables dans l'esprit de cet honnête magistrat.

Une fois le pourvoi fait, le jeune Simon se mit en
quête de chercher lui-même les coupables avec Marion, de les trouver, de les supplier de ne pas laisser
exécuter des amis innocents, de les sauver sans pour
cela s'exposer eux-mêmes.

Son courage et sa sensibilité furent admirables dans
ses recherches, qui furent longues, pénibles et péril-
leuses.

Il accompagna Marion à [Saint-Allouestre, à Ker-
droguen, à Bignan, interrogeant tout le monde, ren-

contrant des sympathies d'abord, mais pas un mot de témoignage. A présent qu'un nouveau procès devenait nécessaire, on ne pensait plus uniquement aux condamnés, on comprenait la nécessité de sauver les autres.

Ils allaient, faisant quelquefois jusqu'à huit lieues de pays dans le même jour et choisissant de préférence les métairies, où ils avaient plus de chances de rencontrer les réfractaires. Marion marchait toujours devant, sans dire une parole, tenant à la main ses souliers qu'elle ne mettait que lorsqu'ils entraient dans un presbytère.

Les refus de les aider devenaient de plus en plus durs à mesure que le temps s'écoulait, parce que le mot d'ordre avait été donné.

Le recteur de Saint-Allouestre, qui avait été un témoin à décharge, leur dit avec amertume que Marion était plus à craindre pour les réfractaires qu'une compagnie de gendarmes mobiles. Elle se mit à pleurer sans répondre.

On ne les accueillait plus qu'en disant :

— Vous voilà encore?

Il y eut même des menaces.

Simon lui conseilla de rentrer à Vannes.

— Vous retournerez si vous voulez, monsieur Jules, dit-elle de sa voix douce ; mais il faut que j'aille jusqu'au bout.

Enfin une femme les avertit, après leur avoir fait jurer le secret, que Jean Brien, Le Pridoux et plusieurs réfractaires se cachaient dans les ruines de Locmaria, qui n'est ni un bourg ni un village, mais une abbaye en ruines, où se tient chaque année une foire célèbre.

C'était Jean Brien, Le Pridoux et leurs amis qui avaient fait le coup.

« Je connaissais tous les détours de ces ruines, dit M. Jules Simon, les escaliers de pierre qui montaient à la hauteur de cinq étages et aboutissaient tout à coup dans le vide, les caveaux et les longs couloirs souterrains interrompus par des éboulements. Nous mîmes plusieurs heures à les parcourir. C'était une de ces grandes abbayes où venaient autrefois s'ensevelir les filles nobles, et qui ressemblaient plutôt à un palais qu'à un monastère. Nous trouvâmes dans une espèce de cloître souterrain des lits de fougère encore fraîche et des traces de feu récemment éteint. Il n'y avait plus de doute ; ceux que nous cherchions venaient là ; c'était un de leurs repaires ; mais là, comme dans les landes du Ménéhom, notre présence ne suffirait-elle pas pour les écarter? Marion sortit des ruines avec moi, me suivit jusqu'à Plumelec (il n'y a qu'une demi-lieue), et m'avertit qu'elle retournerait seule à Loc-maria dans la nuit, en passant par les prés, pour ne pas être rencontrée. Je lui dis que je ne la laisserais pas aller seule, qu'il fallait craindre un mauvais coup. « Il n'y aurait de danger, me répondit-elle, que si j'étais défendue. » Je compris qu'elle avait raison. Elle s'en fut, comme elle avait dit, à la nuit tombante. Je sentais si bien notre situation dans le pays que je tremblais de ne plus la revoir. Je la suivis à distance, en prenant toutes les précautions possibles pour n'être ni entendu ni aperçu. L'entrée de l'escalier était dans la chapelle, derrière le maître-autel. Elle se tint assise sur la première marche, depuis neuf heures jusqu'à

minuit, elle entendit marcher avec précaution parmi
les décombres. Elle retint son souffle ; il fallait marcher
sur elle pour descendre à l'étage souterrain. Tout à
coup, il y eu un chuchotement à quelques pas, et plusieurs personnes, qui cessèrent de prendre des précautions, rebroussèrent chemin avec rapidité. Elle se
leva alors en se nommant, en appelant par leurs noms
Jean Brien, Le Pridoux, tous ceux qu'elle connaissait.
On lui cria de loin qu'on n'avait rien à lui dire, que
ses recherches compromettaient tout le monde, que si
on nous retrouvait, elle et moi, on tirerait sur nous
comme sur des bleus. Elle suivit en courant ceux qui
la fuyaient, tant qu'elle put les entendre. Ils lui tirèrent
un coup de fusil, probablement pour l'effrayer, et se
mirent ensuite à courir dans la crainte d'avoir attiré
les gendarmes. Je n'étais plus qu'à quelques pas :
« C'est moi, Marion, » lui dis-je. Elle comprit cette
fois que tout était perdu. Je tirai d'elle ce récit par
morceaux le lendemain, en revenant à Vannes. Elle
ne cessait de répéter : « Je n'ai rien pu ! Je n'ai rien
pu ! » Pour moi, qui n'étais pas autant qu'elle absorbé
par une pensée unique, je sentais à ce dernier moment
moins de découragement que de colère. Ainsi ces trois
innocents allaient mourir ! Ces hommes que nous
avions tant cherchés, qui nous avaient fuis, qui peut-
être avaient voulu nous tuer, les savaient innocents,
et, par peur, les laissaient sous le couteau ! Tout ce
peuple, ces femmes, ces prêtres, ces vieillards prenaient parti contre les innocents pour les coupables !
J'étais bien près de dire comme mon pauvre Yvonic,
le jour de sa condamnation : « Il n'y a pas de justice ! » Nous revînmes à pied, car la fatigue ne nous

faisait pas peur, et nous n'étions pas assez riches pour avoir des chevaux » (1).

Pendant ces courses, la misère était noire chez ces pauvres gens. Le jeune Simon les aidait de son mieux. Mais lui-même était fort pauvre, et l'argent faisait défaut de toute part. Si bien qu'il s'en fut à la fin droit au collège, où on ne le voyait plus guère, et qu'il se plaça contre la porte, pendant que ses camarades entraient, tenant son chapeau à la main.

Il se sentait « fier de cette humiliante corvée » en pensant à la noble femme pour qui il la remplissait. Ils n'étaient point riches, au collège de Vannes ; il n'y avait pas là de fils de famille. La plupart des écoliers étaient des paysans qui voulaient se faire prêtres et qui vivaient durement de pain bis et de galette. Mais les plus pauvres furent les plus généreux, et plus d'un écolier aima mieux se coucher sans souper que de passer devant le chapeau du petit Simon sans vider ses poches.

Cependant Jean Brien et Le Pridoux furent pris. Jean Brien surtout avait l'âme méchante. Il avoua son crime, mais ne voulait pas en dégager les trois frères, qu'il chargeait avec un entêtement féroce.

Marion alla trouver la mère de Jean Brien, qui ne pouvait plus sauver son fils, afin qu'elle témoignât de l'innocence de son mari et de ses deux frères.

Cette scène est une des plus touchantes du récit.

Marion arriva sur les quatre heures du soir à Elven. Elle alla tout droit à l'église, et pria devant l'autel de la Vierge.

(1) *Trois condamnés à mort*, page 164 et suiv.

Puis elle s'avança vers le sacristain, qui allumait les cierges pour le salut, et lui demanda la maison de Le Pridoux.

— C'est la dernière maison du côté de Jocelyn, ma fille, lui dit-il ; mais si vous venez de Vannes, vous savez qu'on y est dans la douleur.

Elle suivit la rue jusqu'au bout, sentant son cœur prêt à l'abandonner. La maison qu'elle cherchait était un peu en arrière des autres, avec une petite cour en désordre, sur laquelle elle prenait jour par une lucarne. Quand elle poussa la porte pour entrer, elle ne distingua rien dans l'intérieur ; mais enfin, ses yeux se faisant à l'obscurité, elle aperçut une vieille femme assise sur la pierre du foyer. Sa quenouille était par terre à côté d'elle, et elle tenait un chapelet qu'elle oubliait d'égrener.

— Que le bon Dieu vous donne des forces, dit Marion en entrant ; mais la veuve ne l'entendit pas. Elle s'approcha jusqu'à la toucher et lui dit :

— Je viens vous voir dans votre affliction avec un cœur aussi affligé que le vôtre.

La veuve l'aperçut alors et la regarda un instant. Puis elle détourna la tête avec un geste de la main pour la repousser.

— Non, je ne puis m'en aller, dit Marion, et pardonnez-moi de venir vous troubler dans votre douleur : mais c'est plus que la vie que je vous demande.

En disant cela, elle tomba sur ses genoux et tendit les mains vers la mère désolée. Mais celle-ci la repoussa de nouveau, car, dans son désespoir, elle ne pensait pas qu'on pût, sans dérision, parler de douleur devant elle. Elle essaya de parler, et sa voix s'arrêtait dans sa gorge. Enfin elle put dire :

— Mon fils est mort !... Et en même temps, elle montrait la porte de sa chaumière.

— Mais moi, dit Marion toujours agenouillée, je suis la femme de Jean-Louis Nayl !

— Ah ! pauvre femme ! dit la veuve, et vous pleurez votre mari comme moi mon enfant !

— Hélas ! dit Marion, il n'est pas mort, et vous pouvez le sauver si vous voulez. Un mot de vous, un mot de vérité, peut nous rendre à tous la vie ! Je vous le demande au nom de la Vierge Marie, au nom du salut de votre enfant ! Et elle versait tant de larmes que les mains de la veuve étaient toutes mouillées.

— Ne me refusez pas, disait Marion, si vous avez le cœur d'une femme ! Je prierai pour vous et pour votre fils tous les jours de ma vie ! Jugez de nos douleurs par les douleurs que vous souffrez ! Miséricorde ! miséricorde ! au nom de la Vierge ! au nom de Jésus-Christ !

La pauvre mère resta longtemps dans son morne désespoir ; mais enfin son cœur se fondit et sa figure fut inondée de larmes. Les sanglots vinrent ensuite et les spasmes. Marion la prit dans ses bras, baisa ses mains et ses joues, mit sa tête sur son sein et mêla ses larmes avec les siennes. Quand la nuit fut tombée, elles étaient toujours sur cette pierre froide, enlacées dans les bras l'une de l'autre ; et la mère parlait de son fils ; elle racontait toute son enfance et toute sa jeunesse ; les jours où elle avait cru le perdre, où elle l'avait disputé à la maladie ; la tendresse qu'il avait pour elle, au milieu de sa vie de désordre ; elle excusa comme elle put ses crimes, car elle avait du fanatisme dans l'âme, et elle avait sucé le lait sanglant de la guerre civile ; mais les sentiments de femme et de mère reprenaient le dessus, et alors elle s'apitoyait sur le sort de la malheureuse qu'elle tenait embrassée. Elle savait tous les détails de l'assassinat de Brossard, et elle connaissait deux femmes dans Elven qui pouvaient témoigner comme elle de l'innocence des frères Nayl. Les réfractaires les avaient emmenés de peur que l'exemple de Jean-Pierre, s'il rejoignait les drapeaux, ne devînt contagieux. Ils les avaient tenus parmi eux comme prisonniers, et les avaient fait assister de force à l'assassinat de Brossard pour les compromettre. Marion, dans cette triste demeure, se reprochait les élans passionnés de son cœur, qui bondissait d'allégresse (1).

Les trois frères Nayl furent sauvés.

Il y a peu de livres qui m'aient autant ému et que j'aie trouvés plus vrais et plus beaux. Je n'ai vu de comparable à ces pages touchantes que celles où M. Renan (un Breton aussi), en se peignant lui-même, peint les événements qu'il a traversés, et les hommes qu'il a vus, dans des *Souvenirs* qui sont la plus belle part de son œuvre (2).

M. Jules Simon et M. Renan, qui se sont occupés (et non inutilement) de philosophie, d'histoire, de politique et de religion, ont mis ce qu'ils avaient de meilleur en eux, en des récits auxquels ils n'ont pas, sans doute, attaché grande importance, mais où leur intelligence et leur talent se sont peut-être encore le mieux révélés.

Il semble qu'il en soit toujours ainsi. Voltaire croyait être un grand poète tragique et survivre par là. Il ne prit pas garde à ses contes.

(1) *Id.*, pages 220 et suiv.
(2) Lisez en particulier *Le Broyeur de lin.*

XIV

M. CATULLE MENDÈS

Samedi, 18 novembre 1882.

C'était, dit-on, rue de Douai, il y a une quinzaine
d'années. M. Catulle Mendès, venu de Bordeaux pour
conquérir les éditeurs et les directeurs de théâtre de
Paris, habitait un petit appartement assez délabré, où
de jeunes poètes se réunissaient bruyamment vers
minuit autour du maître.

Quel maître? Hé! M. Catulle Mendès, donc! Il était
leur maître, puisqu'il leur apprenait à faire des vers.
D'ailleurs, il était célèbre, fameux même, sans qu'on
s'en doutât généralement. Ses disciples enviaient sa
gloire qui, sans contredit, s'étendait sur quelques
cafés et crémeries, et brillait dans des petits journaux
qu'on aurait pu lire. Cette gloire était méritée. M. Catulle Mendès avait déjà publié un recueil lyrique,
Philomela, qui contenait toutes les inventions, toutes
les imaginations dont on a fait depuis le *parnassia-
nisme*.

Rimes rares, coupes savantes, rythmes renouvelés
de Ronsard, extases, voluptés, délires, sonnets les-
biens en rimes féminines, il y avait dans ses livres
tout l'obscur mysticisme païen du futur Parnasse.

Il y avait surtout des seins, des seins de toute
forme et de toute couleur, et « marmoréens ». Tout
cela fort jeune, fort artificiel, point simple, point
vrai, mais d'une fermeté de touche remarquable, d'un
style d'acier, une œuvre d'art, enfin comme cette
jolie *chanson :*

> Si ton front est comme un roseau,
> Qui s'effare dès qu'un oiseau
>   Le touche,
> Mon baiser se fera moins prompt
> Pour ne pas étonner ce front
>   Farouche !
>
> Si tes yeux, ces lacs lumineux,
> N'aiment pas qu'un soir triste en eux
>   Se mire,
> Pour ne pas assombrir tes yeux,
> Je prendrai le masque joyeux
>   Du rire !
>
> Mais si ton cœur las est pareil
> Au lys qui, brûlant au soleil
>   Ses charmes,
> Penche, de rosée altéré,
> Sans feindre, hélas ! j'y verserai
>   Des larmes (1).

Ce n'était pas tout que *Philomela ;* M. Catulle Mendès était directeur de revue. Directeur de revue, il

____

(1) *Les Poésies de Catulle Mendès,* Paris, Sandoz et Fischba-
cher, pages 174 et 175. — Paul Ollendorff, nouvelle édition.

l'est, et il le sera toujours ; c'est dans sa nature, dans son sang. M. Tibulle Mendès, son père, un israélite, qui, je crois bien, eut un moment une fabrique de produits chimiques dans la plaine de Choisy, et qui s'y ruina, lui a légué, avec tant de lunes qui font du même Catulle Mendès un poète, certain sens des affaires, qui fait du même Catulle un perpétuel directeur de revues.

Il en a bien fondé une vingtaine en vingt ans, avec primes, illustrations et mille inventions ingénieuses.

A l'époque où nous sommes, la revue de M. Catulle Mendès se nommait la *Revue fantaisiste* ; elle ne faisait point d'académiciens, mais elle contenait beaucoup de littérature.

Ce n'était pas tout encore. M. Catulle Mendès avait mieux qu'une revue, pour étonner et charmer ses jeunes disciples. Il avait une condamnation. Je ne sais quel procureur ombrageux et peu au fait des habitudes poétiques fit poursuivre M. Catulle Mendès pour un petit poème fort joliment écrit et dans lequel je ne trouve, pour ma part, rien de bien choquant. On y parle, en passant, d'une femme qu'un moine garde pour le vendredi parce qu'elle est maigre : cela sent le fabliau et se passait sous nos rois.

M. Catulle était l'auteur de *Philomela*, le directeur d'une revue qui paraissait, et il avait offensé les bonnes mœurs. De plus il était charmant. Avec ses yeux bleus un peu durs, son nez (qui s'est busqué depuis), sa barbe blonde et légère et sa chevelure bouclée, il avait assez l'air d'un jeune Apollon sculpté, tout aminci par un artiste de la Renaissance.

Cette mine agréable, avec quelque air de langueur

qu'il y ajoutait, prêta à bien des historiettes qui relevaient encore le poète dans l'esprit de ses jeunes disciples.

Et M. Théodore de Banville s'est fort bien tenu dans les tons nuancés et disparates qu'il faut pour le peindre en faisant de lui ce portrait : « Avec son jeune visage apollonien, et son menton ombragé d'un léger duvet frisonnant que n'a jamais touché le rasoir, rien n'empêcherait le jeune poète d'avoir été le Prince Charmant d'un des contes de madame d'Aulnoy, ou mieux encore d'avoir été, dans la Sicile sacrée, à l'ombre des grêles cyprès et du lierre noir, Damète ou le bouvier Daphnis, jouant de la syringe et chantant une chanson bucolique alternée (1), si ses yeux perçants et calmes, et sa lèvre féminine, résolue, d'une grâce un peu dédaigneuse, n'indiquaient tous les appétits modernes d'un héros de Balzac. »

Ses réunions de la rue de Douai n'avaient rien d'académique, comme j'ai dit. Mais il est bien certain du moins qu'on n'y était ni sot ni inculte.

Il y avait là ce grand diable et pauvre diable de Glatigny, dont les vers sont bien jolis. Il y avait là M. Coppée, qui ne se trompe pas quand il dit lui-même que c'est M. Mendès qui lui a appris à faire les vers. Cela est un peu vrai ; mais il est bien de l'avoir dit, et simplement. Il y avait là M. José-Maria de Hérédia, qui a fait des sonnets tels qu'on n'en peut concevoir de plus beaux ; M. Armand Silvestre, qui fit de la

(1) *La Lanterne magique*, Charpentier éditeur, pages 249 et suiv.

beauté des femmes le principe du plus sensuel mysticisme. M. Mérat et M. Valade, qui ont marqué parmi les *minores ;* un certain Verlaine qui n'était pas obligé, comme depuis M. Rollinat, de feindre la névrose et l'hallucination, car il avait, avec un talent extraordinaire, la tête peu sûre et le cauchemar facile. C'était, je crois, un des préférés de M. Mendès.

. M. Villiers de l'Isle-Adam, le dormeur éveillé, le Babouc de la rue des Martyrs, était aussi un écrivain aimé de M. Mendès. Non le plus aimé, pourtant ; celui-là était M. Stéphane Mallarmé, l'auteur de la *Mort de la panultième.*

M. Catulle Mendès avait une sincère sympathie pour les poésies de M. Mallarmé, et, comme elles étaient obscures, il les commentait et les expliquait. Et comment ne l'eussent-elles pas été, leur auteur ayant pour principe de ne jamais appeler une chose par son nom ! Nommer une rose lui semblait grossier. Il voyait la poésie dans une mauvaise voie depuis ce qu'il appelait la grande déviation homérique. Il remontait à l'orphisme et il écrivait des vers comme ceux-ci, qui parurent dans le *Tombeau* de Théophile Gautier :

> Ne crois pas qu'au fatal espoir du corridor
> J'offre ma coupe vide où souffre un monstre d'or ;
> Ton apparition ne va pas me suffire,
> Car je t'ai mis moi-même en un lieu de porphyre.

M. Catulle Mendès, qui, quand il écrit, est fort clair, bien que peu simple, — M. Catulle Mendès avait le front de trouver cela beau. Et, sincèrement, il y a en lui certains côtés de dépravation intellectuelle que ce goût pour la poésie de M. Mallarmé trahit plus qu'à moitié.

On n'apprenait, dans les nuits de la rue de Douai, ni la juste mesure, ni la parfaite harmonie, ni l'exact sentiment des choses. Mais on y apprenait tous les menus secrets de l'art et tous les tours du métier.

Le maître vous posait, en casuiste consommé, les plus délicats cas de conscience.

— Feriez-vous rimer *lune* et *Pampelune?* disait-il.

Et c'était aussitôt mille raisons subtiles pour et contre.

— Ne trouvez-vous pas que le mot vendredi est violet? (Tous les mots ont leur couleur.)

Sur ce point on dissertait.

Et personne ne disserte mieux que M. Catulle Mendès. Je ne connais point de causeur plus harmonieux, plus nourri, plus attachant.

Sur ces entrefaites, un jeune homme fanatique et doux, présentement chef des radicaux à Montpellier, M. Louis de Ricard, fonda un journal nommé l'*Art*, qui eut, je crois, un peu plus d'un numéro, et qui fut transformé avec la rapidité des métamorphoses des insectes, en un recueil de vers intitulé *Parnasse contemporain.* Cela se passait chez un petit libraire, revendeur du passage Choiseul, nommé Lemerre.

M. Mendès prit la chose en main, et fit du *Parnasse contemporain* cette chose curieuse et quasi célèbre qu'on connaît. Il y mit ses disciples, lui-même et ses maîtres.

Les maîtres étaient Hugo, Gautier, Beaudelaire,

Théodore de Banville, Leconte de Lisle, Antony Deschamps. Et il leur marquait en toute circonstance une vénération profonde et un amour délicat. Ce même esprit, qui manquait en diverses rencontres du sentiment le plus nécessaire du respect, respectait ses maîtres poétiques et leur prodiguait les marques les mieux choisies de sa déférence.

Peu croyant, dans le sens général du mot, il n'eut de foi qu'en Victor Hugo, à qui il fit cette prière, célèbre dans les brasseries, en 1869 :

— Notre père qui êtes à Guernesey, que votre nom soit béni ; que, etc...

M. Mendès mit dans le *Parnasse contemporain* des poèmes qu'il eut la malheureuse idée de faire indous. Il y avait dans ces vers un étendard.

> Qui dans son blanc frisson
> Porte un poisson.

Je ne me rappelle pas bien le texte. L'Inde était alors fort à la mode. Je crois que c'est sérieusement qu'on fit, dans le cénacle, ces deux vers :

> Les brahmanes assis sur des feuilles d'érables,
> Qui n'ont jamais lavé leurs cuisses vénérables.

Heureusement M. Catulle Mendès renonça à des fantaisies mythologiques qui manquaient à la fois de sérieux et d'agrément, et il donna les *Contes épiques,* qui sont certainement ce qu'il y a de plus pur et de meilleur dans son œuvre poétique. Témoin entre autres choses ce petit chef-d'œuvre : *Le Consentement.*

> Ahod fut un pasteur opulent dans la plaine.
> Sa femme, un jour d'été, posant sa cruche pleine,

Se coucha sous un arbre au pays de Béthel,
Et, s'endormant, elle eut un songe, qui fut tel :
D'abord il lui sembla qu'elle sortait d'un rêve
Et qu'Ahod lui disait : « Femme, allons, qu'on se lève.
Aux marchands de Ségor, l'an dernier, j'ai vendu
Cent brebis, et le tiers du prix m'est encor dû.
Mais la distance est grande et ma vieillesse est lasse.
Qui pourrais-je envoyer à Ségor en ma place ?
Rare est un messager fidèle et diligent.
Vas, et réclame-leur trente sicles d'argent. »
Elle n'objecta point le désert, l'épouvante,
Les voleurs. « Vous parlez, maître, à votre servante. »
Et quand, montrant la droite, il eut dit : « C'est par là ! »
Elle prit un manteau de laine, et s'en alla.
Les sentiers étaient durs et si pointus de pierres
Qu'elle eut du sang aux pieds et des pleurs aux paupières.
Pourtant elle marcha tout le jour, et, le soir,
Elle marchait encor, sans entendre ni voir;
Quand tout à coup, de l'ombre, avec un cri farouche,
Quelqu'un fondit, lui mit une main sur la bouche,
D'un geste forcené lui vola son manteau
Et s'enfuit, lui laissant dans la gorge un couteau !
A ce coup le sursaut d'une transe mortelle
La réveilla.
        L'époux se tenait devant elle.
« Aux marchands de Ségor, lui dit-il, j'ai vendu
Cent brebis, et le tiers du prix m' est encor dû.
Mais la distance est grande et ma vieillesse est lasse.
Qui pourrais-je envoyer à Ségor en ma place ?
Rare est un messager fidèle et diligent.
Vas, et réclame-leur trente sicles d'argent. »
La femme dit : « Le maître a parlé, je suis prête. »
Elle appela ses fils, mit ses mains sur la tête
Du fier aîné, baisa le front du plus petit,
Et, prenant son manteau de laine, elle partit (1).

(1) *Les Poésies de Catulle Mendès.* — *Contes épiques.* Paris, Paul
Ollendorff, p. 13 à 16.

La guerre emporta le *Parnasse* avec bien autre chose, et M. Catulle Mendès fit un garde national très alerte. Je n'étais pas à Paris alors, mais on m'a dit qu'il faisait ses fonctions avec la bonne grâce d'Alcibiade chez les Spartiates et l'élégance du Sardanapale de Byron dans son palais assiégé. Son *Odelette guerrière*, qui date de cette époque, fait bien voir cela, avec quelque fadeur en plus.

En 1872, M. Mendès essaya de relever le *Parnasse*.

Il mit à cette œuvre la piété d'un Esdras et fonda la *République des lettres*. Il avait pour lieutenant le plus charmant et le meilleur esprit qu'on puisse connaître. M. Henry Roujon, alors extrêmement jeune. Mais le *Parnasse* était bien mort.

M. Catulle Mendès se rapprocha alors des naturalistes et des impressionnistes, et publia dans sa revue (on se le rappelle), l'*Assommoir* de M. Zola.

Toutefois, il resta le néo-romantique qu'il avait toujours été, et fit, dans la manière idéaliste et brutale à la fois des romans de Victor Hugo, une suite dont le *Roi Vierge* est l'épisode le plus singulier et le plus curieusement conté.

Ce qu'il mit de talent dans ses divers romans est à peine croyable. S'il n'y offensait souvent la nature et la vie, s'il n'empruntait pas à l'auteur de *Quatre-vingt-treize* ses vieux procédés, il faudrait mettre M. Catulle Mendès au premier rang des romanciers contemporains.

Les *Monstres parisiens* resteront peut-être son chef-d'œuvre.

Ce sont vraiment des monstres et parfaitement inhumains. M. Catulle Mendès qui fait des monstres

très réussis, même sans le vouloir, en construit d'é-
tonnants quand il s'applique.

Le plus curieux sujet peut-être de cette galerie
tératologique est un vieux monsieur tout à fait usé et
ruiné, une façon de cadavre malpropre et étrangement amoureux. M. Mendès y décrit avec une science
merveilleuse et un art prodigieux tout ce qu'il a pu
seul imaginer de dépravations.

Quand même la Vénus Accroupie se serait levée pour lui
mettre autour du cou ses deux bras de marbre changés en
caresses de chair, le baron de Hercelot n'eût pas senti le
plus furtif soupçon courir sur sa peau lourde et flasque
comme une peau de fanon, et ses paupières molles, qui pen-
dent, n'auraient pas eu un battement ! Car c'en était fait :
de tous les morts qui ont l'air de vivre, il était le plus parfaitement mort. Son cœur ? pensez à un citron vide, sec, où
des soupeuses, toute une nuit, ont tourné et retourné le
faisceau pointu de leurs ongles. Sa conscience ? une som-
nambule, pas lucide. Son estomac ? le perpétuel lendemain
d'un haut-le-cœur. Il n'éprouvait pas plus de joie quand
passait en robe de printemps, dans le soleil des dimanches,
une jeune fille qui rit, un peu rose sous l'ombrelle, qu'un
chien n'a de plaisir à regarder une fleur ; il considérait, dans
l'aumône, la fatigue d'étendre le bras, et, dans le refus de
donner, l'ennui de dire non ; même après une promenade
matinale le long de la fraîche rivière, il n'eût pas souri de
voir fumer une grasse omelette d'or sous la tonnelle toute
secouée d'un vent plein d'appétit.

Cet homme se ranime à la vue de mademoiselle
Massin dans le rôle de *Nana*. Mais entendons-nous :
il a vu mademoiselle Massin dans le dernier acte du
drame, pendant que l'actrice est horriblement tumé-

fiée par la petite vérole. Il devient amoureux ! « Oui
amoureux, éperdument, tendrement, délicieusement
amoureux ! »

La passion qui se précipita en lui fut si franche et si chaude
que ce mort ressuscita comme si on lui avait tranfusé dans
les veines tout le sang vif et pur d'un jeune homme ! Stupéfait et ravi d'exister, il remarqua, en sortant du théâtre,
que le vent était frais, que les étoiles du ciel souriaient
pensives et charmantes comme des yeux de jeune femme. Il
respirait à pleins poumons, se gonflait d'air et de bien-être. Il
eut faim ! il eut soif ! Il se sentait devenir bon. Il se souvint
d'une famille d'Étampes qu'il avait ruinée, autrefois, du
temps où il était à la tête d'une maison de banque : il résolut
de faire du bien à ces pauvres gens. Rencontrant un homme
qu'il connaissait à peine, il lui serra la main, cordialement,
lui demanda : « Vos affaires vont bien ? » avec intérêt, et
lui dit : « Au revoir », avec tendresse. Une pauvre petite
marchande de fleurs, en haillons, pleurait dans l'encoignure
obscure d'une porte ; il eut l'idée d'adopter cette enfant ! du
moins, il lui donna un louis, et, la voyant rire, il faillit
s'écrier : « Ah ! qu'il est doux d'être charitable ! » Puis, toute
la nuit, le front plein de rêves dans la fièvre de l'oreiller, il
la revit, la puissante charmeresse qui l'avait, d'un seul regard, tout entier rajeuni et ravivé et renové ! Même, il se
sentit si tendre qu'il fut sur le point de faire des vers.

Il se décide enfin après « des timidités exquises,
frêles bourgeons d'une vieille branche », à aller
rendre visite à la comédienne. Mais comme elle s'est
débarbouillée dans l'intervalle et qu'elle est blanche
et rose, il s'enfuit désappointé et désespéré.

« Et maintenant, ajoute le conteur, il est retombé
dans sa lourde apathie. Ni désir, ni remords, ni soif,

ni faim. Quelquefois pourtant, tout son être sursaute;
ses yeux se mouillent, pleurs de la nostalgie de son
rêve : il vient de se rappeler, brusquement, la déception
suprême, et il sanglote et il pleure sur sa chimère
évanouie. Mais garde-toi de le bafouer ou de le mé-
priser ! Car es-tu bien sûr, toi, Paris, qui est allé, en
ce temps-là, durant cent soirées applaudir la hideur
et adorer la pourriture, es-tu bien sûr de ne pas avoir
ressemblé à ce monstre ? Et ceci est la morale de ce
conte (1). »

Je crois bien que c'est à propos des *Monstres parisiens*
que notre ami Guy de Maupassant a dit de M. Mendès,
dans *Gil Blas*, avec sa netteté habituelle : « Étrange et
vrai, saisissant, charmant, brutal dans le fond, mais
si habile, voire, si rusé, qu'il trompe les pudeurs et
ne fait rougir qu'après coup, ce magasin de portraits est une œuvre d'art exquise et singulière. Et
elle porte bien la marque personnelle du poète aux
intentions mystérieuses, frère d'Edgar Poë et de Marivaux, compliqué comme personne, et dont la plume,
soit qu'il fasse des vers, soit qu'il écrive en prose, est
souple et changeante à l'infini. Cette œuvre est bien
l'œuvre de cet homme séduisant et inquiétant, avec
sa pâle face de crucifié, sa barbe frisée et vaporeuse,
ses cheveux longs et légers comme un nuage, son œil
fixe où l'on sent une pensée qu'on ne pénètre point,
et son sourire charmant qui semble parfois dangereux. On a dit de lui qu'il avait l'air d'un Christ de
cabinet particulier; ne dirait-on pas plutôt un Mé-
phisto, ayant pris la figure du Christ ? »

(1) *Monstres parisiens*, Dentu éditeur, p. 15-16-17. 1882.

Ce n'est pas au recueil de Baudelaire qu'il fallait donner le titre de *Fleurs du mal.*

Ce même Baudelaire, professeur de corruption littéraire, ne disait-il pas de M. Catulle Mendès :

— « J'aime ce jeune homme, il a tous les vices. »

Ce mot, bien compris, est juste. M. Catulle Mendès a un talent rare, précieux, exquis et corrompu.

XV

M. ERNEST RENAN

Samedi, 25 novembre 1882.

L'obésité l'a envahi de bonne heure pendant ses travaux d'homme sédentaire. Pourtant, l'organisme reste fort sous cette écrasante masse de graisse. Il est de race robuste et fils d'un colosse breton.

Le visage est puissant et commun ; les yeux verts et ronds, le nez gros et mou. La bouche est belle ; quand elle s'anime, sourit et parle, un charme se répand sur toute cette figure ; on a tout à coup devant soi un sage comparable à ce que les souvenirs de la meilleure antiquité permettent de rêver de séduisant et de bon. On est ravi par une voix délicieuse, par une diction magique. On se sent pris dans ce que Sainte-Beuve appelait si bien *le cercle délicat des mortels généreux*. On se sent, malgré soi, amolli et charmé par cette douceur intelligente.

L'homme n'a pour vous captiver ainsi rien de l'action oratoire. Il croise ses mains grasses sur son gros ventre et regarde ses souliers à cordons et ses bas noirs, dans une pose béate de bonne femme ou de vieux prêtre.

Sa voix, tout agréable qu'elle est, n'a par elle-même ni souplesse, ni sonorités variées, seulement elle est limpide, abondante et pure, et appelle la comparaison du *fleuve* tant de fois appliquée à Homère.

Je vous dirais bien d'aller l'entendre au Collège de France, où je crois qu'il continue obscurément devant dix ou douze auditeurs, un cours inauguré sous l'Empire dans le scandale et la gloire. Mais il n'y parle qu'hébreu et tous bas, syllabe par syllabe, à l'oreille de cinq ou six jeunes prêtres crottés, âpres à l'étude et aussi bien doués pour l'Institut que pour l'épiscopat.

Ils sont là, élèves et maître, un quart d'heure silencieux devant une particularité grammaticale d'Esdras ou de Jérémie.

Fort bien, mais le Renan que je cherche n'est pas dans cette salle.

Il est avec tout le charme de son esprit dans les réunions intimes de sa modeste maison de Bellevue, sous quelques humbles arbres qui resteront fameux.

Madame Renan, la fille d'Henry Scheffer, la nièce d'Ary, fait les honneurs de ce logis d'été comme du logis d'hiver de la rue de Tournon, avec la simplicité large d'un esprit — « ayant beauté d'homme et grâce de femme » ; je lui applique cette louange que La Fontaine donne à une dame qui le méritait moins.

Le chimiste Berthelot est, avec sa famille, l'habitué du logis et si les réunions sont intimes, vous pouvez du moins vous en faire une représentation en lisant les *Dialogues philosophiques* et l'article que M. Renan a publié cette semaine dans la *Revue des Deux-Mondes*.

Remuer délicatement toutes les idées de la science et de l'art, les examiner une à une comme des pierres précieuses, faire jouer leurs facettes à la lumière, les bien assembler en observant toutes les harmonies (quelque étranges qu'elles puissent être), et en provoquant tous les contrastes, voilà en quoi consistent ces entretiens rares, inutiles et profonds.

Mais la vie n'est point un *décaméron* et je ne vois guère parmi les grands hommes que ce vieux bohème de Socrate qui fit son œuvre tout en babillant comme une corneille de l'Attique dans les boutiques des barbiers de l'endroit.

M. Renan lit et écrit bien plus qu'il ne parle.

Son cabinet de travail, paisible et désordonné, silencieux avec des in-folio éboulés, a ceci de particulier que nul, hors le maître, ne peut s'y asseoir. Tous les sièges sont occupés d'avance par les seuls hôtes légitimes, les livres.

Il arrive aux personnes du monde, et du meilleur, qui ont fait leur instruction en lisant madame Switchine, de demander en hochant la tête, si vraiment M. Renan est un savant et s'il sait l'hébreu aussi bien que les évêques qui l'ont réfuté dans des mandements.

Hélas! oui, mesdames, M. Renan est savant et très savant. Non point à la façon allemande avec appareil et poids, mais à la sienne, qui est celle d'un grand esprit, d'une âme légère et d'un grand écrivain!

Son histoire des *Langues sémitiques* marqua et fit date, et si ce livre (je m'en rapporte à des juges compétents) n'est plus maintenant dans toutes ses parties au niveau de la science, c'est grâce à une quantité de travaux étrangers que ce livre a lui-même inspirés et suscités.

Je ne crois pas pour cela que les discussions de textes qui se trouvent en tête de chacun de ses volumes sur les *Origines du christianisme* soient des modèles de critique. Le raisonnement, ce me semble, y est peu serré, la suite en est nonchalante, et l'argumentation capricieuse. Mais cela tient à ce que M. Renan n'aime pas à conclure.

Il se croirait l'esprit borné s'il s'arrêtait à une idée et est évasif par nature.

Je touche ici un trait caractéristique de cette âme. C'est un pli que nous verrons s'accuser de plus en plus à mesure que nous examinerons l'homme.

On pourrait lui appliquer ce qu'il a dit lui-même de l'empereur Adrien. — « Il n'adopta aucune religion, ni aucune philosophie, mais il n'en niait aucune. Son esprit distingué se balança toujours comme une girouette amusée à tous les vents. »

M. Renan a fait de son enfance d'adorables récits tout empreints de teintes d'une imagination noble, chaste et charmante.

En réalité, il eut de pauvres et rudes commencements. Le charme y vint, non des choses, mais des personnes : de l'enfant d'abord qui était poëte, et aussi de sa sœur aînée, cette admirable Henriette qui l'aima maternellement avec intelligence, courage et bonté.

Il grandit sous ce souffle amical.

Il était délicat ; ses petits camarades l'appelaient : « Mademoiselle », et les dames : « leur petit évêque ».

Il était peureux et frissonnant :

— « Le vent, dit-il quelque part, courant sur les bruyères, gémissant dans les genêts me causait de folles terreurs. Parfois, je prenais la fuite, éperdu, comme poursuivi par les génies du passé. »

La vieille ville de Tréguier « sombre, écrasée par sa cathédrale » et dans laquelle les prêtres tenaient le haut du pavé, lui inspira naturellement l'idée d'entrer dans les ordres. Mais il mêla de bonne heure au goût du sacerdoce la vocation d'écrire.

— Qu'est-ce que tu seras? demanda un jour à l'enfant son petit cousin.

— Moi, je ferai des livres.

— Ah ! tu veux être libraire.

— Oh! non. Je veux faire des livres... En composer !

A quinze ans on l'envoya au petit séminaire de Saint-Nicolas du Chardonnet que dirigeait alors l'abbé Dupanloup.

Le doute le prit à Saint-Nicolas, et le suivit dans la maison d'Issy, où il reçut les ordres mineurs.

Cette ordination n'a rien de décisif et ne fait point le *sacerdos in æternum*. Il ne met point ce signe indélébile que le vieux Lamennais ne put effacer de son front par la révolte et la séparation.

Peut-être la nature de M. Renan ne répugnait-elle pas tout à fait à la position légèrement fausse que lui faisait une vie conforme à ses mœurs chastes et contraire à sa foi nouvelle.

Il n'était pas dans son caractère de rompre brusquement et de trancher dans le vif.

Il lut Gœthe, Herder, Hegel, se forma et se détacha de l'Église à point, comme un fruit mûr.

.— « Il ne m'était pas possible, dit-il, de garder un masque auquel tant d'autres se résignent. L'étude du christianisme m'inspira trop de respect pour que je puisse jouer avec les croyances les plus respectables une odieuse comédie. »

Tombé dans la vie avec sa timidité, sa jeunesse, son peu de mine, son génie caché, il dut être bien troublé. Sa sœur fut sa providence. Elle lui fit un nid à Paris comme à Tréguier et lui épargna l'ignoble vie de gargote et d'hôtel, le froid aux pieds, la solitude morale du pion.

. Je donne ici l'endroit le plus caractéristique des *Souvenirs*, où M. Renan nous montre comment il subit la crise décisive et passa du séminaire au monde..

« Avec la faculté que j'ai de suffire à mon propre bonheur, dit-il (1), et d'aimer par conséquent la solitude, la petite pension de la rue des Deux-Églises (2) eût été, en effet, pour moi un paradis, sans la crise terrible que traversait ma conscience et le changement d'asile que je devais faire subir à ma vie. Les poissons du lac Baïkal ont mis, dit-on, des milliers d'années à devenir poissons d'eau douce après avoir été poissons d'eau de mer. Je dus faire ma transition en quelques semaines. Comme un cercle enchanté, le catholicisme embrasse la vie entière avec tant de force, que quand on est privé de lui, tout semble fade. J'étais terriblement dépaysé. L'univers me faisait l'effet d'un désert sec et froid. Du moment que le christianisme n'était pas la vérité,

(1) V. *Souvenirs d'enfance et de jeunesse* par Ernest Renan, page 329 et suivantes. 1 vol. Calmann Lévy, éditeur, 1883.
(2) Maintenant rue de l'Abbé-de-l'Épée.

le reste me parut indifférent, frivole, à peine digne d'intérêt. L'écroulement de ma vie sur elle-même me laissait un sentiment de vide comme celui qui suit un accès de fièvre ou un amour brisé. La lutte qui m'avait occupé tout entier avait été si ardente, que maintenant je trouvais tout étroit et mesquin. Le monde se montrait à moi médiocre, pauvre en vertu. Ce que je voyais me semblait une chute, une décadence; je me crus perdu dans une fourmilière de pygmées.

» Ma tristesse était redoublée par la douleur que j'avais été obligé de causer à ma mère. J'employai, pour lui arranger les choses de la manière qui pouvait lui être le moins pénible, quelques artifices auxquels j'eus peut-être tort de recourir. Ses lettres me déchiraient le cœur. Elle se figurait ma position encore plus difficile qu'elle ne l'était, et, comme, en me gâtant malgré notre pauvreté, elle m'avait rendu très délicat, elle croyait qu'une vie rude et commune ne pourrait jamais m'aller. « Toi qu'une pauvre petite souris empêchait de dormir, m'écrivait-elle, comment vas-tu faire?... » Elle passait ses journées à chanter les cantiques de Marseille, qui étaient son livre de prédilection (1), surtout le cantique de Joseph :

O Joseph, ô mon aimable
Fils affable,
Les bêtes t'ont dévoré ;
Je perds avec toi l'envie
D'être en vie ;
Le Seigneur soit adoré !

» Quand elle m'écrivait cela, mon cœur était navré. Dans mon enfance, j'avais l'habitude de lui demander dix fois par jour : «Maman, êtes-vous contente de moi? » Le sentiment d'un déchirement entre elle et moi m'était cruel. Je m'ingéniais alors à inventer des moyens pour lui prouver que

(1) Recueil de cantiques du xvi° siècle, de la plus extrême naïveté. J'ai le vieux volume de ma mère; peut-être le décrirai-je un jour. (*Note de monsieur Renan.*)

j'étais toujours le même « fils affable » que par le passé.
Peu à peu, la blessure se cicatrisa. Quand elle me vit rester
pour elle aussi bon et aussi tendre que je l'avais jamais été,
elle admit volontiers qu'il y a plusieurs manières d'être
prêtre et que rien n'était changé en moi que le costume ; et
c'était bien la vérité.

» Mon ignorance du monde était complète. Tout ce qui
n'est pas dans les livres m'était inconnu. Comme, d'ailleurs, je
n'ai jamais bien su que ce que j'ai appris à Saint-Sulpice, la
conséquence a été qu'en affaires je suis toujours resté un
enfant. Je ne fis donc aucun effort pour rendre ma situation
aussi bonne que possible. Penser me paraissait l'objet unique
de la vie. La carrière de l'instruction publique étant celle
qui ressemble le plus à la cléricature, je la choisis presque
sans réflexion. Certes, il était dur, après avoir touché à la
plus haute culture de l'esprit et avoir occupé une place déjà
honorée, de descendre au degré le plus humble. Je savais
mieux que personne en France, après M. Le Hir, la théorie
comparée des langues sémitiques, et ma position était celle
du dernier maître d'étude ; j'étais un savant et je n'étais pas
bachelier. Mais la satisfaction intime de ma conscience me
suffisait. Je n'eus jamais, au sujet de mes résolutions déci-
sives du mois d'octobre 1845, une ombre de regret.

. . . .

Et il poursuit :

» L'amitié de M. Berthelot et l'approbation de ma sœur
furent les deux grandes consolations qui me soutinrent dans
ce difficile moment où le sentiment d'un devoir abstrait envers
la vérité m'imposa de changer, à vingt-trois ans, la direction
d'une vie déjà si fortement engagée. Ce ne fut, en réalité,
qu'un changement de domicile et d'extérieur. Le fond resta
le même ; la direction morale de ma vie sortit de cette
épreuve très peu infléchie ; l'appétit de vérité, qui était le

mobile de mon existence, ne fut en rien diminué. Mes habitudes et mes manières ne se trouvèrent presque en rien modifiées.

» Saint-Sulpice, en effet, avait laissé en moi une si forte trace, que, pendant des années, je restai sulpicien, non par la foi, mais par les mœurs. Cette éducation excellente, qui m'avait montré la perfection de la politesse en M. Gosselin, la perfection de la bonté en M. Garbon, la perfection de la vertu en M. Pinault, M. le Hir, M. Gottofrey, avait donné à ma nature docile un pli ineffaçable. Mes études, vivement continuées hors du séminaire, me confirmèrent si absolument dans mes présomptions contre la théologie orthodoxe, qu'au bout d'un an j'avais peine à croire. Mais, la foi disparue, la morale reste ; pendant longtemps, mon programme fut d'abandonner le moins possible du christianisme et d'en garder tout ce qui peut se pratiquer sans la foi au surnaturel. Je fis en quelque sorte le triage des vertus du sulpicien, laissant celles qui tiennent à une croyance positive, retenant celles qu'un philosophe peut approuver. Telle est la force de l'habitude. Le vide fait quelquefois le même effet que le plein. *Est pro corde locus*. La poule à qui l'on a arraché le cerveau continue néanmoins, sous l'action de certains excitants, à se gratter le nez.

» Je m'efforçai donc, en quittant Saint-Sulpice, de rester aussi sulpicien que possible. Les études que j'avais commencées au séminaire m'avaient tellement passionné, que je ne songeais qu'à les reprendre. Une seule occupation me parut digne de remplir ma vie : c'était de poursuivre mes recherches critiques sur le christianisme par les moyens beaucoup plus larges que m'offrait la science laïque. Je me figurais toujours en la compagnie de mes maîtres, discutant avec eux les objections et leur prouvant que des pages entières de l'enseignement ecclésiastique sont à réformer. Quelque temps, je continuai de les voir, surtout M. Le Hir. Puis je sentis que les rapports de l'homme de foi avec l'in crédule deviennent vite assez pénibles, et je m'interdis des relations qui ne pouvaient plus avoir d'agrément ni de fruit que pour moi seul.

« Dans l'ordre des idées critiques, je cédai également le moins possible, et c'est ce qui fait que, tout en étant rationaliste sans réserve, j'ai néanmoins plus d'une fois paru un conservateur dans les discussions relatives à l'âge et à l'authenticité des textes. La première édition de mon *Histoire générale des langues sémitiques* contient ainsi, en ce qui concerne l'Ecclésiaste et le Cantique des cantiques, des faiblesses pour les opinions traditionnelles que j'ai depuis successivement éliminées. Dans mes *Origines du christianisme*, au contraire, cette réserve m'a bien guidé ; car, dans ce travail, je me suis trouvé en présence d'une école exagérée, celle des protestants de Tubingue, esprits sans tact littéraire et sans mesure, auxquels, par la faute des catholiques, les études sur Jésus et l'âge apostolique se sont trouvées presque exclusivement abandonnées. Quand la réaction viendra contre cette école, on trouvera peut-être que ma critique, d'origine catholique et successivement émancipée de la tradition, m'a fait bien voir certaines choses et m'a préservé de plus d'une erreur.

» Mais c'est surtout par le caractère que je suis resté essentiellement l'élève de mes anciens maîtres. Ma vie, quand je la repasse, n'a été qu'une application de leurs qualités et de leurs défauts. Seulement, ces qualités et ces défaut, transportés dans le monde, ont amené les dissonances les plus originales. Tout est bien qui finit bien, et, le résultat de l'existence ayant été en somme pour moi très agréable, je m'amuse souvent, comme Marc-Aurèle sur les bords du Gran, à supputer ce que je dois aux influences diverses qui ont traversé ma vie et en ont fait le tissu. Eh bien, Saint-Sulpice m'en apparaît toujours comme le facteur principal. Je parle de tout cela fort à mon aise, car j'y ai peu de mérite. J'ai été bien élevé ; voilà tout. Ma douceur, qui vient

souvent d'un fonds d'indifférence ; mon indulgence, qui, elle
est très sincère et tient à ce que je vois clairement combien
les hommes sont injustes les uns par les autres ; — mes habitudes consciencieuses, qui sont pour moi un plaisir; la ca-
pacité indéfinie que j'ai de m'ennuyer, venant peut-être d'une
inoculation d'ennui tellement forte en ma jeunesse, que j'y
suis devenu réfractaire pour le reste de ma vie ; — tout cela
s'explique par le milieu où j'ai vécu et les impressions profondes que j'ai reçues. Depuis ma sortie de Saint-Sulpice, je
n'ai fait que baisser, et pourtant, avec le quart des vertus
d'un sulpicien, j'ai encore été, je crois, fort au-dessus de la
moyenne.

« Il me plairait d'expliquer par le détail et de montrer comment la gageure paradoxale de garder les vertus cléricales,
sans la foi qui leur sert de base et dans un monde pour lequel elles ne sont pas faites, produisit, en ce qui me concerne,
les rencontres les plus divertissantes. J'aimerais à raconter
toutes les aventures que mes vertus sulpiciennes m'ame-
nèrent et les tours singuliers qu'elles m'ont joués. Après
soixante ans de vie sérieuse, on a le droit de sourire : et où
trouver une source de rire plus abondante, plus à portée,
plus inoffensive qu'en soi-même? Si jamais un auteur comique
voulait amuser le public de mes ridicules, je ne lui deman-
derais qu'une seule chose, c'est de me prendre pour collaborateur : je lui conterais des choses vingt fois plus amu-
santes que celles qu'il pourrait inventer. Mais je m'aperçois
que je manque outrageusement à la première règle que mes
excellents maîtres m'avaient donnée, qui est de ne jamais
parler de soi. Je ne traiterai donc cette dernière partie de
mon sujet que tout à fait en raccourci. »

C'est de cette première vie humble, mais décente,
que sortirent les grands travaux d'Ernest Renan.

D'abord les études de linguistique, puis la collaboration honorable aux journaux de la *Liberté de penser*

et aux *Débats ;* enfin les premiers rayons si doux de la
gloire.

Un mariage d'amour (bonheur dont était digne
l'homme qui parla toujours des femmes avec la délicatesse la plus affectueuse et le respect le plus amoureux) et un deuil cruel : la mort de cette seconde
mère, de cette bonne sœur Henriette qui, l'ayant suivi
dans sa mission en Phénicie, fut frappée à Amschit
d'une fièvre pernicieuse. Tels sont les deux faits qui
marquèrent cette première partie de sa vie, la plus
modeste et peut-être la meilleure.

La *Vie de Jésus* (1863) eut l'éclat que vous savez. Jamais livre ne fut moins que celui-là un livre de polémique et jamais livre ne souleva une plus dense et
plus bruyante nuée de polémistes. Paris, la France,
le monde en furent assourdis.

Le livre était doux, tranquille, suave et du ton
même des apologies chrétiennes.

Les colères en furent centuplées. Il n'est tel que les
esprits sereins, calmes et modérés pour soulever des
haines furieuses. Voyez M. Jules Simon : les républicains le traitent depuis longtemps comme les évêques
traitaient alors M. Renan.

Les joueurs de flûte ont, paraît-il, le don d'exaspérer tous ceux qui ne charment pas.

L'attitude de notre philosophe fut tout en componc-
tion et en douceur pendant l'orage. Le secret de cette
quiétude — vous l'avez deviné ? — c'est l'indifférence.
Il ne se sentait pas touché. Il avait des façons atten-
dries de plaindre ses adversaires. Comme Jean Hussen
voyant une bonne femme porter son fagot au bûcher,

il s'écriait : *Sancta simplicitas!* Et, la bonne femme, c'était, cette fois, un prince de l'Église, quelque prélat sincère ou même le terrible Veuillot.

Cette vie de Jésus n'était que le premier volume d'une histoire des *Origines du christianisme* dont la suite ne soulevait aucune polémique.

Les *Apôtres*, *Saint Paul*, l'*Ante-Christ*, parurent dans le plus grand calme, et l'on peut admirer à l'aise et sans prendre parti ces beaux tableaux historiques du plus grand prosateur de notre temps.

J'ai dit le plus grand et je ne m'en dédis pas malgré quelques prudences un peu lentes, des gaucheries, des provincialismes et ces manières de dire caressantes de savant enthousiasme, dont on a souri.

Il y a particulièrement « le sympathique Mathieu » qui a fait le bonheur des confrères, et un « suave faussaire » qui a bien son prix aussi.

La prose de M. Renan est quand même dans sa belle veine, ce qu'il a de plus pur et de plus aimable dans notre langue.

Des dialogues philosophiques et deux drames lyriques et satiriques, *Ariel* et *Caliban*, ont complété depuis la pensée de M. Renan sur l'homme et la vie. Cette pensée dont le détail infini révèle une intelligence prodigieusement compréhensive quoique très orgueilleuse se résume dans son ensemble par un scepticisme auprès duquel celui de Pyrrhon et de Gassendi devient la foi du charbonnier.

Ce « dévot sans dogme » comme l'appelait un jour Sainte-Beuve, n'a-t-il pas dit, il y a deux ans, dans une de ses conférences d'Angleterre :

— « On n'a quelque chance d'avoir aperçu la vérité une fois en sa vie que si l'on s'est beaucoup contredit. »

Il y a bien pourtant, dans un coin du cerveau des idées qui lui paraissent, non pas plus vraies, mais plus belles que les autres et qu'il préfère à cause de cela.

Ces idées se rapportent toutes au triomphe futur de l'intelligence sur la terre et au règne des lettrés.

Il paraît qu'un jour, jour lointain, ces lettrés « rendront Dieu parfait » et mangeront pour se nourrir les êtres grossiers qui, dans la barbarie actuelle, sont porteurs d'eau ou députés. Car ceux-ci, relevés de leurs fonctions par des machines deviendront comestibles.

Ce sont des fantaisies et des curiosités qu'on pardonne à un grand écrivain. Il sied d'ailleurs d'estimer à son plus juste prix la société dans laquelle on vit et M. Renan n'a point marchandé à la nôtre le dédain et la pitié.

Je reprocherai plutôt à ce sage de garder dans la pratique de la vie une manière doucereuse et enveloppée qui cache sa profonde indifférence, et un trop grand amour du repos.

Il accorde trop à ses interlocuteurs.

L'autre jour, il concédait à Victor Hugo que Bossuet n'a jamais su écrire. Je sais bien que Victor Hugo est le contraire d'un homme avec qui on puisse dialoguer. Mais, en bien d'autres cas, on aimerait à voir M. Renan plus ferme et moins glissant.

On a beau ne croire à rien du tout (ce qui est légitime) il faut pourtant bien toujours agir dans la {vie comme si on croyait à quelque chose.

M. Renan s'est plusieurs fois présenté à la députation, on lui a naturellement préféré n'importe qui avec le discernement ordinaire au suffrage universel.

Il paraît qu'aujourd'hui M. Renan voudrait un fauteuil au Sénat. Il en parle dans son dernier article de la *Revue des Deux-Mondes*, et ses amis ne croient pas que la chose soit impossible.

Le Sénat, qui a nommé MM. Berthelot et Würtz, semble s'être mis sur la voie des hommes intelligents (je mets la politique à part). Sur cette voie, il rencontrera vite M. Renan.

Je souhaite vivement qu'un homme de cette valeur intellectuelle soit consulté sur les affaires du pays. Mais dépouillera-t-il, en les traitant, cette espèce d'humilité hautaine qu'il met d'ordinaire à approuver la première parole venue du premier venu.

XVI

M. AUGUSTE VITU

Samedi, 16 décembre 1882.

Son allure un peu raide, sa tenue correcte, sa moustache, sa rosette d'officier de la Légion d'honneur et sa vivacité lui donnent l'aspect d'un lieutenant-colonel d'artillerie.

Sa parole est abondante et nette. La netteté et l'abondance sont aussi les qualités distinctives de son esprit.

Il est peu de questions qu'il ne puisse exposer avec clarté. Finances, administration, théâtre, sont des sujets bien divers et qu'il traite pourtant de la même façon, c'est-à-dire avec ordre.

Son nouveau livre sur la *Maison mortuaire de Molière, d'après des documents inédits*, est un excellent exemple de cette méthode. On y voit l'amour de débrouiller poussé aussi loin que possible; on y sent le plaisir d'amener habilement la vérité à ce point où elle devient l'évidence.

C'est à ce penchant qu'on peut rapporter la préférence de M. Vitu pour les sujets financiers. On a de lui : le *Budget de* 1862 ; les *Finances de l'Empire ; Qui mange le budget? Opinion sur la question des banques ;* et le *Guide financier*, devenu classique, me dit-on.

Autre emploi des facultés d'ordre si supérieures chez M. Auguste Vitu : l'histoire administrative. Il donna en 1867, si je ne me trompe, son *Histoire civile de l'armée.* Pourquoi *civile ?* Cela a fait sourire. « Cette histoire de l'armée est civile, répond M. Vitu lui-même, parce qu'elle n'est pas militaire. » Elle expose le mode de recrutement depuis l'Empire romain jusqu'à la création de l'armée permanente, sous Charles VII.

Le livre est digne de considération. Je crois me rappeler qu'il eut contre lui, à l'Académie, M. Guizot, alors tout-puissant. J'apprends par ailleurs que M. Haúréau, le continuateur de la *Gallia christiana,* en fait cas. Une prochaine édition provoquera un nouveau débat dans les revues spéciales, telles que la *Revue critique,* le *Polybiblion,* la *Revue historique,* etc., où les questions se traitent par le menu. Il nous faut ici des résultats d'ensemble.

M. Vitu a éclairci un assez grand nombre d'obscurités qu'il y avait dans notre histoire littéraire.

Il a rendu à Denis Hesselin la *Chronique de Louis XI,* dite *Chronique scandaleuse,* attribuée jusqu'ici à Jean de Troyes. Il a retrouvé le nom de François Villon, qui est, non Villon, mais François tout court. Il a retrouvé plus de vingt pièces capitales pour l'histoire de ce « mauvais garçon ». Dans le même temps, un archiviste paléographe, M. Longnon, préparait un texte de Villon et la querelle fut vive entre les deux savants (1). Je ne veux donner tort à personne ; les littérateurs et les archivistes sont des frères ennemis : tant qu'il restera, en ce monde, un bibliothécaire diplômé, un homme de lettres et une feuille de vieux parchemin, on s'arrachera les yeux.

Ces messieurs des archives ne veulent pas que nous lisions leurs chartes, voilà la vérité. Ils nous renvoient à nos contes.

Ceux de M. Vitu se nomment *Contes à dormir debout*. Ils sont fort bien faits, mais peut-être un peu secs. Une grande qualité de l'esprit n'est pas également profitable dans toutes les opérations, et l'admirable netteté de M. Vitu le rend plus propre à critiquer qu'à imaginer.

Mais à propos de ses travaux historiques, j'allais oublier, dans *Ombres et vieux Murs*, la merveilleuse étude consacrée au journaliste François Suleau et qui me touche davantage, peut-être parce qu'elle représente un de nos confrères, en nous montrant que l'indépendance est assez naturelle aux gens qui écrivent..

Le dimanche 17 janvier 1790, dès cinq heures de l'après-midi, une foule attentive remplissait la salle d'audience du Châtelet de Paris. On allait juger un homme accusé de *lèse-nation*, crime nouveau que l'Assemblée constituante avait substitué dans son Code pénal au crime féodal de lèse-ma-

---

(1) Voir la *Chronique de Louis XI*, dite *Chronique scandaleuse ;* Préface, page 2 et suivantes. C'est le style ardent et nerveux d'un Furetière irrité et armé d'une coupante éloquence.

jesté. Tout intéressait au prévenu : sa jeunesse, la beauté
de ses traits, une réputation d'esprit et de bravoure, son
dévouement chevaleresque à la monarchie défaillante, tout,
jusqu'à la gravité de l'accusation que les journaux révolutionnaires s'efforçaient de relier à l'affaire de M. de Favras,
et qui pouvait aboutir à une condamnation capitale. Les
propos de l'auditoire étaient empreints de préoccupations
pénibles, les femmes surtout, et jamais la sombre enceinte
du Châtelet n'en vit paraître de si charmantes, ne tarissaient
pas en soupirs douloureux.

L'objet de ces vives sympathies n'était pourtant ni
M. de Favras, ce héros sacrifié d'avance à d'éclatantes
déloyautés, ni M. de Besenval, noble exemple de la fidélité
militaire, élégant et spirituel soldat, qu'on ne détenait que
par une violation évidente du droit des gens. C'était un
simple journaliste, nommé François Suleau, écrivain par
occasion, pamphlétaire par nature, un peu militaire, un
peu robin, brave comme Saint-Georges, beau comme Léto-
rières, et aussi Gascon que Cyrano de Bergerac.

Son apparition sur la sellette fut le signal d'une véritable
ovation, dans laquelle l'enthousiasme se confondit avec
l'attendrissement. Quelques-uns de ses amis ne purent retenir leurs larmes : tous frémissaient, cherchaient à lire dans
les yeux de l'accusé l'espoir incertain d'une victorieuse défense.

Leur souhait fut pleinement exaucé. Au lieu d'un prévenu
courbé sous le poids d'une inculpation terrible, on vit un
jeune homme calme, souriant, maître de son intelligence et
de sa parole, froidement et finement railleur, maniant la
plaisanterie avec une facilité qui n'évitait le cynisme qu'à
force de verve et d'éclat. Bientôt, devant l'assistance
éblouie, le banc des accusés se transforme en un théâtre du
haut duquel l'inculpé jette le sarcasme et le ridicule à
pleines mains sur la tête de ses accusateurs. L'interrogatoire devient un *scenario* de farce italienne, où le juge ne

paraît que pour donner la réplique à l'insolent et beau
Léandre. Le rapporteur, abasourdi, n'interroge qu'en trem-
blant ; et l'accusé, s'animant de sa propre audace, ivre de
son triomphe, continue avec une éloquence volubile, inépuisable et sans frein, son étourdissante improvisation.

Il faut donner ici quelques extraits de cet interrogatoire,
unique dans les fastes de la justice criminelle. C'est le meilleur moyen d'abréger notre tâche au bénéfice du lecteur,
car tout Suleau se trouve là : talent, caractère et biographie. Nous n'aurons plus qu'à compléter les traits princi-
paux de ce type singulier, qu'on peut expliquer à loisir,
mais qu'il faut renoncer à peindre autrement qu'en lui em-
pruntant sa brosse et ses couleurs.

Les juges de Suleau lui donnèrent d'abord lecture des
imprimés, manuscrits et pièces de toute nature joints au
dossier de l'accusation. Suleau avoue et reconnaît toutes
ces pièces ; mais il témoigne quelque surprise de ne pas
trouver les charges aussi volumineuses qu'elles pouvaient
l'être, et offre très obligeamment d'y suppléer lui-même en
remplissant les lacunes de sa correspondance. « D'ailleurs,
ajoute-t-il, j'y vois ample matière à compliments et pas
l'ombre d'un grief. Je ne puis me refuser au plaisir de
croire que je n'ai été amené au pied du tribunal avec tant
d'appareil que pour recevoir, avec d'autant plus de solennité, des remerciements et des éloges. »

On l'engage à choisir un conseil. « Je n'en ai pas besoin.
— Le décret de l'Assemblée l'exige. — Eh bien! pour la
forme, dites à un procureur de nous envoyer ici sa robe ;
l'intention de l'Assemblée sera remplie. Au surplus, ma défense est dans ma conduite, et ma justification sera complète. »

L'interrogatoire commença et prit l'affaire *ab ovo*. Suleau
se vit pressé de questions épisodiques et minutieuses sur sa
famille, sur ses occupations, ses mœurs, etc. Mais, loin de
se scandaliser de cette multiplicité de questions superflues,

il s'en divertit franchement. — « Je ne puis vous dire avec précision combien de fois j'ai battu ma nourrice ; mais le comité des recherches doit avoir là-dessus des notes infiniment précieuses et instructives. J'ai fini mes humanités à Amiens, mon cours de philosophie au collège Louis-le-Grand ; j'ai même l'honneur, si c'en est un, d'être un suppôt de la fille aînée de nos rois (maître ès arts en l'Université de Paris). J'avais alors dix-huit ans ; il y a donc treize ans quatre mois dix-sept jours que je suis un grand garçon. Si vous êtes curieux de savoir ce que j'ai fait depuis tout ce temps-là, vous verrez beaucoup d'espiégleries, et même, par-ci, par-là, quelques polissonneries ; et si vous voulez me suivre partout où j'ai divagué, je vous ferai voir du pays.

» J'ai d'abord traîné ma robe dans la poussière du Palais. Viennent ensuite mes expéditions militaires ; cela fourmille d'anecdotes piquantes ; mais ce récit nous consumerait trop de temps.

» Un beau matin, M. le hussard s'est éveillé avocat ès conseils du roi ; cette plaisanterie a duré environ quatre ans et lui a valu rapidement quelques centaines de mille livres. Mais, possédé du démon de l'agiotage, j'ai un peu joué dans les eaux de Paris, les actions du doublage, etc. Toutes ces spéculations neckériennes m'ont ruiné ; j'ai perdu 230,000 livres ; enfin j'ai vendu ma charge pour solder plus promptement mes créanciers. Il ne m'en reste plus que cinq ou six petits ; cependant, j'en aperçois un ici. M. le Roux ! approchez, monsieur... — Non, monsieur, dit l'honnête créancier tout attendri, vous ne me devez rien. — Grand merci, monsieur ! reprend Suleau. Écrivez, monsieur le greffier, que monsieur me donne quittance ! »

Les juges, les témoins, l'auditoire, la maréchaussée rient aux larmes de cet intermède, et Suleau poursuit avec le plus grand sang-froid l'histoire de sa vie passée. « Enfin, j'ai visité les îles du Vent ; de là, je me suis rendu à Saint-Domingue, d'où j'ai pris mon essor, le 4 avril dernier, pour l'Amérique septentrionale. Après avoir parcouru les différents États de ce continent, je me suis embarqué à la Nouvelle-York le 11 juillet, pour l'Angleterre ; j'étais à Paris le 27 août. Ce voyage embrasse un espace de trois années, qui ont été parsemées d'aventures assez drôles, mais tout à fait étrangères à mon aristocracisme.

» Chemin faisant, j'avais recueilli la démission du sénéchal de la Guadeloupe ; mais je ne pus le remplacer dans son office de judicature sans en avoir l'agrément du Roi, et c'est là très exclusivement l'objet de mon retour en France. C'est alors que j'ai eu lieu de me convaincre que le monarque avait bien d'autres affaires à penser que les miennes : des comités, des districts, une assemblée nationale... Bref, j'espère que tout cela finira bientôt, et je prends patience. »

Après ce violent coup de boutoir contre le nouvel ordre de choses, l'accusé demande à se rafraîchir ; un des messieurs les gens du roi fait venir deux carafes de limonade qu'ils boivent ensemble, dit une brochure du temps, « comme en jouant une partie de dominos ».

Suleau a repris haleine, il continue. A-t-il demandé la parole ou s'en est-il emparé de son plein gré ? Je ne sais ; mais le lieutenant-criminel est muet, le rapporteur a brouillé les feuillets de l'acte d'accusation ; Suleau préside, et dirige les débats sans aucune contradiction. « Revenons à ma famille ; j'ai eu une mère, et la bonne femme se connaissait bien en hommes, car elle m'a toujours prédit que je ne serais qu'un franc vaurien, c'est-à-dire un *aristocrate*. J'ai encore tout au moins un père ; c'est un brave et respectable négociant ; au surplus, il vit, comme bien d'autres, de ce qu'il mange. Je vous accuse sept frères ; ne me demandez pas ce que j'en ai fait ; on en avait fourré dans tous les coins des séminaires et monastères : mais depuis qu'on a fait impitoyablement la chasse aux moines, tout cela s'est éparpillé, je ne sais trop où. Je ne vous parle point de mes sœurs, car elles ne sont pas jolies ; mais elles ont, en compensation, un bon caractère. Des oncles, des tantes, des cousins, j'ai de tout cela à foison dans cette Picardie ; des amis ? vous en parlez, monsieur, bien à votre aise ! *rara avis in terris.* Le catalogue de mes liaisons ? comment l'entendez-vous ? J'ai toujours été lié, et le suis encore, avec de très jolies femmes. Quant au Palais-Royal, j'y ai promené quelquefois mon désœuvrement ; mais j'y ai toujours trouvé si mauvaise compagnie que cela m'en a dégoûté pour longtemps. »

La séance levée, Suleau demande avec instance à connaître le nom de ses dénonciateurs. « Vous n'en avez pas d'autres, lui répondit-on, que le comité des recherches. — Puisqu'il faut, reprend-il, que j'aie toujours affaire à des comités, que n'est-ce, du moins, à celui des subsistances ! Je ne serais pas exposé à mourir d'inanition. M. le rapporteur, on ne s'occupe pas de mes besoins : on croit donc qu'un *aristocrate* est un chérubin, que cela ne mange pas ! Cependant, sous tous les rapports, mes besoins physiques sont très étendus. Je prie M. le rapporteur d'examiner à loisir si c'est au roi ou à la nation d'y pourvoir. Cela est vraiment problématique ; dans tous les cas, je demande une provision alimentaire, aux dépens de qui il appartiendra. J'observe aussi que l'on ne m'a pas mieux fait les honneurs de l'hospitalité sur l'article du logement. Nous sommes trois dans une chambre, entassés comme des harengs en caque ; et si l'on ne prend pas le parti de chasser plusieurs de nos messieurs, il faut, par convenance, se presser d'en faire pendre quelques-uns pour balayer la place. — Ce petit accident pourrait arriver plus tôt que vous ne l'imaginez ! dit le rapporteur, pris à son tour d'un accès de gaieté. — Je vous jure, monsieur, repart l'accusé, que je ne négligerai rien pour mériter la préférence (1). »

(1) *Ombres et vieux Murs.* Charpentier, éditeur, 1876, page 39 et suivante.

Cette étude est un modèle de monographie savante, vivante, émouvante et vraie.

C'est encore comme critique de théâtre que M. Vitu est excellent. Il ne fait pas, tous les lundis, comme autrefois MM. de Saint-Victor et Jules Janin, comme aujourd'hui M. Sarcey, un feuilleton ou plutôt un cours de littérature dramatique. Il n'enseigne pas ; — il renseigne, et cela tout de suite et tout à fait.

Et quelle exactitude dans le renseignement ! Quelques lignes justes, serrées, lumineuses, et voilà la pièce exposée. Quelques mots brefs pour chaque acteur. Puis l'historique, les sources, les rapprochements, tout le passé, toute l'archéologie si curieuse d'un drame romantique ou d'une tragédie peu connue de Corneille. C'est tout. Pas de creuse esthétique, encore moins de déclamation. Mais c'est surtout dans ses jugements sur le théâtre moderne, spécialement sur celui d'Alexandre Dumas fils que le critique se montre le mieux. L'article sur l'*Ami des Femmes* me paraît être entre autres un chef-d'œuvre de finesse critique. L'article est du 4 mai 1874 et débute ainsi : « Je rapporte de cette étude la conviction qu'il est impossible de comprendre la pièce et par conséquent de la juger sainement, si l'on n'a pas lu et médité la préface explicative de 1870. Mais comme on ne peut pas jouer la préface, ce qui d'ailleurs exigerait le huis clos, la pièce privée de ce commentaire semblera toujours obscure, etc... »

De tous les critiques de théâtre, c'est M. Vitu qui s'éloigne le plus de la manière de Janin, laquelle était toute en digression et hors-d'œuvre. Ce Janin a laissé des exemples célèbres de babillage et d'inexactitude. En vieillissant, il devint incapable de donner à personne son véritable nom. On a un feuilleton de lui où le malade imaginaire se nomme *Orgon* tout du long.

M. Sarcey ne se donne pas de ces facilités. Outre qu'il s'est longtemps appliqué et n'a pris les choses légèrement que quand il lui a poussé une barbe grise et du ventre, ce critique bon enfant s'amuse beaucoup au théâtre et y va consciencieusement. Mais, à le bien observer, il n'est pas si exact qu'il en a l'air. Bien des choses lui semblent de peu d'importance, et il ne se tient pas à une syllabe de plus ou de moins dans un vers. A côté de M. Vitu, c'est un brouillon.

Il dit :

— On a repris telle pièce avant que je sois sorti de l'École normale.

Ou bien :

— Cette actrice a débuté quand j'allai recueillir la succession de ma tante, à moins que ce ne soit pendant un voyage d'agrément que j'ai fait en Beauce.

Il ne vérifie pas ! Qu'importe ! Il a des paresses de gros homme qui se pique de n'être pas minutieux.

M. Vitu ne croit pas avoir donné la date d'un début, d'une première, d'une reprise, quand il en dit l'année exacte. Il lui faut encore le mois et le jour.

Il dirait l'heure, s'il ne fallait pas faire quelque concession à l'indifférence publique.

Si l'on peut reprocher quelque chose à un aussi excellent esprit que M. Vitu, c'est précisément l'amour du détail ; il le voit si juste ! il s'y complaît un

peu trop. Mais on doit à cette disposition particulière
un choix admirable de mauvais vers et de phrases ridicules, prises au jour le jour dans le répertoire contemporain.

Il vous trouve une bévue perdue dans un mélodrame comme une aiguille dans une botte de foin ; il
vous la tire, il vous la montre, et vous riez. Ses articles contiennent bon nombre de ces précieux exemples
de « cacographie », comme il dit.

Toujours sobre, il les note et passe.

M. Vitu, qui n'a jamais cessé un instant de travailler, fournira encore une longue carrière (1) ; mais sa

(1) Je donne ici la bibliographie complète des œuvres de
M. Auguste Vitu. Il convient de traiter cet auteur exact avec
l'exactitude et le détail qu'il met à ses travaux. N'est-ce pas le
peindre encore que d'imiter ses procédés minutieux ?

1. Biographies *Akbar, Arconville, Austremoine,* etc. Dans la
    deuxième édition de la Biographie Michaud, 1842-1843.
2. *Physiologie de la Polka,* en collaboration avec Paul Farnèse
    (Laurence de Blanry). In-18, 1844. Legallois, éditeur.
3. *Physiologie du Bal Mabille,* en collaboration avec Jules
    Frey. Paris, Carrier, 1845, in-32.
4. *Paris l'Été.* Paris, Martinon, 1847, in-32.
5. *Paris masqué.* Paris, Martinon, 1848, in-32.
6. *Almanach des théâtres,* en collaboration avec Léon Pari,
    2e livraison, in-32. Paris, Schiller, 1851.
7. *Révision ou révolution.* Paris, Michel Lévy, in-18, 1851.
8. *L'Empereur à Grenoble.* Grenoble, septembre 1852, gr. in-8°.
9. *Études littéraires sur la révolution française. — François
    Suleau.* Paris, France, éditeur, 1854, in-18.
10. *Histoire de Napoléon III et du rétablissement de l'Empire.*
    Paris, Hachette, Ledoyen et Givet, 1854, in-8° de 516 p.
11. *Guide du voyageur dans le département de l'Isère,* en colla-
    boration avec Pierre Fissont. Grenoble, Ch. Vellot, 1854.
12. *La Résurrection de Lazare,* en société avec Henry Mürger,

manière est telle et lui est si propre, qu'on ne peut
pas penser qu'il en change.

Aussi peut-on faire bien à l'avance un éloge d'ensemble qui convienne à toute son œuvre de publi-

Th. de Banville et Antoine Fauchery. — Collection
Michel-Lévy, 1854.

13. *Ombres et vieux Murs.* Paris, Poulet-Malassis, 1859, grand
in-18. — 2ᵉ édition augmentée d'une étude sur *le Repas
des gardes du corps.* Paris, bibliothèque Charpentier, 1876.

14. *Contes à dormir debout.* Bibliothèque du chemin de fer, Hachette et Cie, 1860. — 2ᵉ édition, bibliothèque Charpentier, 1876.

15. *Le Budget de 1862.* Dentu, in-8°, 1862.

16. *Le conflit austro-prussien* (non signé). Dentu, in-8°, 1864.

17. *Guide financier.* Hachette, 1864, grand in-18, de 1066 p.

18. *Opinion sur la question des Banques.* Lacroix, Verbœckhoven,
et Cie, 1867, in-12.

19. *Rapport au nom de la classe 94 du Jury International de l'Ex-
position universelle de 1867.*

20. *Histoire civile de l'armée, depuis les temps les plus reculés jusqu'à la formation de l'armée permanente.* Paris, Didier
et Cie, 1868, in-8° de 565 p.

21. *Les Finances de l'Empire.* Dentu, 1868, grand in-8° de 52 p.

22. *Les Réunions publiques à Paris,* 1868-69. Dentu, 1869, gr. in-8°
de 96 p. — 3ᵉ édition avec un appendice contenant les
jugements et arrêts en matière de réunions publiques.
Dentu, mai 1869, grand in-8o de 151 p.

23. *Les Réunions électorales à Paris,* mai 1869. Dentu, grand
in-8° de 158 p.

24. *Notice sur François Villon,* d'après des documents nouveaux
et inédits. Jouaust, 8 mai 1873, in-8° de 56 p.

25. *La Chronique de Louis XI,* dite *Chronique scandaleuse,* resti-
tuée à son véritable auteur. Jouaust, 30 juin 1873, in-8°
de 92 p.

26. *Le lendemain de l'Empire.* Lachaud et Burdin, 1874, in-8° de
300 p.

27. *La mort d'Agrippine,* tragédie de Cyrano de Bergerac, *Confé-*

c

ciste et d'historien. Cet éloge sera, comme cet article
même, écrit dans sa manière rapide, et concis comme
une inscription.

Le voici :

JOURNALISTE ET HISTORIEN.
IL MÉNAGEA LES MOTS.

    rence faite dans la salle de la Gaîté le 10 novembre 1872.
    Jouaust, 1875, gr. in-18 de 78 p.

28. *Molière et les Italiens.* Tresse et Cie, 1872, in-8° de 20 p.

29. *Beaumarchais, auteur dramatique.* Paris, Jouaust, 1882, gr.
    in-16. Notice de LXXIV p.

30. *La maison mortuaire de Molière, suivie d'un appendice conte-
    nant l'histoire de la rue Richelieu depuis sa création.* Paris.
    Aph. Lemerre, 1883, in-8° de 480 p.

31. *Archéologie moliéresque ; le Jeu de Paume des Mestayers,* ou
    l'*Illustre Théâtre.* Paris, Alph. Lemerre, 1883, in-8° de
    74 p.

32. *Le Jargon du XVe siècle, étude philologique.* Paris, Charpen-
    tier et Cie, 1884, in-8° de 546 p.

33. *Lettre à Georges Boyer.* Paris, Ollendorff, 1884, in-16.

34. *Les mille et une nuits du théâtre.* Paris, Ollendorff, 1885,
    in-18 de 394 p.

XVII

M. ALPHONSE DAUDET

Samedi, 20 janvier 1883.

Il y a plus de vingt ans que M. Alphonse Daudet est venu du Midi, tout mince et joli, chantonnant, souriant et armé jusqu'aux dents, pour conquérir Paris, la grand'ville du Nord.

Il venait, comme son ami Paul Arène et tant d'autres, faire des vers et de la prose.

Il était alors tout à fait jeune, comme à présent; car tout peut arriver à M. Alphonse Daudet, tout, excepté de vieillir. Il y a dans toute sa petite personne une jeunesse obstinée qui fait songer involontairement à quelque pacte comme en fit le docteur Faust. Et M. Daudet n'est pas près de se brouiller avec le diable.

Il vint tout droit de Provence à la brasserie des Martyrs, où il rencontra Rabou, Rolland, Bataille, Plouvier et beaucoup d'autres gaillards qui roulaient de gros yeux, mais qui n'étaient pas de la force de ce petit Provençal. On sut tout d'abord qu'il se nommait Daudet et qu'il était charmant.

Daudet?

— Eh! oui, m'a dit un érudit du Midi, Daudet, Davidet, c'est-à-dire petit David. Un nom juif provençalisé.

Daudet, Davidet!

Et, mon Dieu! je veux bien, si l'on y tient, ce petit David a en effet l'épaisse chevelure, la stature courte, les épaules hautes de la race sémitique. Regardez-le bien : ses beaux yeux noirs, qui brillent comme il en pouvait briller dans les jardins du roi Salomon, son nez fin et busqué, ses lèvres fortes, sa barbe en deux courtes pointes ; que vous dit cela ? Il a assez l'air de venir de l'Horeb et du désert, le petit David! Mettez-lui autour de la tête une serviette en guise de turban après souper et vous verrez l'effet.

Ne ressemble-t-il pas ainsi en beau à M. Naquet?

Ce petit David eut, comme l'autre, le don de charmer les plus mélancoliques.

Il plut tout particulièrement à M. de Morny, qui l'attacha à sa personne. M. de Morny était alors président du Corps législatif. L'entrevue du premier fonctionnaire de l'Empire et du jeune Provençal est déjà entrée dans la légende. C'est cette légende, fausse et vraie à la fois, comme toutes les légendes, qu'il y a plaisir à rapporter, car elle est jolie. J'en voudrais connaître l'auteur. Ce doit être un homme d'esprit.

La légende rapporte que, ayant lu la lettre de recommandation présentée par M. Alphonse Daudet, le

duc lui demanda nonchalamment ce qu'on pouvait
faire pour lui.

Le petit Provençal monta alors sur ses ergots ; prit
un air de jeune coq qui lui allait à ravir et dit :

— Avant tout, monsieur le duc, je dois vous prévenir que je suis légitimiste.

M. de Morny regarda alors pour la première fois
son interlocuteur et le trouva très drôle.

— Bast ! bast ! lui dit-il, l'Impératrice l'est plus que
vous.

Et il l'attacha à sa personne.

Telle est la légende. Après cela, ne me demandez
pas la vérité, qui est toujours moins belle que la légende.

Il résulta par la suite, du séjour de M. A. Daudet à
à la présidence, un roman très curieux, dont les meilleures pages ressemblent à des pages de mémoires et
sont relatives aux dernières galanteries et aux derniers
tripotages, vrais ou faux, de M. le duc de Morny.
Dans le roman, on lit Mora pour Morny, mais cela
n'a embarrassé personne.

Le héros principal de ce même roman, le Nadab,
fort lié avec le frère, M. Ernest Daudet, ne vit pourtant qu'une fois Alphonse.

— Je le vis, dit M. Alphonse Daudet, le temps de le
plaindre et de le peindre.

Vous voyez que le petit David ne perd pas son temps
en compagnie. Je ne m'en plaindrai pas, car il peint
ce qu'il a vu, d'une touche gouailleuse et fine qui est
vraiment d'un maître.

Il avait débuté par des contes dont l'agrément n'a point trop été dépassé. Les *Lettres de mon moulin* marquent parmi les petïts chefs-d'œuvre des nouveaux venus de ce temps, à côté du *Jean des Figues* de M. Paul Arène.

Il y a dans ce livre un miracle de gentillesse, *La chèvre de M. Seguin*. Ce petit conte, tout le monde l'a lu, mais on oublie si vite et l'on a si peu l'occasion de relire, que je demande la permission de le rappeler. Vous m'en remercierez.

Et non ! M. Seguin n'avait jamais eu de bonheur avec ses chèvres. Il les perdait toutes de la même façon : Un beau matin, elles cassaient leur corde, s'en allaient dans la montagne, et là-haut le loup les mangeait.

Cependant le brave M. Seguin ne se découragea pas et après avoir perdu six chèvres de la même manière, il en acheta une septième. Seulement, cette fois, il eut soin de la prendre toute jeune, pour qu'elle s'habituât mieux à demeurer chez lui.

Oh ! qu'elle était jolie la petite chèvre de M. Seguin !

Qu'elle était jolie avec ses yeux doux, sa barbiche de sous-officier, ses sabots noirs et luisants, ses cornes zébrées et ses longs poils blancs qui lui faisaient une houppelande ; c'était presque aussi charmant que le cabri d'Esméralda, — et puis docile, caressante, se laissant traire sans bouger, sans mettre son pied dans l'écuelle ; un amour de petite chèvre...

M. Seguin avait derrière sa maison un clos entouré d'aubépines. C'est là qu'il mit sa nouvelle pensionnaire. Il l'attacha à un pieu, au plus bel endroit du pré, en ayant soin de lui laisser beaucoup de corde, et de temps en temps il venait voir si elle était bien. La chèvre se trouvait très heureuse, et broutait l'herbe de si bon cœur que M. Seguin était ravi : — « Enfin, pensait le pauvre homme, en voilà une qui ne s'ennuiera pas chez moi ! »

M. Seguin se trompait, sa chèvre s'ennuya.

Un jour elle se dit en regardant la montagne :

« Comme on doit être bien là-haut ! Quel plaisir de gambader dans la bruyère, sans cette maudite longe qui vous écorche le cóu... C'est bon pour l'âne ou pour le bœuf de brouter dans un clos !... Les chèvres, il leur faut du large.»

A partir de ce moment, l'herbe du clos lui parut fade. L'ennui lui vint. Elle maigrit ; son lait se fit rare. C'était pitié de la voir tirer tout le jour sur sa longe, la tête tournée du côté de la montagne, la narine ouverte, et faisant : *Mé !...* tristement.

M. Seguin s'apercevait bien que sa chèvre avait quelque chose, mais il ne s'apercevait pas de ce que c'était... Un matin, comme il achevait de la traire, la chèvre se retourna et lui dit dans son patois :

« Écoutez, monsieur Seguin, je me languis chez vous. Laissez-moi aller dans la montagne.

— Ah ! mon Dieu !... Elle aussi ! » cria M. Seguin stupéfait, et du coup il laissa tomber son écuelle... puis, s'asseyant dans l'herbe, à côté de sa chèvre :

— Comment, Blanquette, tu veux me quitter ?

Blanquette répondit :

— Oui, monsieur Seguin.

— Est-ce que l'herbe te manque, ici ?

— Oh ! non, monsieur Seguin.

— Tu es peut-être attachée de trop court ; veux-tu que j'allonge la corde ?

— Ce n'est pas la peine, monsieur Seguin.

— Alors, qu'est-ce qu'il te faut ? Qu'est-ce que tu veux ?

— Je veux aller dans la montagne, monsieur Seguin.

— Mais, malheureuse, tu ne sais pas qu'il y a le loup dans la montagne... Que feras-tu quand il viendra?...

— Je lui donnerai des coups de corne, monsieur Seguin.

— Le loup se moque bien de tes cornes. Il m'a mangé des biques autrement encornées que toi... Tu sais bien, la vieille Renaude qui était ici l'an dernier? Une maîtresse chèvre, forte et méchante comme un bouc. Elle s'est battue avec le loup toute la nuit... puis le matin le loup l'a mangée.

— Pécaïré! Pauvre Renaude!... Ça ne fait rien, monsieur Seguin, laissez-moi aller dans la montagne.

Là-dessus, M. Seguin emporta la chèvre dans une étable toute noire, dont il ferma la porte à double tour. Malheureusement, il avait oublié la fenêtre, et à peine eut-il le dos tourné, que la petite s'en alla.

Quand la chèvre blanche arriva dans la montagne, ce fut un ravissement général. Jamais les vieux sapins n'avaient rien vu d'aussi joli. On la reçut comme une petite reine. Les châtaigniers se baissaient jusqu'à terre pour la caresser du bout de leurs branches. Les genêts d'or s'ouvraient sur son passage, et sentaient bon tant qu'ils pouvaient. Toute la montagne lui fit fête.

Vous pensez si la petite chèvre fut heureuse. Plus de corde, plus de pieu, rien qui l'empêchât de gambader, de brouter à sa guise. De l'herbe par-dessus les cornes... Et quelle herbe! Savoureuse, fine, dentelée, faite de mille plantes. Et les fleurs donc!... De grandes campanules bleues, des digitales de pourpre à long calice.

La chèvre blanche, à moitié soûle, se vautrait là dedans les jambes en l'air et roulait le long des talus, pêle-mêle avec les feuilles tombées et les châtaignes... Puis, tout à coup, elle

se redressait d'un bond sur ses pattes. Hop! la voilà partie,
la tête en avant, à travers les maquis et les buis-ières, tantôt sur un pic, tantôt au fond d'un ravin, là-haut, en bas,
partout... On aurait dit qu'il y avait dix chèvres de M. Seguin dans la montagne.

C'est qu'elle n'avait peur de rien, la Blanquette.

Elle franchissait d'un saut de grands torrents qui l'écla-
boussaient au passage de poussière humide et d'écume.
Alors, toute ruisselante, elle allait s'étendre sur quelque
roche plate et se laissait sécher par le soleil... Une fois, s'a-
vançant au bord d'un plateau, une fleur de cytise aux dents,
elle aperçut en bas, tout en bas dans la plaine, la maison de
M. Seguin avec le clos derrière. Cela la fit rire jusqu'aux
larmes.

« Que c'est petit! dit-elle; comment ai-je pu tenir là dedans ? »

Pauvrette! de se voir si haut perchée, elle se croyait au
moins aussi grande que le monde...

Mais, tout à coup, le vent fraîchit. La montagne devient violette; c'est le soir. « Déjà! » se dit la petite
chèvre; et elle s'arrête fort étonnée. En bas, les
champs étaient noyés de brume. Le clos de M. Seguin
disparaissait dans le brouillard, et, de la maisonnette,
on ne voyait plus que le toit avec un peu de fumée.
Elle écouta les clochettes d'un troupeau qu'on ramenait, et se sentit l'âme toute triste.

Un gerfaut qui rentrait la frôla de ses ailes en passant. Elle tressaillit.

Puis ce fut un long hurlement dons la montagne :
« Hou! hou! »

Elle pensa au loup; de tout le jour la folle n'y avait pas
pensé... Au même moment, une trompe sonna bien loin

dans la vallée. C'était ce bon M. Seguin qui tentait un dernier effort.

« Hou ! hou !... » faisait le loup.

« Reviens ! reviens !... » criait la trompe.

Blanquette eut envie de rentrer; mais en se rappelant le
pieu, la corde, la haie du clos, elle pensa que maintenant
elle ne pourrait plus se faire à cette vie, et qu'il valait mieux
rester...

La trompe ne sonnait plus.

La chèvre entendit derrière elle un bruit de feuilles. Elle
se retourna et vit dans l'ombre deux oreilles courtes toutes
droites, avec deux yeux qui reluisaient... C'était le loup.

Énorme, immobile, assis sur le train de derrière, il était
là, regardant la petite chèvre blanche et la dégustant par
avance. Comme il savait bien qu'il la mangerait, le loup ne
se pressait pas; seulement, quand elle se retourna, il se
mit à rire méchamment : « Ha! ha! la petite chèvre de
M. Seguin! » et il passa sa grosse langue rouge sur ses ba-
bines d'amadou.

Blanquette se sentit perdue... Un moment, en se rappelant l'histoire de la vieille Renaude, qui s'était battue toute
la nuit pour être mangée le matin, elle se dit qu'il vaudrait
peut-être mieux se laisser manger tout de suite; puis, s'é-
tant ravisée, elle tomba en garde, la tête basse et la corne
en avant, comme une brave chèvre de M. Seguin qu'elle
était... non pas qu'elle eût l'espoir de tuer le loup, — les
chèvres ne tuent pas le loup, — mais seulement pour voir si
elle pourrait tenir aussi longtemps que la Renaude...

Alors le monstre s'avança, et les petites cornes entrèrent
en danse.

Ah! la brave chevrette! comme elle y allait de bon cœur!
Plus de dix fois, elle força le loup à reculer pour reprendre
haleine. Pendant ces trêves d'une minute, la gourmande
cueillait en hâte encore un brin de sa chère herbe, puis elle
retournait au combat, la bouche pleine... Cela dura toute

la nuit. De temps en temps la chèvre de M. Seguin regardait les étoiles danser dans le ciel, et elle disait : « Oh ! pourvu que je tienne jusqu'à l'aube !... ».

L'une après l'autre, les étoiles s'éteignirent. Blanquette redoubla de coups de corne, le loup de coups de dents... Une lueur pâle parut dans l'horizon... Le chant d'un coq enroué monta d'une métairie. « Enfin ! » dit la pauvre bête, qui n'attendait plus que le jour pour mourir ; et elle s'allongea par terre dans sa belle fourrure blanche toute tachée de sang...

Alors le loup se jeta sur la petite chèvre blanche et la mangea (1).

Quel joli symbole de virginité !

J'aime assez, pour ma part, le *Petit Chose*, qui fut le premier roman de M. Alphonse Daudet.

Il s'y est peint. Non point tout entier, ce serait trop ; mais dans ce qu'il a de câlin, de gentil, dans ses candides effronteries d'enfant gâté, dans toute la joie et la mélancolie de sa première jeunesse. Il y a peint aussi M. Ernest Daudet, son « grand frère ». Et, de fait, M. Ernest Daudet n'a pas à se plaindre. On lui accorde la sagesse et la douceur en partage. Les littérateurs sont moins bien traités dans ce livre. Mais personne n'a le droit de se fâcher, tant la moquerie est légère, ailée, et se joue.

Il n'y a pas jusqu'à M. Leconte de Lisle qui n'y figure avec ses poèmes hindous et ses dédains hyperboliques. Et les plus fervents admirateurs du maître ont, comme lui, souri à ce passage.

____

(1) *Lettres de mon Moulin*. Hetzel, éditeur, p. 42 et suiv.

Il me semble bien qu'un des plus curieux romans de M. Alphonse Daudet, les *Rois en exil*, a une singulière histoire. Il me semble bien que ce livre s'appelait d'abord la *Petite Reine*, et qu'il était destiné au *Correspondant*.

C'était pendant les beaux jours de l'Assemblée de Versailles, environ le temps où les carrosses du roi étaient commandés.

La *Petite Reine*, si je ne l'ai pas rêvé, devait être le cantique en prose des douleurs et des vertus royales.

M. Alphonse Daudet est sensible aux influences de l'air ambiant; il a des rhumatismes à tous changements de temps.

Sa conception de la *Petite Reine* dévia étrangement, et nous eûmes, après le Seize-Mai, dans le journal *Le Temps*, non point une petite reine, mais un petit roi, un vilain petit roi dalmate, qui met sa couronne au mont-de-piété. Frédérique, sa femme, ne manque point de cœur; mais, ayant accepté le bras du précepteur de son fils, elle s'y abandonne un moment, et c'est trop. — Voilà une reine qu'on ne peut plus admirer.

M. Alphonse Daudet avait peint les rois et les reines selon sa conscience de républicain. Car il était devenu républicain.

Cela lui était venu tout à coup. C'est alors qu'il se réconcilia avec M. Gambetta, son *pays*. Il n'avait pas de rancune, ce pauvre M. Gambetta. On a cité de lui ce mot royal, à propos du journaliste qui l'avait maltraité :

— Bah! à qui n'ai-je pas eu à pardonner depuis dix ans?

Ce qu'il avait à pardonner au petit David, son *pays*,
était une certaine page des *Lettres d'un Absent*, qui
représentait le départ en ballon de MM. Gambetta et
Spuller sous un aspect comique fort bien saisi.

Quelqu'un qui assistait au dîner de la réconciliation
m'en a rapporté les termes. Je ne les garantis point;
je dis seulement qu'ils ont un air de vérité.

— Tu sais, dit l'auteur des *Lettres*, tu sais, Gambetta, que j'ai retranché de mon livre tout ce qui te
concerne, toi et ton ballon.

— Tu as eu tort, répondit Gambetta. C'était la seule
chose amusante de ton volume. Après ça, tu as bien
fait... pour le pauvre Spuller.

Le roman qui suivit se ressentit cruellement de
cette aventure. Ce roman, c'est *Numa Roumestan*. Il
avait été conçu, dit-on, avant la réconciliation.

Numa Roumestan est une espèce de Gambetta, cela
est visible, cela crève les yeux. Le portrait est même
parfois fort ressemblant. Ce qui ne veut pas dire qu'il
est flatté. C'est, si vous voulez, une caricature; mais
c'est une caricature bien faite. M. Daudet ne pouvait
y renoncer ; on ne renonce point à une bonne idée.

Mais gambettiste et républicain, comme il était
devenu, il eut recours à une ruse, il fit de son Gambetta un légitimiste, sûr qu'on ne le reconnaîtrait pas,
ainsi déguisé.

C'est de la sorte que nous eûmes *Numa Roumestan*.
C'est le chef-d'œuvre du « démarquage ». Il se trouva
de bonnes âmes pour dire : « Numa, c'est Numa Baragnon ! »

M. Baragnon? on ferait sur lui un roman très comique, si on voulait ; mais ce ne serait pas du tout celui de M. Daudet. Il faudrait y montrer le barreau dans une ville de province, les affaires civiles des communautés, tout le monde légitimiste du Midi ; les dîners à l'Évêché, que sais-je enfin...

Rien de cela dans le roman de M. Daudet. Son Roumestan débute sous l'Empire, par une affaire Baudin et se pousse démocratiquement. C'est un Gambetta. Je parle du type. Quant à la fable imaginée par M. Daudet, elle est assez médiocre et n'a trait à rien.

En résumé M. Alphonse Daudet, comme romancier, a témoigné des mœurs contemporaines à sa façon. Il a peint la Provence en 1860. Il l'a peinte avec son ciel, sa nature, ses vieux légitimistes, ses tambourinaires, ses opportunistes, leur goût terrible et heureux pour le mensonge et leur amour pour les farandoles et les réunions électorales. A Paris, il a très bien raconté le monde de l'industrie, qu'il connaît par la famille de sa femme ; le monde des théâtres qu'il connaît par lui-même ; toute la bohème, et, quand la bohème est venue au pouvoir, il a pu faire la physiologie d'un ministre.

Il a représenté, avec un esprit plein de gaminerie intelligente, un style charmant et un tempérament délié, les idées et les mœurs de son temps. On peut même dire qu'il a varié en même temps que les mœurs et les idées elles-mêmes, comme s'il eût voulu donner une sensation plus exacte et une image plus parfaite de leurs variations (1).

(1) Depuis, M. Alphonse Daudet a publié l'*Évangéliste* et *Sapho* qui furent encore deux succès.

Quant à l'homme, avec sa mobilité, ses aspects changeants, ses tours, ses retours, ses malices, ses séductions et l'humeur inconsciente qu'il met en tout, il est capricieux et aimable. Il ne vous trompe pas, il se trompe; il ne nous ment pas, il se ment à lui-même et vit dans l'illusion sincère de ses fantaisies successives.

M. Sarcey me dit un jour qu'il « me trouvait un peu dur pour cette jolie cigale de Daudet ».

C'est une cigale, en effet : on n'exige point d'une cigale autant de fidélité que d'un chien; on lui demande de chanter, mais point de vous aimer. Oui, c'est bien une cigale, « une jolie cigale » comme dit M. Sarcey, qui a en elle de la chanteuse en voyage et de la jolie femme. Il en a les nerfs délicats, la grâce, l'effronterie et la sensibilité. C'est pourquoi il plaît à tout le monde, et que pour plaire il a des ruses de femme, des ruses séduisantes, instinctives, qui vont droit au but sans être bien calculées. Le petit David a tout cela comme on a une belle voix et de beaux cheveux. Il n'y a pas moyen de lui en vouloir. Il plaît quand on l'entend, quand on le voit, quand on le lit.

XVIII

M. LUDOVIC HALÉVY

Dimanche, 24 mars 1883.

Le nom de M. Ludovic Halévy est, avec ceux d'Offenbach, d'Henri Meilhac et d'Hortense Schneider, un nom historique.

Rappelez-vous la fin brillante du second Empire, l'opérette avant l'émeute :

Orphée aux Enfers, en 1861 ;

La Belle Hélène, en 1865 ;

Barbe-Bleue, en 1866 ;

La Grande-Duchesse, en 1867.

Cette *Grande-Duchesse* fut la folie du monde. Tous les souverains, alors nos hôtes, y allèrent. L'empereur Alexandre y courut le soir de son arrivée à Paris.

Quant aux Parisiens, jeunes ou vieux, il n'en sortaient pas ; ils y vivaient. Mademoiselle Schneider donnait le ton à l'univers, et c'était un joli ton, je vous en réponds ! Il y eut, à ce moment, une grande

fureur d'amusement, et MM. Henri Meilhac et Ludovic
Halévy eurent le génie de donner à ce désir immense
une forme. Cette forme était vive, spirituelle, hardie
avec tact, drôle avec goût, et folle avec un sens profond des choses.

La *Grande-Duchesse*, par exemple, est, dans sa fantaisie, une espèce d'image de cette fin de règne dont
le seul tort, à l'intérieur, avait été de maintenir la
paix et de développer la prospérité publique, mais
qui, par cela seul, donna au vice généreux un éclat
incomparable.

Le manque de respect était certainement la qualité
maîtresse de la jeune société qui mena si gaiement le
pauvre Napoléon III à Metz et à Sedan.

MM. Meilhac et Halévy furent précisément admirables pour manquer de respect.

On dira que ce n'est pas difficile ; je crois, au contraire, que rien n'est moins facile que d'être aimable
avec impertinence et d'amuser le monde en se mo-
quant du monde. Ils firent cela mieux qu'on ne saurait dire.

Je les tiens, pour ma part, maîtres et grands faiseurs de chefs-d'œuvre.

Leurs opérettes vivront autant que la mémoire du
second Empire et des Parisiennes de 1868. Si l'on
veut savoir comment nous vivions avant la défaite et
la République, il faudra bien le demander à Henri
Meilhac et à Ludovic Halévy.

J'aurai quelque jour le plaisir de parler de M. Meilhac, qui est un esprit charmant avec ce que M. Sarcey
appelle « quelque chose de trop fantastique et d'un

peu bizarre »; je serais tenté, moi, d'appeler cela un grain de poésie et une fleur d'imagination.

Je dirai seulement ici que c'est une heureuse collaboration que celle qui produit une longue suite de pièces originales dans lesquelles l'esprit a un tour si inattendu, et la pensée un jet vif et capricieux.

Il était fort amusant d'entendre, au temps passé, les ennemis de l'Empire malmener cette pauvre *Belle Hélène*, cette pauvre *Barbe-Bleue*, cette pauvre *Grande-Duchesse*.

— Voyez-les, disaient les hommes moroses ; quelle effronterie! quelle indécence ! Voilà l'effet de la corruption de l'Empire.

En parlant de la sorte, quelques-uns d'entre eux étaient innocents. Et M. Eugène Pelletan, par exemple, s'imaginait, j'en suis sûr, que Napoléon III empêchait seul le directeur des Variétés de jouer tous les soirs *Rodogune*, la *Mort de César* et les *Burgraves* dans son théâtre.

Parce que mademoiselle Schneider ne consumait pas sa vie dans les pratiques de l'ascétisme le plus sombre, on disait : « Cet Empire, quelle infamie ! »

Mademoiselle Schneider ne pouvait pas prendre un bain sans que l'opposition, déclarât que l'Empereur devait mourir de honte. Mademoiselle Schneider était un personnage politique plus important que le président du corps législatif, M. Schneider, avec qui elle fut plusieurs fois confondue.

Quant aux auteurs dont elle incarnait avec une fantaisie inimitable les créations osées, ils étaient attaqués par les républicains tout comme si les noms de

Meilhac et d'Halévy avaient été les pseudonymes de Napoléon et de Pietri.

A une certaine heure, M. de Saint-Victor eut aussi son grief. Il reprocha aux auteurs de la *Belle Hélène* d'avoir jeté le ridicule sur ce qu'il y a de plus respectable au monde, les dieux, et parodié la plus belle poésie qui ait jamais charmé les âmes généreuses.

Le reproche a paru accablant à quelques-uns, et M. Henry Houssaye, que ses travaux sur l'antiquité rendent le défenseur naturel de l'idéal hellénique, a repris avec plus de force qu'il n'en aurait fallu, la thèse de M. de Saint-Victor.

Pour moi, je n'épouse pas ces belles colères. Je ne demanderai pas à mes concitoyens de respecter l'art et les dieux des Grecs plus que les Grecs eux-mêmes. Aristophane s'est permis, à l'endroit d'Euripide et de Bacchus, des railleries auprès desquelles le « Trop de fleurs ! » de Calchas est noble et même héroïque.

Je prie les Hellènes français de considérer qu'il ne faut pas être plus hellénique que les Héllènes. Je les prie de remarquer, à un point de vue plus général, que la vénération est un don rare qui n'est pas donné à tous les hommes de tous les temps et de tous les pays ; que rire est chose louable et, comme a dit l'autre, « le propre de l'homme », qu'enfin, la *Belle Hélène* est une fort jolie chose, et qu'il y a quelque barbarie à ne pas s'en apercevoir.

Savez-vous comment M. Ludovic Halévy était préparé à écrire des folies charmantes pour Offenbach et mademoiselle Schneider ? — Il y était préparé par une douzaine d'années de travaux administratifs. Il fut rédacteur au secrétariat général du ministère d'État en 1852, chef de bureau au ministère de l'Algérie et des colonies en 1858 et secrétaire-rédacteur au Corps législatif en 1861. Cette dernière fonction n'a rien de littéraire ; mais elle exige une netteté d'intelligence, en somme, bien rare. Il y faut une grande connaissance des hommes, une vaste érudition pratique et un tact exquis.

Et ne sont-ce pas là les qualités d'un homme de théâtre ? Et ne faut-il pas, même aux folies de la scène, l'ordre, la méthode, la connaissance du public et — pour les inconvenances même — le tact des convenances.

C'est, si je ne me trompe, en 1860, que M. le secrétaire-rédacteur du Corps législatif débuta par une opérette, le *Mari sans le savoir*.

Il avait pour collaborateur son père, le frère de Fromenthal, M. Léon Halévy, habitué à prendre le ton plus haut. M. Léon Halévy, qui vit encore, chargé d'ans, était en effet, l'auteur d'un *Luther*, tragédie, et d'un grand nombre d'*Électre*, d'*Hécube* et d'*Orestius*, d'après l'antique. C'était enfin un vieux et chevelu amant de Melpomène.

Mais si, déjà mélancolique et chenu, il s'associa à son fils pour écrire des gaudrioles, c'est qu'un homme d'État plus puissant que l'Empereur, plus spirituel aussi et plus vaudevilliste, le lui avait demandé. Et comment refuser quelque chose à M. de Morny, qui voulait un libretto pour y mettre quelques ponts-neufs et quelques ariettes de sa façon ?

Les succès dramatiques de MM. Henri Meilhac et Ludovic Halévy durèrent plus que l'Empire et dureront plus que la République. Les jolies et fines comédies parisiennes dont *Froufrou* est le plus parfait exemple ont et auront la fortune du théâtre de Marivaux.

Je ne puis pas mieux dire.

Toutefois, M. Ludovic Halévy eut l'heureuse idée d'écrire des livres et de les écrire couramment.

Après la chute de l'Empire, il se renouvela et fut un homme nouveau dans une situation nouvelle.

Il donna dans le *Temps* des tableaux, des scènes de la guerre ; cela s'appelait l'*Invasion*, et était merveilleux par l'arrangement, par l'ensemble de la composition, la vérité et la simplicité du récit.

Notre corps d'armée se réunissait à Thionville, écrit-il dans ce livre. Le chemin de fer nous y amène le 21 juillet 1870. Nous débarquons et nous allons camper sur les glacis de la forteresse. Les troupes arrivent de toutes parts, mais pas d'artillerie. On apprend alors que l'artillerie du corps d'armée venait *par étapes* de la Fère. De l'artillerie voyageant par étapes, au moment où il s'agissant de faire face au mouvement de concentration des Allemands ! Chaleur écrasante. Sept jours d'insupportable inaction.

27 *Juillet*. Trois heures du matin. Ordre de départ. Toujours la même chaleur. Le lever du jour est comme un coucher de soleil après une journée orageuse. Pas une goutte de rosée. L'air brûlant et lourd. Le mouvement du camp soulève des nuages de poussière.

Les tentes sont abattues, mais lentement ; les chevaux chargés, mais sans méthode ; les voitures attelées maladroitement sont écrasées de bagages entassés pêle-mêle... C'est l'inexpérience d'un premier départ. Des chevaux tout sellés s'échappent, emportant les cordes détendues et les piquets

arrachés. Les hommes montent à cheval... le sol est jonché
d'effets laissés à terre... Le plaisir de quitter cet odieux
bivouac et d'aller de l'avant met les têtes à l'envers. Les maréchaux des logis glanent de-ci de-là un maillet, un bidon,
une entrave, une longe. Les officiers tempêtent. Chacun finit
par rentrer dans son bien. Les rangs se forment. L'appel
est fait et rendu. Les trompettes sonnent la marche ! Enfin,
on a démarré... Les hommes sont pleins d'entrain et de
bonne humeur. Tous demandaient à marcher. Ils marchent.
Ils sont contents.

Nous voilà sur la grande route, à rangs ouverts... On
continue à entendre, à la queue de la colonne, les jurons du
vaguemestre, les imprécations des hommes à pied et des
conducteurs qui ne peuvent tirer des terres labourées leurs
voitures surchargées.

On se dirige vers la frontière. A l'entrée de chaque village
les chanteurs de la colonne entonnent quelque refrain de
soldat : *La mère Godichon*, ou bien *Quatre hommes et un
caporal*.

> Il était une fois quatre hommes
> Conduits par un caporal
> Qu'éprouvaient tous les symptômes
> D'un embêt'ment général.

Les paysannes sont aux fenêtres et nous regardent passer.
Les enfants avec de grands cris de joie nous font cortège.
La chanson continue.

> L'un disait : Comme on barbotte !
> Le second dit : C'est qu'il pleut.
> Le troisièm' : Ça fait d' la crotte !
> L'quatrièm' : Qu'est-c' qu'on y peut ?
> L'caporal dit : C'est comm' ça ;
> Quand il pleut, dam' ça vous mouille.

Et la chanson allait toujours : la baronne de Folbiche se
mettait à la fenêtre, invitait les fantassins à monter chez elle
sans façon, épousait le caporal et donnait en mariage ses
quatre sœurs aux quatre hommes... J'entendais avec plaisir
cette bête de chanson, qui valait mieux pour les soldats que
la Marseillaise. Je ne discute pas, je constate. Les libations
dans les cabarets et dans les gares, les ovations·malsaines,
les chants patriotiques ont fait beaucoup de mal à l'armée (1).

Et le ton se poursuit ainsi, naturel tout le long du
livre.

Nous eûmes ensuite *Madame et monsieur Cardinal* et
les *Petites Cardinal*.

Cette fois, M. Halévy conquérait la gloire difficile
et rare d'un créateur de types.

On dira, on dit déjà : « M. Cardinal », comme on
dit Mayeux et Joseph Prudhomme.

Ces excellentes esquisses d'un bourgeois orgueil-
leux et sot, qui fait de la politique du *Siècle* et vit de
ses filles, avaient paru d'abord dans la *Vie parisienne*,
sous la signature A. B. C.

Le chapitre intitulé *le programme de M. Cardinal* est
d'un comique tout particulier. Madame Cardinal écrit à
l'une de ses amies et la tient au courant de ce qui se
passe. Virginie, l'aînée des filles de M. Cardinal a
épousé un marquis florentin. Virginie, devenue marquise pour tout de bon, continue à faire à Florence
l'ornement de la haute société italienne.

...« Oh ! pauvre bichette, s'écrie madame Cardinal,
toutes ces grandeurs ne lui tournent pas la tête. La

(1) *L'Invasion*. Souvenirs et récits. Michel Lévy, éditeur, 1882.
Page 6 et suiv.

semaine dernière encore, elle m'écrivait qu'elle était
là-bas la reine de toutes les fêtes et de tous les plaisirs, mais que ça ne faisait rien, que ça n'était pas
amusant tous les jours d'être marquise à Florence, et
qu'il y avait bien des moments où elle regrettait sa
famille, les Batignolles et l'Opéra... »

Et elle continue ainsi : « — C'est un ange ! elle
nous fait six mille francs de pension... Elle me parle
souvent de venir nous voir en France, mais bien que
mon cœur de mère en saigne, j'ai le courage de l'en
détourner. Je n'oserais plus remettre le marquis en
présence de monsieur Cardinal. Vous savez qu'il y a
toujours eu entre eux un abîme politique ; mais, malgré ça, ils avaient l'un pour l'autre une certaine considération. Ils s'injuriaient, mais en s'estimant... Politique à part, leurs relations étaient cordiales,
presque affectueuses... Hélas ! il n'y a plus de relations du tout, depuis ce qui s'est passé à Rome, en
1875, entre le Pape et Monsieur Cardinal... Je vous
ai raconté ça... Dans une audience au Vatican, Monsieur Cardinal a refusé de s'incliner devant le Pape ;
il l'a regardé bien en face, dans les yeux, sans sour-
ciller. On a su à la cour de Rome que Monsieur Cardinal était le beau-père du marquis ; on a écrit de
Rome au marquis, et de Florence le marquis a écrit à
Monsieur Cardinal une lettre à cheval ; Monsieur Cardinal en a répondu une autre bien plus à cheval encore, et toutes les relations ont cessé, sauf, bien entendu, pour la pension de six mille francs, qui était,
d'ailleurs, stipulée au contrat de Virginie (1).

(1) *La famille Cardinal.* Calmann Lévy, éditeur, 1883, page 104
et suiv.

Et cela aussi est de l'histoire contemporaine.

L'*Abbé Constantin*, venu ensuite, a été un coup de surprise et un coup de fortune. Ce petit livre aimable est le plus grand bonheur d'une vie constamment heureuse.

Oui, M. Ludovic Halévy est toujours heureux ; mais savez-vous le vrai nom de son bonheur ? Il se nomme *Habileté*.

Son habileté est celle d'un général consommé qui gagne toutes les batailles. M. Ludovic Halévy est le Condé de l'opérette, de la comédie gris-perle et du roman.

Le vice et la vertu lui réussissent également.

Criquette, à propos de qui j'écris cette notice, est l'un et l'autre, avec un pied dans le monde un peu trop innocent de l'*Abbé Constantin* et un pied dans le demi-monde où Pauline Cardinal travaille pour son père.

C'est une bien jolie histoire... que tout le monde a déjà lue et dont je veux seulement extraire un hors-d'œuvre, qui fait à soi seul un petit morceau tout à fait amusant. C'est l'histoire de M. et madame Lacalpranède, qui tenaient les emplois de père noble et de deuxième duègne dans des théâtres de province.

Lacalpranède jouait les premiers rôles à Montpellier, lorsque la veuve d'un pharmacien sans enfants, et riche de quatre à cinq mille livres de rente, tomba follement amoureuse du comédien. Il lui offrit de l'aimer, mais elle avait des idées bourgeoises et voulut être épousée. Lacalpranède s'y résigna, mais après la déclaration suivante :

— Vous prétendez ne pouvoir vivre sans moi, je ne veux

pas vous tuer. Voici ma main; mais entendons-nous bien.
Un artiste n'a pas le droit de s'immobiliser dans un seul
amour. Il a besoin de se retremper sans cesse aux sources
vives de la passion, de passer par des sensations violentes et
multiples, d'étudier constamment en lui-même, sur le vif,
les crises de l'amour, afin de pouvoir les jeter palpitantes
sur la scène, en pâture à l'avidité du public. Donc, selon
toute apparence, je vous tromperai, j'aurai des maîtresses...
et même, comme je suis une nature franche, expansive, tout
en dehors, je vous parlerai de mes maîtresses, je vous racon-
terai mes amours... Si cela vous convient, c'est fait. Soyez
madame Lacalpranède. Sinon, adieu, et pour la vie!

Elle accepta, s'engageant à ne jamais le fatiguer de ses
reproches et de sa jalousie... Promettre, ce n'était rien...
On promet tout quand on aime... Mais, chose étrange! Clarisse tint parole. — Elle s'appelait Clarisse! — Lacalpranède, pour elle, n'était pas un homme, c'était un dieu! à
tel point que, bien que déchirée, bien que torturée, elle finit
par s'intéresser à ses amours, par être fière de ses succès.
Un soir elle accabla de reproches héroïques, de reproches
cornéliens, une jeune première qui se permettait de résister
à ce dieu et de le faire souffrir. Lacalpranède languissait,
dépérissait, ne mangeait plus, ne dormait plus. Clarisse faillit arracher les yeux à cette rivale qui ne voulait pas lui
prendre son mari.

Clarisse passait sa vie à broder des jabots et des manchettes... pour Lacalpranède, qui portait des jabots et des
manchettes... Les derniers jabots! les dernières manchettes!

Et, au bout de quelques années, afin de ne jamais quitter
Lacalpranède, Clarisse s'engagea dans la troupe comme
seconde duègne, gagnant une quarantaine de francs par
mois, chantant dans les chœurs, faisant les cris du peuple, et
dévorant des yeux son mari, quand elle se trouvait en scène,
derrière son idole.

Un soir même, à Nancy, un incident se produisit, qui jeta

le public dans un véritable délire. Clarisse jouait un rôle de
femme de chambre... A la fin du quatrième acte, elle apportait une lettre à Lacalpranède qui était seul en scène.
Elle lui disait : « Il y a une réponse » et s'en allait attendre
respectueusement au fond, en servante bien apprise. Cette
lettre avait dans le drame une importance décisive : elle apportait à Lacalpranède des révélations accablantes... Elle lui
apprenait que sa femme le trompait, depuis vingt ans, avec
son meilleur ami ! Lacalpranède lisait cette lettre d'une voix
sourde et concentrée... A la fin, il était sur le point d'éclater en sanglots, mais il se contenait par un puissant effort
de volonté, à cause de cette femme de chambre qui était là...
C'était le grand effet du rôle.

Après la lecture de la lettre, Clarisse devait s'approcher et
dire à Lacalpranède : « Y a-t-il une réponse, monsieur? »
Redevenu maître de lui, Lacalpranède devait répliquer simplement : « Il n'y a pas de répouse. » Mais la malheureuse
Clarisse fut tellement bouleversée par la lecture de la lettre,
son mari lui parut si touchant, si noble et si beau, qu'elle
se rapprocha de lui lentement, et se jeta dans ses bras, dès
qu'il eut cessé de parler, en s'écriant :

— Ah ! mon Hippolyte, en as-tu de ce talent ! en as-tu !

Ce fut dans la salle un tapage effroyable. Il fallut baisser le
rideau. Les uns se tordaient de rire, mais les autres, en ma-
jorité, croyaient à quelque gageure et criaient furieusement :

— Des excuses ! des excuses !

La pauvre madame Lacalpranède dut venir présenter bien
humblement ses excuses au public : elle le fit en ces termes :

— Je vous demande bien pardon, messieurs. Ç'a été plus
fort que moi, ça m'a échappé... Que voulez-vous? C'est mon
mari... Et je l'aime tant !

Elle fut couverte d'applaudissements et n'eut même jamais
que ce grand succès-là au théâtre (1).

(1) *Criquette.* Calmann Lévy, éditeur, 1883, page 249 et suiv.

Maintenant voulez-vous passer du dedans au dehors et avoir un portrait physique de l'heureux auteur de tant d'heureux ouvrages ? On tâchera de vous satisfaire en peu de mots.

On m'a montré au Pecq, une maison néo-gothique, qui en domine deux ou trois autres, en sorte qu'on dirait de l'ensemble une construction monstrueuse de quinze étages. Sur la terrasse italienne de cette maison trop peu simple, vous pourrez voir, l'été, le maître du lieu, un homme d'une cinquantaine d'années, grand, maigre, très pâle, avec une barbe noire et des cheveux en panache de corbillard, un peu triste, très froid et très attentif, ne laissant rien au hasard et mettant à tout un soin délicat : à ce signe, comme à la finesse de son rare sourire, de son parler et de son regard, vous reconnaîtrez M. Ludovic Halévy (1).

(1) Depuis M. Ludovic Halévy a été élu à l'Académie française (4 décembre 1884). Il a succédé à M. d'Haussonville.

XIX

UN ÉLÈVE DE BAUDELAIRE

Samedi, 26 mai 1883.

Vous rappelez-vous les beaux vers du *Voyage à Cythère* de Baudelaire :

> Quelle est cette île triste et noire ? — C'est Cythère,
> Nous dit-on, un pays fameux dans les chansons.
>
> . . . .

Un jour Baudelaire récitait cette pièce de vers à M. Monselet. Il était assis dans un fauteuil et récitait, les yeux baissés, articulant distinctement chaque mot d'une voix sèche et claire. Quand il en fut venu à ce vers dans la description qu'il fait du pendu de Cythère :

> Les intestins pesants lui coulaient sur les cuisses.

il vit que M. Monselet était mal à l'aise, et il lui demanda d'un air étonné :

— Et qu'eussiez-vous mis à la place ?

— Une rose, répondit M. Monselet.

Cette parole me revient fort à propos — non point à propos de Baudelaire que j'admire profondément et pour beaucoup de raisons à la fois — mais à propos d'un mauvais imitateur de Baudelaire, de M. Maurice Rollinat, poète-acteur, musicien-chanteur et macabre, qui promène dans les salons une sorte d'épilepsie poétique et se donne en spectacle, avec une rage inouïe, devant les hommes et les femmes que cette vue secoue.

M. Rollinat a d'ailleurs des dons d'acteur et de chanteur, et de la sincérité frénétique. Le spectacle qu'il donne attire. On croirait voir dans une clinique un maniaque forcené.

Il se promène de salons en salons. Il s'est montré l'autre soir chez M. Coquelin cadet, il était la semaine dernière chez M. Alphonse Daudet. Il devient de mode de l'avoir. C'est ainsi que, chaque soir, il se surmène par une volonté de réclame qui semble excessive.

Nous sommes envahis par les macabres, et depuis quelques temps partout l'on met des charognes.

Vers 1830, les romantiques eurent aussi des goûts funèbres ; non point les grands comme Vigny et Hugo, mais tous les petits comme Petrus Borel et Philothée O'Neddy.

Ils abusaient des mortes, ceux-là. Encore n'y avait-il que demi-mal : leurs mortes étaient plus belles que les vivantes ; et, s'ils aimaient les noyées, c'est que ces noyées étaient des ondines. Ces gens-là, qui étaient jeunes, associaient l'amour et la mort et mettaient une rose près d'une tête de mort, comme on voit dans les intérieurs d'atelier de Gavarni. Maintenant on nous donne la tête de mort sans la rose.

Ce que c'est que la mode ! au temps jadis, on plaisait avec des *amours* et des *baisers :* voyez Dorat. Maintenant on nous charme avec des maladies et des crimes. Nos poètes et nos romanciers ne sont pas polis avec nous, parce qu'ils savent que nous ne nous soucions pas de politesse, et ils ne ménagent pas notre goût parce qu'il est clair que notre goût n'est plus délicat. On n'a de goût et de politesse que dans une société, et nous ne sommes plus une société. Nos auteurs nous méprisent. Ils ont raison : cela nous amuse.

M. Maurice Rollinat, lui, a entrepris de nous faire peur.

Pour y parvenir, quand il récite ou qu'il chante, il prend des airs d'hyène déchaînée et fait pour cela une dépense de nerfs et de grimaces qui le rendent terrifiant par l'ardeur qu'il y met, mais ridicule par l'idée qu'on prend en le voyant, qu'il ressasse tous les soirs, et s'agite beaucoup pour peu de chose.

On dirait vraiment que c'est pour se peindre lui-même qu'il a écrit ce rondeau : l'*Enragée :*

> Je vais mordre ! Allez-vous-en tous !
> La nuit tombe sur ma mémoire
> Et le sang monte à mes yeux fous !
> Voyez ! ma bouche torse et noire
> Bave à travers mes cheveux roux.
>
> J'ai déjà fait d'horribles trous
> Dans mes deux pauvres mains d'ivoire.
> Et frappé ma tête à grands coups :
>   Je vais mordre !

> Je m'abreuverais à vos cous
> Si je pouvais encore boire.
> Holà ! Je sens dans ma mâchoire
> Un abominable courroux :
> De grâce ! Arrière ! Sauvez-vous !
> Je vais mordre (1) !

Et pour parvenir à nous faire peur, dans ses vers même, il nous étale un tas de diableries dans le goût des vieilles tentations de saint Antoine, et il nous sert le chaudron des sorcières de Macbeth. Le moyen coûte peu d'invention et révèle un esprit naïf. Il ne se doute pas, par exemple, que comme poète, musicien et chanteur, il y a en lui beaucoup du Nadaud, mais du Nadaud macabre, et surtout du Nadaud qui s'en fait accroire.

Ce n'est pas que M. Maurice Rollinat n'ait une manière de talent et de sincérité. Il y a du talent dans ses paysages du Berri, qu'il a publiés voilà trois ou quatre ans, sous ce titre : *Les Brandes*. Il en reste des traces dans quelques poèmes des *Névroses*, dans le *Petit Lièvre*, par exemple, et la *Vache au taureau*, qui est d'un naturalisme assez ferme. Quant à la sincérité, j'y veux croire. M. Maurice Rollinat s'est fait une éducation : il s'est entraîné, comme on dit. Il s'est appliqué au sport du crime et de la peur, et maintenant il se croit, de bonne foi, le dernier des scélérats. Il s'en est fait la tête même, tant il a embrouillé méchamment les mèches longues de ses cheveux, et tant il veut se donner le regard louche.

Il voit « ramper dans son enfer le meurtre, le viol,

(1) Les *Névroses*. 1 vol., Charpentier, éditeur, 1883, p. 330.

le vol, le parricide ! » Il entend « Satan cogner dans son cœur ».

Et si l'on recherche dans le livre du poète la raison d'un si mauvais état de conscience et, sur la face de l'acteur, pourquoi il se convulse, élève sa moustache en découvrant la bouche, cligne des yeux terribles, montre les dents et prend un air de tigre pour chanter les papillons, on voit que cette raison est la femme.

M. Maurice Rollinat, qui est jeune, a donné son cœur à cinq ou six dames qui l'ont ravagé. Il nous confie ses mésaventures amoureuses :

> Je me livre en pâture aux ventouses des filles ;
> Mais raffinant alors sa tortuosité
> La fièvre tourne en moi ses plus creusantes vrilles.

Mais aussi quelles amies il va choisir ! C'est :

> Une dame au teint mortuaire
> Dont les cheveux sont des serpents
> Et dont la robe est un suaire.

C'est une dame dont :

> ...Les cheveux si longs, plus noirs que le remords,
> Retombaient mollement sur son vivant squelette.

C'est une morte embaumée :

> L'apothicaire avec une certaine gomme
> Parvint à la pétrifier.

Et M. Maurice Rollinat contemplait « la très chère momie ».

Il eut aussi de l'amitié pour une certaine demoiselle Squelette, et pour une pauvre buveuse « d'absinthe » qui était toujours « enceinte ».

On était de meilleure humeur autrefois ; on n'exigeait point que les femmes, pour plaire, fussent « décomposées ». On préférait les avoir fraîches. On disait un teint de lis et de roses. Maintenant, le madrigal est de dire un teint vert, et l'on veut voir sur les joues des femmes la poésie excitante de la Morgue et des filets de Saint-Cloud.

La chambre où M. Maurice Rollinat donne des rendez-vous est en harmonie avec les personnes qui la hantent. C'est ce que l'auteur lui-même appelle « une affreuse identité ». Je ne le lui fais pas dire.

Cette chambre a ceci de particulier que « de longs insectes fantastiques dansent et rampent au plafond ».

M. Rollinat nous donne ensuite un aperçu de l'ameublement :

> Compagnon de ma destinée,
> Un crâne brisé, lisse et roux,
> Du haut de l'humble cheminée.
> Me regarde avec ses deux trous.

A la place du poète, il me semble que je mettrais ce crâne dans une armoire ; et je mettrais à la place une belle figure : Madame Du Barry ou la Psyché du Capitole, selon mon humeur. C'est ce que fit Sainte-Beuve au beau temps du romantisme.

Une dame célèbre — que je ne puis nommer encore, quoiqu'elle soit morte depuis sept ans — vint entre chien et loup sonner à la porte de la petite maison de la rue Montparnasse. Elle tenait un crâne à la main. Il s'ouvrait sur charnières. La dame avait mis de ses cheveux dedans ; elle était trahie et venait entretenir le poète de son désespoir. Sainte-Beuve commença par fourrer la tête de mort dans; un placard, puis il consola la dame.

Il fit bien ; cela vaut mieux que d'entendre, comme M. Maurice Rollinat, des

> Voix de surnaturelle amante ventriloque...

et d'admirer un « émail dentaire, digne d'orner la bouche de Satan ».

M. Maurice Rollinat parle avec intérêt des « muqueuses des vierges » et aussi des muqueuses de personnes qui ne sont point des vierges, à ce qu'il paraît par ce qui suit :

> O muqueuses de grenat,
> Depuis que l'autre vous baise,
> Je rêve d'assassinat,

Autrefois, on disait « des lèvres » et cela n'avait pas d'inconvénient. Maintenant on dit « des muqueuses ».

Le poète nous en vante qui sont « couleur de vitriol ».

Il me vient un doute. Les mille et trois amoureuses de M. Maurice Rollinat, la buveuse « d'absinthe, toujours enceinte », l'Embaumée et mademoiselle Squelette elle-même ne sont peut-être pas si « décomposées » qu'il les voit. Elles ont peut-être de la chair et même... que l'auteur me pardonne, elles ont peut-être des couleurs fraîches.

Ce doute m'est venu en lisant certains passages des *Névroses*, où il est question de Delacroix et du soleil. Je n'ai jamais vu les amoureuses de M. Rollinat, mais j'ai vu des tableaux de Delacroix et j'ai vu le soleil. M. Rollinat me dit que « Delacroix donne à ce qu'il peint un frisson d'if et de sapin ». Je pense que c'est là une idée propre à l'auteur des *Névroses*, une idée que personne n'avait eue avant lui et que personne n'aura après lui.

M. Maurice Rollinat me dit aussi qu'il a vu le soleil « mourir dans d'horribles syncopes ». C'est qu'il est tout seul à voir cela, et qu'il n'entend pas les couchers de soleil comme le reste de l'humanité.

Je m'imagine alors que ses yeux ont coloré de vert et de jaune les plus blanches épaules et les joues les plus roses. C'est qu'il *voit sale*.

Madame Sand écrivait à Flaubert, dans une lettre récemment publiée :

— « Sainte-Beuve, qui vous aime pourtant, prétend que vous êtes affreusement vicieux. Mais peut-être qu'il voit avec des yeux un peu salis, comme ce savant botaniste qui prétend que la germandrée est d'un jaune sale. L'observation était si fausse que je n'ai pas pu m'empêcher d'écrire en marge de son livre : « C'est vous qui avez les yeux sales (1). »

---

(1) C'est précisément ce qui arrive à M. Maurice Rollinat, d'avoir « les yeux sales ». Je n'en veux citer tout au long qu'un exemple, *La Belle Fromagère :* M. Rollinat aime cette belle fille mais il ne peut se décider à la séparer de ses fromages. Il met tous ses soins à nous la peindre au milieu de ces odeurs et

Que M. Maurice Rollinat s'attache, dans son fervent amour du laid, à Troppmann et au bourreau, je n'y vois rien à redire. Mais qu'il lui faille tant de cercueils, de sciure de bois, de tibias en croix, de cra-

de ces moisissures qui ne semblent qu'exciter son ardeur d'amant et de poète.

Par la rue enfiévrante où mes pas inquiets
Se traînent au soleil comme au gaz, je voyais
        Derrière une affreuse vitrine
Où s'étalaient du beurre et des fromages gras,
Une superbe enfant dont j'admirais les bras
        Et la plantureuse poitrine.

Le fait est que jamais fille ne m'empoigna
Comme elle, et que jamais mon œil fou ne lorgna
        De beauté plus affriolante !
Un nimbe de jeunesse ardente et de santé
Auréolait ce corps frais où la puberté
        Etait encore somnolente.

Elle allait portant haut dans l'étroit magasin
Son casque de cheveux plus noirs que le fusain;
        Et, douce trotteuse en galoches,
Furetait d'un air gai dans les coins et recoins,
Tandis que les bonbons jaunes comme des coings
        Se liquéfiaient sous les cloches.

Armés d'un petit fil de laiton, ses doigts vifs
Détaillaient prestement des beurres maladifs
        A des acheteuses blafardes ;
Des beurres qu'on savait d'un rance capiteux,
Et qui suaient l'horreur dans leur linge piteux,
        Comme un enfant affamé dans ses hardes.

Quand sa lame entamait Gruyère ou Roquefort,
Je la voyais peser sur elle avec effort,
        Son petit nez frôlant les croûtes,
Et rien n'était mignou comme ses jolis doigts
Découpant le marolle infect où, par endroits,
        La vermine creusait des routes.

Près de l'humble comptoir où dormaient les gros sous,
Les Géromés vautrés comme des hommes saouls
        Coulaient sur leur clayon de paille,

pauds et de charognes pour faire l'amour, c'est ce que les bonnes gens ne croiront jamais.

Aussi bien on n'y met pas tant de façons, d'ordinaire ; un sourire et de beaux bras y suffisent.

On peut aimer « les beurres d'un rance capiteux

> Mais si nauséabonds, si pourris, si hideux,
> Que les mouches battaient des ailes autour d'eux,
>   Sans jamais y faire ripaille.
>
> Or, elle respirait à son aise, au milieu
> De cette âcre atmosphère où le Roquefort bleu
>   Suintait près du Chester exsangue ;
> Dans cet ignoble amas de caillés purulents,
> Ravie, elle enfonçait ses beaux petits doigts blancs,
>   Qu'elle essuyait d'un coup de langue.
>
> Oh ! sa langue ! bijou vivant et purpurin
> Se pavanant avec un frisson vipérin
>   Tout plein de charme et de hantise !
> Miraculeux corail humide et velouté
> Dont le bout si pointu trouait de volupté
>   Ma chair, folle de convoitise !
>
> Donc, cette fromagère exquise, je l'aimais !
> Je l'aimais au point d'en rêver le viol ! mais,
>   Je me disais que ces miasmes,
> A la longue devaient imprégner ce beau corps ;
> Et le dégoût comme un mystérieux recors.
>   Traquait tous mes enthousiasmes,
>
> Et pourtant, chaque jour, rivés à ses carreaux,
> Mes deux yeux la buvaient ! en vain les Livarots
>   Soufflaient une odeur pestilente,
> J'étais là, me grisant de sa vue, et si fou,
> Qu'en la voyant les mains dans le fromage mou
>   Je la trouvais ensorcelante !
>
> A la fin, son aveu fleurit dans ses rougeurs ;
> Pour me dire :. « Je t'aime », avec ses yeux songeurs,
>   Elle eut tout un petit manège ;
> Puis elle me sourit ; ses jupons moins tombants
> Découvrirent un jour ses souliers à rubans
>   Et des bas blancs comme la neige.

qui suent l'horreur dans leurs linges piteux » on peut aimer « le marolle infect où par endroit la vermine creusait des routes », on peut aimer « les noyés », qui figurent honorablement dans les *Névroses;* on peut aimer :

> Les anémiques, les fiévreux
> Et les poitrinaires cireux.
> Automates cadavéreux
> A la voix trouble...

on peut aimer les rochers qui ressemblent à des crapauds et des arbres pleins de pendus. Pour moi, quand il s'agit de ce pauvre M. Rollinat, je suis de l'avis de M. Monselet : j'aime mieux une rose.

Et encore si ses noyées étaient de vraies noyées, si ses pendus étaient de vrais pendus, si son marolle était du vrai marolle, si ses carcasses étaient de vraies carcasses et ses crânes de vrais crânes, il y aurait encore là sujet d'étude. Mais ce ne sont là que les accessoires enfantins d'un Guignol diabolique.

> Elle aussi me voulait de tout son être! A moi,
> Elle osait envoyer des baisers pleins d'émoi,
> L'emparadisante ingénue,
> Si bien, qu'après avoir si longtemps babillé,
> Par un soir de printemps, je la déshabillai
> Et vis sa beauté toute nue !
>
> Sa chevelure alors flotta comme un drapeau,
> Et c'est avec des yeux qui me léchaient la peau
> Que la belle me fit l'hommage
> De sa chair de seize ans, mûre pour le plaisir!
> O saveur! elle était flambante de désir
> Et ne sentait pas le fromage !

(*Névroses*, p. 72 et suivantes.) — Cet exemple est typique et montre bien le talent de M. Maurice Rollinat avec toutes ses qualités et ses défauts réunis.

XX

M. BARBEY D'AUREVILLY

Samedi 9 juin 1883.

Saint-Sauveur-le-Vicomte, où naquit M. Jules-Amédée Barbey d'Aurevilly, est un bourg bas-normand où l'on voit, dans les herbages, le donjon de Jean Chandoz et les ruines d'une abbaye bénédictine qui garda longtemps la pierre tombale du serviteur de Thomas Becket. Ce mort obstiné fit « du pouce et de l'orteil » trois trous à sa pierre, et il fallut verser par ces trous de l'huile bouillante pour l'empêcher de se montrer à ses assassins.

Je cite cette histoire, parce qu'elle a des teintes noires et un tour violent qui est tout à fait le tour et la teinte de l'imagination de M. Barbey d'Aurevilly.

Quand il naquit, le dix-huitième siècle, expiré depuis moins de neuf ans (1), laissait beaucoup de ses

(1) M. Barbey d'Aurevilly met à dissimuler son âge un grand soin. C'est un fanfaron de jeunesse, mais il a tel air que la fanfaronade lui va bien.

hommes debout, et Napoléon remplissait le monde. De là ce profond sentiment de l'ancien régime et ce je ne sais quoi de napoléonien qui est dans l'âme de l'extraordinaire auteur de l'*Ensorcelée*.

Valógnes est à quinze kilomètres de Saint-Sauveur. Valognes est maintenant une ville morte, comme la plupart des villes de France. La Révolution a tué plus qu'à moitié la province. Les chemins de fer l'ont achevée.

Cette petite ville de Valognes, grise, basse, déserte, silencieuse, fouettée de pluie et de vent, sentant le cidre et la marée, a tout l'air de garder au coin de chaque mur, à la porte de chaque vieil hôtel, un de ces secrets domestiques et sociaux que Balzac a su deviner. Ce petit chef-lieu d'arrondissement était jadis chef-lieu de bailliage, vicomté, sénéchaussée, officialité ; et cent soixante-seize paroisses étaient du ressort de son élection. Il y avait, dans ces hôtels à joli fronton Louis XV, taillé dans une vilaine pierre brune, et dont les cours sont pleines d'herbe, — il y avait jadis une petite et moyenne noblesse campagnarde qui ne se laissa pas égorger sans crier et qui s'en alla gaiement faire, de buisson en buisson, le coup de feu sur les bleus.

Ils sont morts. On ne les connaît plus. Mais M. Barbey d'Aurevilly a été curieux à temps de savoir quels étaient ces hommes-là ; qui d'entre eux fut le plus brave, le plus galant ; comment ils se battaient, comment ils punissaient les traîtres ou enlevaient leurs amis prisonniers à la municipalité. Il a ranimé dans son imagination romantique les vieilles figures ; il les a grandies, il en a fait des portraits exorbitants ; et

c'est ainsi que nous avons ces livres d'une saveur rare,
l'*Ensorcelée*, le *Chevalier des Touches*, le *Prêtre marié*.

Il faut à M. Barbey d'Aurevilly des héros solidement
râblés, comme cet abbé de la Croix-Jugan, prêtre et
soldat auprès duquel les templiers étaient des frelu-
quets. Pourvu que ces héros aient la foi catholique,
il leur pardonne les plus gros péchés, et même il n'é-
prouve pas de déplaisir à les entendre blasphémer.
Quant à ses femmes, elles ont toutes les vertus, à
cela près qu'elles sont enragées. Voyez, par exemple,
maîtresse Le Hardoney, dans le récit du conteur.
Voyez la mère implacable de l'*Histoire sans nom*, et
toutes les diablesses des *Diaboliques*. Voyez surtout la
Vieille Maîtresse, cette Vellini qui, « avec une inflexion
de ses membres de mollusque, dont les articulations
ont des mouvements de velours, fait tout à coup relever les désirs entortillés au fond de l'âme de son
amant ».

Je préfère aux jeunes femmes de M. d'Aurevilly ses
vieilles femmes, ses chanoinesses et ses demoiselles
nobles blanchies dans le célibat, la pauvreté, l'honneur et l'orgueil. Celles-là surtout sont bien peintes.
D'ailleurs, vous savez la devise de celui qui signa leur
portrait : « Femme vieille et vin jeune. »

Les figures étranges, excessives, vraies pourtant,
familières et parfaitement nettes que M. Barbey
d'Aurevilly imagina, il sut les placer dans une nature
et dans des intérieurs qui leur conviennent, et qui sont
comme elles, rendus réels et poétiques. C'est le fait
d'un maître, et M. Barbey d'Aurevilly est un maître à
sa façon par l'imagination et aussi par le style. Il écrit

dans une manière à la fois précieuse et brutale, imagée, tendue, riche, tout ensemble recherchée et hasardeuse. Il a une belle allure au milieu des casse-cou. Il a un bonheur insolent. Je ne sais qui a dit et bien dit de ce style :

— Cela ressemble à ces breuvages de sorcellerie où il entrait à la fois des fleurs et des serpents, du sang de tigre et du miel.

Cet extrait du début du *Chevalier des Touches* vous donnera mieux encore que je n'ai pu dire l'idée du milieu où il vécut et de sa manière de voir et d'observer.

« C'était un vieil appartement comme on n'en voit guère plus, même en province, et d'ailleurs tout à fait en harmonie avec le groupe qui pour le moment, s'y trouvait. Le nid était digne des oiseaux. A eux tous, ces vieillards réunis autour de cette cheminée formaient environ trois siècles et demi, et il est probable que les lambris qui les abritaient avaient vu naître chacun d'eux.

» Ces lambris en grisailles, encadrés et relevés par des baguettes d'or noircies et, par place, écaillées, n'avaient pour tout ornement de leur fond monotone que des portraits de famille sur lesquels la brume du temps avait passé. Dans l'un de leurs panneaux on voyait deux femmes en costume Louis XV, dont l'une, blonde et pincée, tenait à la main une tulipe comme Rachel, la dame de carreau, et dont l'autre, brune, indolente, tigrée de mouches sur son rouge de brune, avait une étoile au-dessus de la tête, ce qui avec le faire voluptueux du portrait, indiquait suffisamment

la main de Nattier, qui peignit aussi avec une étoile
au-dessus de la tête madame de Châteauroux et ses
sœurs. L'étoile signifiait le règne du moment de la
favorite. C'était l'étoile du berger royal. Le bien-aimé
Louis XV l'avait fait lever sur tant de têtes, qu'il avait
pu très bien la faire luire sur une Touffedelys. Dans
le panneau opposé, un portrait plus ancien, plus noir,
d'une touche énergique, mais inconnue, représentait
l'amiral de Tourville, beau comme une femme dégui-
sée, dans son magnifique et bizarre costume d'amiral
du temps de Louis XIV. Il était parent des Touffedelys.
Des encoignures de laque de Chine garnissaient les
quatre angles du salon et supportaient quatre bustes
d'argile, recouverts d'un crêpe noir, soit pour les
préserver de la poussière, soit en signe de deuil, car
ces bustes étaient ceux de Louis XVI, de Marie-Antoinette, de madame Élisabeth et du Dauphin. Des
fauteuils, en vieille tapisserie de Beauvais, traduisant
les fables de La Fontaine, en double ovale, sur un
fond blanc, égayaient de la variété de leurs couleurs
et de leurs personnages cet appartement presque
sombre avec ses rideaux fanés de lampas et sa rosace,
veuve de son lustre. Aux deux côtés d'une cheminée
en marbre de Coutances cannelée et surmontée d'un
bouquet en relief, ces deux demoiselles de Touffedelys, droites sous leurs écrans de gaze peinte, auraient
pu très bien passer pour des ornements sculptés de
cette cheminée, si leurs yeux n'avaient pas remué et
si ce que venait de dire l'abbé n'avait terriblement dé-
rangé la solennelle économie de leur figure et de leur
pose.

» Toutes deux avaient été belles, mais l'antiquaire le

plus habile à deviner le sens des médailles effacées n'aurait pu retrouver les lignes de ces deux camées, rongés par le temps et par le plus épouvantable des acides, une virginité aigrie. La révolution leur avait tout pris, famille, fortune, bonheur du foyer et ce poème du cœur, l'amour dans le mariage, plus beau que la gloire, disait madame de Staël, et enfin la maternité ! Elle ne leur avait laissé que leurs têtes, mais blanchies et affaiblies par tous les genres de douleur. Orphelines, quand elle éclata, les deux Touffedelys n'avaient point émigré. Elles étaient restées comme beaucoup de nobles, dans le Cotentin. Imprudence qu'elles auraient payée de leur vie, si Thermidor ne les avait sauvées, en ouvrant les maisons d'arrêt. Vêtues toujours des mêmes couleurs, se ressemblant beaucoup, de la même taille et de la même voix, c'était comme une répétition dans la nature que ces demoiselles de Touffedelys.

» En les créant presque identiques, la vieille radoteuse avait rabâché. C'étaient deux Ménechmes femelles qui auraient pu faire dire aux moqueurs : « Il y en a au moins une de trop ! » Elles ne le trouvaient point, car elles s'aimaient ; et elles se voulaient en tout si semblables, que mademoiselle Sainte avait refusé un beau mariage, parce qu'il ne se présentait pas de mari pour mademoiselle Ursule, sa sœur. Ce soir-là, comme à l'ordinaire, ces routinières de l'amitié avaient dans leur salon une de leurs amies, noble comme elles, qui travaillait à la plus extravagante tapisserie avec une telle action, qu'elle semblait se ruer à ce travail, suspendu tout à coup par l'arrivée de son frère, l'abbé. Fée plus mâle, aux traits plus hardis, à

la voix plus forte, celle-ci tranchait par la brusquerie
hommasse de toute sa personne sur la délicatesse et
l'inertie de ces deux contemplatives, de ces deux
vieilles chattes blanches de la rêverie, sans idées, qui
n'avaient jamais été des chattes merveilleuses. Ces
pauvres vierges de Touffedelys avaient eu leur suave
éclat de leur nom dans leur jeunesse ; mais elles
avaient vu fondre leur beauté au feu des souffrances ;
comme le cierge voit fondre sa cire sur le pied d'argent du chandelier. A la lettre, elles étaient fon-
dues..., tandis que leur amie, robustement et rébar-
bativement laide, avait résisté. Solide de laideur, elle
avait reçu le soufflet, l'*alipan* du Temps, comme elle
disait, sur un bronze que rien ne pouvait entamer.
Même la mise inouïe dans laquelle elle encadrait sa
laideur bizarre n'en augmentait pas de beaucoup
l'effet, tant l'effet en était frappant ! Coiffée habituellement d'une espèce de baril de soie, orange et violette, qui aurait défié par sa forme la plus audacieuse
fantaisie, et qu'elle fabriquaient de ses propres mains,
cette contemporaine de mesdemoiselles de Touffedelys
ressemblait, avec son nez recourbé comme un sabre
oriental dans son fourreau grenu de maroquin rouge,
à la reine de Saba, interprétée par un ballot chinois,
surexcité par l'opium. Elle avait réussi à diminuer la
laideur de son frère, et à faire passer le visage de l'abbé
pour un visage comme un autre, quoique certes, il ne
le fût pas ! Cette femme avait un grotesque si supérieur, qu'on l'eût remarquée même en Angleterre, ce
pays des grotesques, où le spleen, l'excentricité, la
richesse et le gin travaillent perpétuellement à faire
un carnaval de figures, auprès desquelles les masques

du carnaval de Venise ne seraient que du carton vul-
gairement badigeonné.

» Comme il est des couleurs d'un tel ruissellement
de lumière qu'elles éteignent toutes celles que l'on
place à côté, l'amie de mesdemoiselles de Touffedelys,
pavoisée comme un vaisseau barbaresque des plus
éclatants chiffons, déterrés dans la garde-robe de sa
grand'mère, éteignait, effaçait les physionomies les
plus originales par la sienne (1). »

Après un séjour assez long à Caen, qui termine ce
que j'appellerai la belle vie d'ancien régime que mena
d'abord ce chrétien romantique, ce chouan littéraire
qui demeurait lui-même comme il a dit de son père,
« fidèle à des opinions qui ne triomphaient pas »,
M. d'Aurevilly fit son entrée à Paris, où il est connu
de tous les habitants, ou peu s'en faut, par son costume qui date de 1830. Ce costume est étrange, voilà
qui est entendu.

M. d'Aurevilly est un dandy; il a exposé ses théories dans un petit livre intitulé *Brumell et le Dandysme*,
dont on a fait grand cas, et auquel je trouve bien de
l'enfantillage. Je lui pardonnerai son amitié pour
d'Orsay, qui était vraiment aimable, mais non pour
Brummell, qui me semble odieux (2).

C'est aux environs de 1851 que ce Normand sans

----

(1) V. Œuvres de J. Barbey d'Aurevilly. *Le Chevalier des
Touches* (Paris, Alphonse Lemerre, éditeur, 1879). Page 12
et suiv.

(2) Tel qu'il nous le montre du moins, et tel je crois qu'il
n'était point. Je reviendrai d'ailleurs un jour sur ce sujet et
preuves en main.

ruses, plus friand d'audaces que de feintes, débuta
dans les journaux bonapartistes, où il porta l'indisci-
pline et d'épouvantables caprices. Non, il n'était point
un journaliste officieux, même quand il écrivait à côté
de M. Granier de Cassagnac. Son passage dans le
Pays, dans le *Réveil*, dans la *Situation*, dans la *Veil-
leuse*, dans le *Constitutionnel* et le *Gaulois*, fut marqué
par des articles d'une violence si naturelle et si facile
qu'elle en était fort plaisante.

C'est le virtuose de l'éreintement, disait-on. Il y
mettait une grâce dont il fallait bien tenir compte.
Madame Sand fut fort éprouvée, comme on le peut
voir dans le volume des *Bas-Bleus*, mais non autant
cependant que madame Louise Colet. Comme vous
en pouvez juger par cette admirable volée de phrases
vertes :

Ce n'est pas seulement un bas-bleu. C'est le bas-bleu
même (1). Elle s'élève jusqu'à l'abstraction. D'autres qu'elle
sont bas-bleus, avec l'aveuglante vanité du genre, les prétentions, l'orgueil déplacé, le ridicule et l'impuissance. Elle
a tout cela aussi, madame Louise Colet, — mais elle a de
plus l'insolence et la provocation, — la provocation lâche et
fanfaronnée d'une femme qui sait bien qu'en cette terre de
France, une jupe peut se permettre tout, sans aucun danger... De son vivant, elle l'avait appris et elle dut le savoir
mieux que personne. On n'a pas oublié et on n'oubliera point
dans l'histoire littéraire du dix-neuvième siècle, — côté
burlesque, — son coup de couteau à Alphonse Karr pour
le punir de l'avoir piquée dans ses *Guêpes*. Qui ne s'en sou-

----

(1) Madame Louise Colet a publié : *Étude sur Mirabeau.* —
Lui. — *Les derniers Marquis.* — *Les derniers Abbés.* — *L'Italie
et les Italiens.* — Dentu éditeur.

vient? Alphonse Karr retira tranquillement le couteau de l'endroit où elle l'avait planté, et il l'exposa sur sa cheminée avec cette calme inscription : « Donné par madame Louise Colet... dans le dos. » On n'a pas oublié non plus le crachat dont un soir, en plein salon, — elle étoila le visage surpris du capitaine d'Arpentigny, parce qu'il avait osé vanter devant elle madame George Sand. Le capitaine d'Arpentigny, l'auteur d'un livre charmant sur la physionomie de la main, et dans son temps, la plus élégante cravache des gardes du Corps, oublia qu'il en avait une, ce jour-là, et couvrit du mépris le plus miséricordieux et le plus gai cette Furie... C'est à travers ces attitudes, — légendaires déjà, qu'on verra toujours madame Colet, quand on s'avisera de la regarder. Ce sont des choses de ce ton-là qui firent les quelques instants de sa renommée, bien plus que le talent qu'elle n'avait pas. Je l'ai appelée, ailleurs, une Théroigne de Méricourt, — Philaminte. Ce fut une Théroigne épargnée... Et de l'être dut certainement redoubler par un dépit humilié, le courroux et le ressentiment de ce violent bas-bleu contre le sexe fort, qu'elle repoussait et détestait en masse, mais qu'elle admettait très bien et qu'elle ne haïssait pas en détail... Le sexe fort de ce temps-là se contentait de rire de ses airs terribles de Méduse, trouvant drôle cette union, pittoresquement claudicante, d'une Gorgone et d'une madame Trissotin! Car elle fut toute sa vie l'une et l'autre, et c'est même là son originaltié. Vanité monstrueuse qui ne décoléra jamais! Qui se posa jusqu'à son dernier jour sur un trépied de Pythonisse, prêle à vous le jeter à la tête, comme une cuisinière, pour peu que vous eussiez seulement contesté l'inspiration ou le trépied! Si les facultés de l'intelligence eussent été seules en Madame Colet, elle aurait passé comme une foule de femmes qui agacent l'attention deux jours; puis, qui s'en vont :

Où va la feuille de rose.

Et la feuille de papier! (Le papier qu'elles ont écrit!).
Mais ses passions s'ajoutèrent à ses facultés et surtout cette
« force en gueule » qui la met à part parmi les bas-bleus :
et pour cette raison, aux sots elle parut tonitruante, et on
se souvient encore de son bruit. Cette diablesse de femme,
en effet, n'avait rien de commun avec le bas-bleu au miel
humanitaire, bavant la paix, la fraternité, le bien de tous.
Elle avait d'autres manières d'aimer le genre humain. Ce
n'était pas une pédante rassise et doctrinaire et placide
comme madame Sand, quoiqu'aussi elle fut une pédante ;
mais son pédantisme, à elle, était échevelé, enflammé, sibyl-
lin. Pas de prudence, ici, pour une obole! C'était le bas-
bleu à outrance, fastueusement impie et jacobin, insulteur,
vésuvien, (un mot de son temps) le bas-bleu rouge, hardiment écarlate parmi les bas-bleus! Madame Colet commença
je crois, sa célébrité par des vers. Née à Marseille, elle avait
ce que j'appelle la poésie marseillaise. Elle avait reçu dans
l'esprit cette espèce de coup de tampon que donne le ciel et
la mer du midi aux imaginations même vulgaires. La sienne
l'était, — comme sa beauté, — qui ne manquait ni d'éclat
tapageur, ni d'opulence charnue, mais qui n'avait ni distinc-
tion idéale, ni chasteté... C'était une beauté républicaine,
taillée pour faire une déesse de la Liberté, aux puissantes
mamelles, sur les autels de Notre-Dame, dans ces jours
d'orgie révolutionnaire qui, pour elle, auraient été des jours
heureux. Sous Louis-Philippe, elle devait avoir d'autres
triomphes, et une autre destinée. Le temps n'était pas héroïque. L'Académie remplaça pour elle Notre-Dame. A
l'Académie, elle fut trouvée belle, comme elle y fut trouvée
poète. Les vieillards de l'endroit se levèrent plusieurs fois
devant cette Hélène et lui décernèrent également la couronne
de myrte et la couronne de laurier. Les Tallemant des
Réaux de notre âge parleront, — comme elle en a parlé elle-
même, — des passions posthumes qu'elle inspira à Villemain, — cette colonne vertébrale, infortunée, — et au cœur

philosophique de Cousin, le testamentaire, qui lui légua, avec la grandeur d'un Harpagon amoureux, une somme qu'il ne pouvait pas emporter... Villemain et Cousin ne furent pas les seuls d'ailleurs, que l'on vit, chez elle, dans des positions compromises... Elle pêcha toujours aux académiciens, même quand elle ne pouvait pas les faire pêcher... Son salon était le parc aux huîtres de l'Académie. Alfred de Vigny, lui-même, ce cygne, s'abattit un instant, sur cette mare (1)...

M. d'Aurevilly ne transige pas. En politique, il est de l'école de Joseph de Maistre. Du point où il se place, MM. Buffet, Rochefort, le duc de Broglie et Lissaragay lui semblent perdus ensemble et confondus dans les abîmes du libéralisme. M. d'Aurevilly a dit crânement :

— Nos pères ont été sages d'égorger les huguenots et bien imprudents ne ne pas brûler Luther. Si, au lieu de brûler les écrits de Luther, dont les cendres retombèrent sur le monde comme une semence, on avait brûlé Luther lui-même, le monde était sauvé, au moins pour un siècle.

Voilà qui n'est pas pactiser avec la Révolution. Mais, quand je vois M. d'Aurevilly traiter ensuite Louis Veuillot comme un rédacteur du *Siècle*, j'avoue ne plus bien comprendre, et je me défie de la logique de ce catholique original.

En réalité, il n'a, en critique, ni poids ni mesure ; il ne juge pas : il imagine ; c'est un inventeur, et il mène ses inventions avec un tapage prodigieux et

____

(1) *Les Bas-Bleus*, Paris. Société générale de librairie catholique. Victor Palmé, directeur général, 1878, page 287 et suiv.

boursoufle ses imaginations avec un souffle intérieur
très puissant.

Il fut inégal, il fut injuste, il fut cruel ; mais sa
longue indépendance l'a rendu respectable.

En traversant le monde littéraire, il a noué diverses
amitiés dont la plus ancienne est celle qui l'attacha à
Trébutien, ce vieux Caenais savant et doux, qui éco-
nomisait sur sa nourriture pour publier à ses frais les
livres de ses amis, et mourut sur une méchante pail-
lasse après soixante-cinq ans de labeur.

A Paris, on vit longtemps M. d'Aurevilly suivi de
M. Nicolardot ; celui-ci n'avait pas, comme l'autre, le
culte de sa personne et le don de bien dire : on s'é-
tonnait d'une sympathie que les apparences démen-
taient.

— Nicolardot, c'est ma vertu, disait M. d'Aurevilly.

Plus récemment, l'auteur des *Diaboliques* s'est attaché quelques écrivains encore jeunes comme
MM. François Coppée, Léon Cladel et Paul Bourget.

Je ne vois pas bien le lien intellectuel qui peut unir
des esprits si divers ; mais M. d'Aurevilly est un causeur éloquent, un conteur toujours prêt, et c'est par
sa parole qu'il charme et charmera toujours la jeunesse.

Sa liaison avec Baudelaire demanderait, pour être
bien contée, un Tallemant romantique. Elle commença par un article sur les *fleurs du mal*, dans lequel
le critique, fortement touché par le poète, avait parlé
avec complaisance du talent et aussi des vices mo-
raux de Baudelaire.

Celui-ci, agréablement caressé, car il aimait passer

pour très corrompu, se rendit chez M. Barbey d'Aurevilly, et prit, en mystificateur qu'il était, un air d'homme offensé. Et, avec ses façons douces et catégoriques :

— Voyez, monsieur, dit-il, dans quelle situation délicate vous vous êtes mis à mon égard. Vous m'avez donné le droit de vous demander raison, et si, en effet, je vous envoyais des témoins, votre foi catholique vous empêchant de vous battre en duel, vous seriez fort embarrassé.

— Monsieur, répondit Barbey d'Aurevilly, j'ai toujours mis mes passions au-dessus de mes principes. Je suis à vos ordres !

En ce temps-là, il frayait avec M. Théophile Silvestre, qui a écrit sur l'art et la nature des pages d'une grande force. Silvestre est mort inconnu (1) : sans le zèle et l'admiration que M. Barbey d'Aurevilly inspire à ses plus jeunes amis de la presse, le gros public ne saurait pas encore que depuis cinquante ans l'esprit le plus original écrit en style forcené des récits dans lesquels on peut suivre, selon son expression, « des destinées marquées d'un sceau de pourpre ».

Il faut savoir aussi que ce romancier et ce poète si riche par l'imagination, que ce critique qui remua tout le siècle littéraire avec une ardeur enfantine mais

(1) Théophile Silvestre, né en 1823, est mort subitement en 1876. Voir les journaux à cette date. La presse républicaine lui reprocha très durement son impérialisme et ne fut point toujours juste dans l'appréciation de ce talent fier et de ce faible caractère.

courageuse, que cet homme de talent, dont tout le monde connaît les redingotes à jupes, les cravates de dentelle et les chapeaux bordés de velours cramoisi, est, dans l'intimité, le plus courtois, le plus gracieux et le plus serviable des hommes, qu'il a grand ton et que sa pauvreté volontaire (car il ne possède au monde que son lit de fer) le rapproche, dans l'ordre moral, de ces vieux prêtres pleins de génie et d'austérité, qu'il sait si bien nons peindre. Seulement, comme il est poète, il garde, avec cela, le divin enfantillage des poètes.

XXI

M. ÉMILE ZOLA

Mardi, 28 août 1883.

M. Émile Zola, qui est un romantique sans le savoir, parle beaucoup de tempérament, de puissance, et d'être un boulet de canon, une force de la nature, enfin ce qu'on appelait autrefois un génie. Je lui accorde tout cela dans une mesure, qu'il me permettra de ne pas déterminer, pour cette seule raison qu'il est jeune encore, n'a point terminé son œuvre et n'est pas encore entré dans la postérité.

Quant à définir son tempérament et sa puissance, quant à dire comment il est une force, un génie et un boulet de canon, c'est assez facile. M. Zola est doué d'une faculté de travail tout à fait extraordinaire. C'est là sa faculté maîtresse, et celle à laquelle il faut rapporter toutes les autres. C'est par un travail obstiné et régulier qu'il a acquis et développé son tempérament d'écrivain et tout ce qui semble en lui instinctif et spontané.

« Levé tôt, dit son biographe M. Guy de Maupassant il n'interrompt sa besogne que vers une heure et demie de l'après-midi, pour déjeuner. Il se rassied à sa table vers trois heures jusqu'à huit, et souvent même il se remet à l'œuvre dans la soirée. » L'homme qui produit ainsi. peut être un puissant constructeur, et c'est le cas de M. Zola. Ce ne sera jamais ni un observateur, ni un sentimental, ni un confidentiel. Il n'a guère le temps ni d'observer ni de sentir, n'ayant point de cette paresse où l'on vit pour le plaisir de sentir et de voir.

Il y a une grande ressemblance entre les facultés productives de M. Émile Zola et celles de Victor Hugo. Des deux côtés, même besoin de travail, même indifférence pour tout ce qui n'est point leur œuvre. Et le contraste n'est qu'apparent entre l'idéalisme de l'un et le naturalisme de l'autre.

Il n'y a, en réalité, ni idéalisme, ni naturalisme. Il y a seulement des goûts et des modes. En 1830, la mode était aux anges, aux démons et aux fantasmagories moyen âge. En 1870, la mode était aux imitations de la vie contemporaine et aux fantaisies physiologiques. Victor Hugo a suivi le goût 1830; M. Émile Zola a suivi le goût 1870. Voilà tout. En 1830, M. Zola aurait fait du gothique, comme M. Hugo aurait fait de la physiologie et de la pathologie littéraire s'il était né en même temps que MM. Flaubert et de Goncourt. Et, si ce que je dis là peut surprendre M. Zola, qu'il considère qu'en somme aucun écrivain n'a échappé au goût public de son temps, et que c'est une loi fatale que celle des milieux.

M. Zola écrit *Nana* sur une table Louis XIII, il compose ses *Rougon-Macquart* dans un cabinet tendu de tapisseries anciennes, meublé de crédences Henri III, encombré de faïences, de grès, d'armures et de plats d'étain. A Paris, il a un lit Henri II et des vitraux d'église dans sa chambre à coucher.

A Médan, il a fait construire dans son cabinet une cheminée monumentale, avec des cariatides et des landiers semblables à des arbres de fer. Cela encore, n'est-ce point une façon de se mettre à la mode, et même à la mode bourgeoise, de ce temps? Car notre bourgeoisie en retard, en ce moment, donne ferme dans le bibelot gothique. M. Zola n'aurait pas songé, en 1820, aux landiers et aux vitraux d'église. Il aurait mis deux vases étrusques sur sa cheminée, et, grâce à cette simple décoration, il se fût cru suffisamment artiste.

Ne parlez point de système. Ne rattachez point vos œuvres à de grandes théories d'art. Cela séduit d'abord quelques ignorants ; puis cela fait hausser les épaules à tout le monde. Tout cela se fait beaucoup plus naturellement. Qui ne sourit maintenant de la préface de *Cromwell?*

Les théories naturalistes de M. Zola ne valent ni plus ni moins que les théories romantiques de Victor Hugo. Mais M. Zola, qui est batailleur, les a lancées avec des mines terribles de guerrier japonais. En cela encore, il ressemble à Victor Hugo ; l'attitude seule diffère ; il n'y a plus de paladins. M. Zola a dit expressément que, «hors le réalisme, on ne trouvait que de vieux fous, ou de jeunes niais ». Il a jeté ensuite au monde cette déclaration qui eût été plus convenable dans la bouche de Daubray, au milieu de quelque opérette : « La République sera naturaliste ou elle ne sera pas. »

Enfin il s'est lancé dans des démonstrations scientifiques dont il a bien du mal à se dépêtrer. Il a dit : « Le naturalisme, c'est l'art expérimental. » Comme, par malheur, un volume de Claude Bernard lui était tombé sous la main, il vit que les physiologistes ouvraient des lapins. Cela lui sembla beau et il s'écria : « Et moi aussi je fais des expériences ! »

On eut toutes les peines du monde à lui expliquer la différence de ses procédés et de ceux de Claude Bernard.

— Monsieur Zola, lui dit-on, vous, vous ne disséquez qu'au figuré les gens que vous rencontrez dans la rue, tandis que M. Claude Bernard ouvre en réalité les chiens et les lapins qu'on lui apporte. Il y a là une nuance appréciable, que le langage exprime fort bien.

L'opération à laquelle procède M. Zola s'appelle l'observation. Celle que fait le physiologiste s'appelle l'expérimentation. On expérimente en exposant un animal (en tout ou en partie) à diverses modifications qu'on reproduit à volonté avec leur cortège de phénomènes. M. Zola n'a jamais fait de même de Coupeau et de Gervaise. Vous n'expérimentez pas, monsieur Zola, vous observez.

M. Zola ne s'est pas rendu, et il a publié un gros bouquin intitulé : *le Roman expérimental.* C'est qu'il était dur de se rendre. Avouer qu'on a eu cette idée originale de faire de l'observation dans le roman était une nécessité cruelle pour un novateur comme M. Zola. Un non-sens tel que celui de *Roman expéri-*

mental valait mieux que cette banalité : roman d'observation.

M. Zola, qui, bien qu'il s'en défende, a certainement fondé une école, sait que l'absurdité n'a jamais
nui aux chefs de secte et qu'elle leur a, au contraire,
souvent servi.

J'entends par école un groupe d'imitateurs qui
prennent les façons de dire du maître, sa manière de
composer, ses façons de voir.

Quant à la doctrine naturaliste, on ne peut la
prendre. Elle est insaisissable. M. Zola a défini l'œuvre du romancier naturaliste : « La nature vue à travers un tempérament. » On comprend ce qu'il veut
dire, bien que la formule trahisse un abstracteur un
peu novice. Il entend qu'il faut peindre ce que l'on
voit.

Et qu'ont fait autre chose, depuis le commencement du monde, tous les poètes et tous les prosa-
teurs ?

Peindre ce que l'on voit ! Mais les idéalistes les plus
transcendants, les illuminés les plus extatiques n'ont
fait que peindre ce qu'ils voyaient ! M. Zola ne sau-
rait-il point que certaines âmes voient les anges
aussi facilement qu'il voit les blanchisseuses ?

La candeur de M. Zola m'étonne ; elle m'étonnerait
bien davantage si je ne savais point qu'il n'a pas
mieux observé le monde qu'un ermite et qu'il ignore
le doute. Douter est la seule chose qu'enseigne la vie.
Et c'est tout de même une chose utile.

Après avoir publié trois romans, dont un : *Thérèse
Raquin*, est fortement bâti, M. Zola conçut et exécuta

les *Rougon-Macquart, histoire naturelle et sociale d'une famille sous le second Empire*. Ce n'est certes pas une œuvre à laquelle on puisse rester indifférent, que cet amas de romans plus ou moins liés les uns aux autres et embrassant avec plus ou moins d'exactitude la société contemporaine tout entière.

L'œuvre, inégale, tendue, brutale, est d'un ouvrier robuste, courageux, sincère, et qui se donne à l'ouvrage avec tant de puissance, qu'il nous force d'admirer ses muscles. Il y a dans le tas deux ou trois romans admirables, et cela vaut la peine qu'on le dise hautement, quand ça ne serait que pour s'opposer aux médiocres qui s'acharnent.

Mais, s'il fallait en croire M. Zola, la conception première de ces *Rougon-Macquart* ne serait qu'une niaiserie prétentieuse ; car, de quel autre nom appeler cette note qui fut imprimée sur la couverture de la *Fortune des Rougon*.

« Physiologiquement, les *Rougon-Macquart* sont la lente succession des accidents nerveux qui se déclarent dans une race à la suite d'une première lésion organique, et qui déterminent, selon les milieux, chez chacun des individus de cette race, les sentiments, les désirs, les passions, toutes les manifestations humaines, naturelles et instinctives, dont les produits prennent les noms convenus de vertus et de vices. »

Cela est pour amuser les badauds.

Dans le fait, la théorie de l'hérédité n'est point édifiée. C'est une grande vérité qu'on ne sait pas comment se font les enfants.

M. Zola possède, il est vrai, deux gros volumes très

vagues du docteur Lucas sur l'hérédité. Il est bon
d'avoir les deux volumes du docteur Lucas, dans sa
bibliothèque ; mais il est mauvais de croire qu'on
sait, après les avoir lus, comment la vie se transmet
avec ses diverses propriétés, beauté, laideur, folie ou
génie. Heureusement, pour M. Zola, que son *Histoire
naturelle et sociale d'une famille sous le second Empire*,
n'est ni plus ni moins qu'une suite de romans qui
n'ont rien à démêler avec les données de la science,
et dans lesquels il y a de très belles pages.

M. Zola procède par tableaux et fait des descriptions achevées, dont la longueur rebute les contemporains, mais qui pourront intéresser les curieux de
l'avenir : si toutefois l'avenir produit des curieux. Car
il est bien probable que l'amour du passé qui travaille le dix-neuvième siècle n'est qu'une maladie
passagère. Le Baptême du Prince Impérial est sa plus
forte pièce descriptive.

Du côté de la place de l'Hôtel-de-Ville, il y avait comme
un clapotement de têtes, une marée de vivats qui montaient ;
des chapeaux, au loin, agités par des mains qu'on ne distinguait pas, mettaient au-dessus de la foule une large vague
noire, dont le flot gagnait lentement de proche en proche.
Puis, ce furent les maisons du quai Napoléon, situées en
face de la place, qui s'émurent les premières ; aux fenêtres,
les gens se haussèrent, se bousculèrent, avec des visages
ravis, des bras tendus montrant quelque chose, à gauche,
du côté de la rue de Rivoli. Et, pendant trois éternelles mi-
nutes, le pont resta encore vide. Les cloches de Notre-Dame,
comme prises d'une fureur d'allégresse, sonnaient plus fort.
Tout d'un coup, au milieu de la multitude anxieuse, des

trompettes parurent, sur le pont désert. Un immense soupir
roula et se perdit. Derrière les trompettes et le corps de
musique qui les suivait, venait un général accompagné de
son état-major, à cheval. Ensuite, après des escadrons de
carabiniers, de dragons et de guides, commençaient les voitures de gala. Il y en avait d'abord huit, attelées de six
chevaux. Les premières contenaient des dames du palais,
des chambellans, des officiers de la maison de l'empereur et
de l'impératrice, des dames d'honneur de la grande-duchesse
de Bade, chargée de représenter la marraine. Et Gilquin,
sans lâcher madame Correur, lui expliquait dans le dos que
la marraine, la reine de Suède, n'avait, pas plus que le
parrain, pris la peine de se déranger. Puis, lorsque passèrent la septième voiture et la huitième, il nomma les personnages, avec une familiarité qui le montrait très au courant des choses de la cour. Ces trois messieurs, c'étaient le
roi Jérôme, le prince Napoléon et le prince de Suède ; ils
avaient avec eux la grande-duchesse de Bade. Le cortège
avançait lentement. Aux portières, des écuyers, des aides
de camp, des chevaliers d'honneur, tenaient les brides très
courtes, pour maintenir leurs chevaux au pas.

— Où donc est le petit ? demanda madame Charbonnel
impatiente.

— Pardi ! on ne l'a pas mis sous une banquette, dit Gilquin en riant. Attendez, il va venir.

Il serra plus amoureusement madame Correur, qui
s'abandonnait, parce qu'elle avait peur de tomber, disait-
elle. Et, gagné par l'admiration, les yeux luisants, il mur-
mura encore :

— N'importe, c'est vraiment beau ! Se gobergent-ils, ces
mâtins-là, dans leurs boîtes de satin !... Quand on pense
que j'ai travaillé à tout ça !

Il se gonflait ; le cortège, la foule, l'horizon entier était à
lui. Mais, dans le court recueillement causé par l'apparition
des premières voitures, un brouhaha formidable arrivait ;

maintenant, c'était sur le quai même que les chapeaux volaient au-dessus des têtes moutonnantes. Au milieu du pont, six piqueurs de l'empereur passaient, avec leur livrée verte, leurs calottes rondes autour desquelles retombaient les brins dorés d'un large gland. Et la voiture de l'impératrice se montra enfin ; elle était traînée par huit chevaux ; elle avait quatre lanternes, très riches, plantées aux quatre coins de la caisse ; et, toute en glaces, vaste, arrondie, elle ressemblait à un grand coffret de cristal, enrichi de galeries d'or, monté sur des roues d'or. A l'intérieur, on distinguait nettement, dans un nuage de dentelles blanches, la tache rose du prince impérial, tenu sur les genoux de la gouvernante des Enfants de France ; auprès d'elle, était la nourrice, une Bourguignonne belle femme à forte poitrine. Puis, à quelque distance, après un groupe de garçons d'attelage à pied et d'écuyers à cheval, venait la voiture de l'empereur, attelée également de huit chevaux, d'une richesse aussi grande, dans laquelle l'empereur et l'impératrice saluaient. Aux portières des deux voitures, des maréchaux recevaient sans un geste, sur les broderies de leurs uniformes, la poussière des roues.

— Si le pont venait à casser ! dit en ricanant Gilquin, qui avait le goût des imaginations atroces.

Madame Correur, effrayée, le fit taire. Mais lui, insistait, disait que ces ponts de fer n'étaient jamais bien solides ; et, quand les deux voitures furent au milieu du pont, il affirma qu'il voyait le tablier danser. Quel plongeon, tonnerre ! Le papa, la maman, l'enfant, ils auraient tous bu un fameux coup ! Les voitures roulaient doucement, sans bruit ; le tablier était si léger, avec sa longue courbe molle, qu'elles étaient comme suspendues, au-dessus du grand vide de la rivière ; en bas, dans la nappe bleue, elles se réflétaient, pareilles à d'étranges poissons d'or, qui auraient nagé entre deux eaux. L'empereur et l'impératrice, un peu las, avaient posé la tête sur le satin capitonné, heureux d'échapper un instant à la foule et de n'avoir plus à saluer. La gouvernante des Enfants de France, elle aussi, profitait des trottoirs déserts, pour relever le petit prince glissé de ses genoux ; tandis que la nourrice, penchée, l'amusait d'un sourire. Et le cortège entier baignait dans le soleil ; les uniformes, les toilettes, les harnais flambaient ; les voitures, toutes braisillantes, emplies d'une lueur d'astre, envoyaient des reflets de glace qui dansaient sur les maisons noires du quai Napoléon. Au loin, au-dessus du pont, se dressait, comme fond à ce tableau, la réclame monumentale peinte sur le mur d'une maison à six étages de l'île Saint-Louis, la redingote grise géante, vide de corps, que le soleil battait d'un rayonnement d'apothéose.

Gilquin remarqua la redingote, au moment où elle dominait les deux voitures. Il cria :

— Tiens ! l'oncle, là-bas !

Un rire courut dans la foule, autour de lui. M. Charbonnel, qui n'avait pas compris, voulut se faire donner des explications. Mais on ne s'entendait plus, un vivat assourdissant montait, les trois cent mille personnes qui s'écrasaient là, battaient des mains. Quand le petit prince était arrivé au milieu du pont, et qu'on avait vu paraître derrière lui l'empereur et l'impératrice, dans ce large espace découvert où rien ne gênait la vue, une émotion extraordinaire s'était emparée des curieux. Il y avait eu un de ces enthousiasmes populaires, tout nerveux, roulant les têtes comme sous un coup de vent, d'un bout d'une ville à l'autre. Les hommes se haussaient, mettaient des bambins ébahis à califourchon sur leur cou ; les femmes pleuraient, balbutiant des paroles de tendresse pour « le cher petit », partageant avec des mots du cœur la joie bourgeoise du couple impérial. Une tempête de cris continuait à sortir de la place de l'Hôtel-de-Ville ; sur les quais, des deux côtés, en amont, en aval, aussi loin que le regard pouvait aller, on apercevait une forêt de bras tendus, s'agitant, saluant. Aux fenêtres,

des mouchoirs volaient, des corps se penchaient, le visage
allumé, avec le trou noir de la bouche grande ouverte. Et,
tout là-bas, les fenêtres de l'île Saint-Louis, étroites comme
de minces traits de fusain, s'animaient d'un pétillement de
lueurs blanches, d'une vie qu'on ne distinguait pas nettement. Cependant, l'équipe des canotiers en vareuses rouges,
debout au milieu de la Seine qui les emportait, vociféraient à
pleine gorge ; pendant que les blanchisseuses, à demi sor-
ties des vitrages du bateau, les bras nus, débraillées, affo-
lées, voulant se faire entendre, tapaient furieusement leurs
battoirs, à les casser.

— C'est fini, allons-nous-en, dit Gilquin.

Mais les Charbonnel voulurent voir jusqu'au bout (1).

Puis l'auteur nous fait entrer dans l'église.

. . . .

Entre les deux larges rideaux, l'église se creusait, immense, dans une vision surhumaine de tabernacle. Les
voûtes, d'un bleu tendre, étaient semées d'étoiles. Les ver-
rières étalaient, autour de ce firmament, des astres mysti-
ques, attisant les petites flammes vives d'une braise de
pierreries. Partout, des hautes colonnes, tombait une drape-
rie de velours rouge, qui mangeait le peu de jour traînant
sous la nef ; et, dans cette nuit rouge, brûlait seul, au milieu, un ardent foyer de cierges, des milliers de cierges en
tas, plantés si près les uns des autres, qu'il y avait là comme
un soleil unique, flambant dans une pluie d'étincelles.
C'était, au centre de la croisée, sur une estrade, l'autel qui
s'embrasait. A gauche, à droite, s'élevaient des trônes. Un
large dais de velours doublé d'hermine mettait, au-dessus
du trône le plus élevé, un oiseau géant, au ventre de neige,

(1) *Son Excellence Eugène Rougon*, Charpentier, éditeur, 1882,
pages 109 et suivantes.

aux ailes de pourpre. Et toute une foule riche, moirée d'or, allumée d'un pétillement de bijoux, emplissait l'église : près de l'autel, au fond, le clergé, les évêques crossés et mitrés, faisaient une gloire, un de ces resplendissements qui ouvrent une trouée sur le ciel ; autour de l'estrade, des princes, des princesses, de grands dignitaires, étaient rangés avec une pompe souveraine ; puis, des deux côtés, dans les bras de la croisée, des gradins montaient, le Corps diplomatique et le Sénat à droite, le Corps législatif et le Conseil d'État à gauche ; tandis que les délégations de toutes sortes s'entassaient dans le reste de la nef, et que les dames, en haut, au bord des tribunes, étalaient les vives panachures de leurs étoffes claires. Une grande buée saignante flottait. Les têtes étagées au fond, à droite, à gauche, gardaient des tons roses de porcelaine peinte. Les costumes, le satin, la soie, le velours, avaient des reflets d'un éclat sombre, comme près de s'enflammer. Des rangs entiers, tout d'un coup, prenaient feu, L'église profonde se chauffait d'un luxe inouï de fournaise.

Alors, madame Correur vit s'avancer, au milieu du chœur, un aide des cérémonies, qui cria trois fois, furieusement :

— Vive le prince impérial ! vive le prince impérial ! vive le prince impérial !

Et, dans l'immense acclamation dont les voûtes tremblèrent, madame Correur aperçut, au bord de l'estrade, l'empereur debout, dominant la foule. Il se détachait en noir sur le flamboiement d'or, que les évêques allumaient derrière lui. Il présentait au peuple le prince impérial, un paquet de dentelles blanches, qu'il tenait très haut, de ses deux bras levés (1).

Il a fait ainsi soixante descriptions qu'on peut louer de même.

Cet homme est un œil. Il voit bien. Le drame lui

____

(1) Id., pages 116 et 117.

fait souvent défaut, le sujet lui manque. Cela est sensible dans le *Ventre de Paris* et dans *Une Page d'amour*. Mais quand il lui arrive de posséder une riche matière, il se montre un romancier de premier ordre, comme on voit dans la *Conquête de Plassans*, l'*Asommoir* et même le *Bonheur des Dames*, dont le succès a été médiocre, mais que je ne saurais trop admirer pour la figure épisodique de Bourras, le marchand de parapluies, pour l'étude si délicate de la demoiselle de magasin qui est l'héroïne du livre et enfin pour l'admirable appropriation du talent de l'auteur au sujet.

Les grands magasins sont comme M. Zola : riches, abondants sans traditions, d'un luxe éclatant et un peu grossier. M. Zola comprend ce qui est en conformité avec sa nature, et il ne comprend pas le reste, ce qui est très naturel, en cela, il est semblable à nous tous, et je ne l'en loue ni l'en blâme. Mais c'est un fait qu'il est peu cultivé, point trop fin, point délicat de goût. Cela d'ailleurs se voit sur la personne de ce gros petit homme, dont la tête ronde et énergique, avec les cheveux et la barbe coupés ras, exprime l'entêtement et quelque brutalité.

Sa jeunesse fut terrible.

Il manqua de tout.

Dans un livre plein de talent, de patience, d'amitié et de respect, M. Paul Alexis nous a peint les rudes débuts de cet homme, bon, timide, fier, courageux et insouciant. — « Tout le reste de cette année 1860, toute l'année 1861, et pendant les trois premiers mois de l'année 1862, le voilà lâché sur le pavé de Paris, sans position, sans ressources, ne faisant rien, n'ayant devant lui aucun avenir. Deux années entières de bohème. Une vie de misère, d'emprunts sollicités la rougeur au front, de dettes contractées sous la griffe du besoin. Une vie de hasards, d'engagements au Mont-de-Piété, de meubles abandonnés en payement. Enfin, une de ces périodes sombres, que ceux qui les ont traversées ne se rappellent jamais sans un frisson.

« Cependant, il ne faudrait pas pousser au noir. La jeunesse, la vie libre, l'ambition littéraire, entraînent avec elles tout un monde d'illusions, d'insouciance, de grandes joies pour de petites causes. Ce ne fut jamais la misère haineuse, sans espoir. Quand Zola se reporte à ces deux années, le gourmand, en lui, peut frémir au souvenir des repas faits avec du pain et du fromage d'Italie ; mais il lui arrive aussi de soupirer, à la pensée de cette misère, si pleine de larges espérances. Pour avoir eu des commencements difficiles, il n'en regrette pas moins, comme les autres, sa vingtième année. Il faisait des vers, en ce temps-là, rien que des vers.

« La littérature, eh! il n'y voyait pas alors une profession. Quelques strophes, une page de prose de lui, imprimée dans je ne sais quelle feuille de chou de province, l'empêchaient de dormir toute une nuit, passée à se lire et à se relire. Voir son nom en haut d'une de ces couvertures jaunes, ou roses, ou vert tendre, étalées aux vitrines des librairies, cela lui paraissait un rêve aussi lointain, aussi chimérique, aussi irréalisable, que d'obtenir la main d'une princesse de maison royale, l'élevant tout à coup jusqu'au

trône. Mais, si pas un cheveu de sa tête ne se doutait
alors qu'il vivrait un jour de cette littérature, il l'aimait déjà instinctivement, pour elle-même, avec
passion. Elle était son unique compagnie, en ce
temps-là, car il vivait seul, sans amis, sans femmes,
ne mettant pas les pieds dans les cafés ni dans les
brasseries, n'ayant aucun rapport avec le monde littéraire. Les journaux, ses moyens ne lui permettaient
d'en lire que rarement, et encore les lisait-il en garçon
aussi peu initié que s'il vivait au fond d'un village
perdu des Basses-Alpes. Sa grande occupation d'a-
lors, son plaisir unique, était de passer des journées
entières le long des quais, faisant d'interminables
stations devant les bouquinistes, dévorant toute espèce de livres, à ces cabinets de lecture gratuits et en
plein vent. Il était mal habillé, par exemple ! Un certain paletot surtout, un paletot verdâtre, luisant aux
épaules, montrant la corde, a longtemps fait son désespoir (1). »

Cependant, la misère redouble encore. Il échoue,
11, rue Soufflot, dans une maison aujourd'hui démo-
lie, dans un hôtel garni, misérable et louche. « Pour
locataires, des étudiants et des filles. Les chambres
n'étaient séparées que par des cloisons minces. On se
doute de ce que notre jeune poète entendait au travers : bouteilles débouchées, rixes, baisers, soupirs,
et le reste ! Tout à coup, au milieu de la nuit, des
cris déchirants de femmes le réveillaient en sursaut,
On eût dit le vacarme de cinq ou six assassinats

(1) Émile Zola. *Notes d'un ami,* Charpentier, éditeur, 1882,
pages 46 et suiv.

commis en même temps. Ce n'était qu' « une descente » : les agents des mœurs faisaient une rafle. Là, au milieu de cette atmosphère de désordre et de vice, pendant un an, d'avril 1861 à avril 1862, pendant les huit premiers mois surtout, Emile Zola vécut d'une vie affreuse. Il y connut toutes les privations. Voici quels étaient ses menus : du pain et du café ; ou, du pain et deux sous de fromage d'Italie ; ou, du pain et deux sous de pommes. Quelquefois, rien que du pain! Quelquefois, pas de pain du tout! Ses vêtements, cela va sans dire, filaient l'un après l'autre au Mont-de-Piété. Même il lui arrivait, ayant fait porter au clou sa dernière nippe, d'être obligé de passer des trois ou quatre jours chez lui, sans pouvoir sortir, enveloppé des couvertures de son lit : ce qu'il appelait pittoresquement « faire l'Arabe ». Une fois, ayant couru en vain tout le quartier sans trouver à emprunter les quelques sous du dîner, et, il faut tout dire, ayant à ce moment sur les bras une femme, — une liaison de quelques semaines, — que fait le futur propriétaire de Médan? Il retire son paletot, le jette à la femme : « Porte ça au Mont-de-Piété! » Et il rentre chez lui en bras de chemise, par un froid de plusieurs degrés au-dessous de zéro (1). »

Il a senti la pauvreté. Il l'exprime admirablement. Depuis, il est riche, mais il ne goûte pas bien sa richesse; il n'en jouit pas. Il est indifférent aux biens, venus trop tard. Il ne vit plus que par le travail. Il ne sera jamais que le peintre de la rude misère ou du luxe banal. Il ne saura jamais nous montrer autre

______

(1) *Id.*, p. 51.

chose, et il sera inhabile à nous peindre même l'aris-
tocratie des parvenus.

On l'aime ainsi, entêté, rude, borné, batailleur,
mal appris, laborieux; on aime cet ouvrier qui, par-
dessus l'épaule, vous jette à la figure, comme des
pavés, ses livres lourds et pleins.

On aime son talent peu aimable : après tout,
M. Zola, c'est le peintre du laid, du vulgaire, de la
faim, de la luxure et de la bêtise C'est le peintre de
l'ivrogne et du mauvais riche. Est-ce peu que cela?
Est-ce peu que d'avoir peint d'une certaine façon les
trois quarts du monde?

XXII

M. FRANÇOIS COPPÉE

Dimanche, 16 septembre 1883.

Il y eut un coup de baguette magique dans sa vie.
C'était en 1868. François Coppée avait vingt-cinq
ans ; il était employé à 1,800 francs au ministère de
la guerre. Il faisait des vers et avait beaucoup de talent. Peu de gens le savaient. Il rima en quelques
jours, par occasion, une saynète, et ce fut le *Passant*.

La salle fut ravie. Le directeur du théâtre n'y comprenait rien. On applaudit, on se récria. Les belles
dames, les généraux, les banquiers et les vieux
chambellans pleurèrent. Je me souviens, entre autres,
de mon vieil oncle qui était sénateur, et tout entier
dans la politique et les inaugurations de statues. Il
s'attendrit à table en racontant la pièce à sa façon et
parla d'amour.

Tout Paris raffola du *Passant* (1). Il y eut des cravates à la Coppée. Les journaux publièrent que le poète demeurait à Montmartre et qu'il aimait sa mère. On joua son œuvre sur tous les théâtres et dans tous les cours d'Europe. Dans toutes les préfectures, un jeune homme, qui connaissait l'auteur du *Passant*, était

(1) Voici ce que plusieurs années après la première du *Passant* écrivait le pauvre André Gill. Le ton est violent et outré mais ne manque point de vérité. — « La première du *Passant* (14 janvier 1869), je me la rappelle comme si c'était hier : On l'avait annoncée, prônée, escomptée au café de *Bobino*, voisin des arbres du Luxembourg, où se réunissaient les *Parnassiens*, où passait Rochefort, où venait de débarquer, avec *Pierrot héritier*, Paul Arène au bras d'Alphonse Daudet, célèbre déjà par les *Lettres de mon Moulin*.

» L'auteur avec son joli nom ciselé : François Coppée, avec son profil nerveux et de pur camée, avait dit des fragments aux tables, distribué à la ronde des poignées de mains. On savait que deux belles filles, deux artistes de race, allaient prêter le charme de leur chair et de leur talent à l'interprétation; tout bas on ajoutait même... que l'une d'elles était aimée du poète, que l'autre en séchait de jalousie : un vrai roman!

» Enfin c'était notre drapeau à tous que le camarade allait dresser dans la bataille...

» Comble de l'émotion ! J'en appelle à ceux de mon âge: le lustre de l'Odéon, ce soir-là, nous sembla rayonner notre aurore.

» Dans la salle, il y avait le Tout-Paris de l'Empire : un bruit d'éperons, des entrecroisements de moustaches, des femmes plâtrées, étincelantes de parures, des crânes luisants surchauffés d'âges, des ventres balonnés d'expropriation, des nez affilés par la ruse, une odeur de luxe violent et mal appris, de virements, de police et d'indigestion splendide; c'était superbe !

» Il y avait aussi des maîtres venus pour encourager l'élève : Gautier, Banville, Augier. Leconte de Lisle, tous les fronts ombragés du vert laurier, tous, excepté Hugo, qui était ailleurs...

» On frappa les trois coups.

» Vous connaissez la pièce ; elle arriva comme une massue ; Ce rien enguirlandé de fleurs, embaumé de jeunesse, le naïf et chaste amour de Zanetto s'offrant, au clair de lune, à la Sylvia,

tout à coup invité à dîner dans plusieurs familles bourgeoises.

Maintenant encore, après quatorze ans, le *Passant* continue son tour de France, et je l'ai vu, il n'y a pas bien longtemps, sur l'affiche déchirée du théâtre de Clermont, en Beauvoisie.

Et c'est en effet une bien agréable chose. C'est un ouvrage d'art très facile à comprendre, quoique la facture en soit assez compliquée. Toute femme qui a lu Musset connaît ce pays bleu, cette Italie de rêve dans lequel les courtisanes aiment les poètes. Cette Sylvie qui ruine les podestats et respecte l'innocence des chanteurs de grand chemin est d'un monde bien factice. Mais les figures de théâtre n'ont point besoin d'être vraies.

On trouva à la Sylvie, à mademoiselle Agár, une sombre beauté : on trouva un charme à Zanetto. Zanetto, c'était mademoiselle Sarah Bernhardt toute jeune et déjà n'ignorant rien. C'est elle qui nomma le poète, et le nom de François Coppée sortit frais et

la courtisane charnue et rêveuse après boire, un idéal de l'Empire, fut tout de suite accueilli, acclamé, adoré. La pièce déroula son collier de rimes précieuses, tendrement, perle à perle, dans une musique si imprévue et si douce, qu'il s'en répandit, par la salle enivrée, une sensation de fraîcheur pour ainsi dire virginale. Ce fut un enchantement, comme une goutte de rosée sur une bouche en fièvre.

» Toutes les dames décolletées d'alors agitaient les reins dans leurs fauteuils ; les sous-préfets de passage à Paris, ce jour-là, roulaient des yeux humectés.

» Quel succès ! On fit relever quatre fois le rideau.

» Et nous donc ! la phalange de *Bobino,* du délire !..... »
Vingt amis de Paris. par André Gill, avec une préface par Alphonse Daudet, C. Marpon et E. Flammarion, éditeurs, 1883, p. 56 et suiv.

brillant de ces lèvres où depuis tous les regards du monde se sont attachés avec ardeur.

Mais le *Passant*, est-ce bien tout M. Coppée? Est-ce même du vrai M. Coppée? Non.

M. Coppée a un genre intime auquel la scène, malgré ce premier coup de bonheur, ne me semble point convenir. On s'en est aperçu quand il donna le drame en un acte des *Deux Douleurs*.

Le public n'écouta pas sans quelque ennui cette dispute d'une fiancée et d'une maîtresse sur le cercueil d'un jeune poète mort « du cœur ». Il y avait pourtant là des accents vrais, un ton juste, une idée exacte du train de l'amour en ville... Mais c'était décidément trop triste.

L'*Abandonnée*, que le Gymnase donna sans succès en 1871, fut plus morne encore et passa tout ce que le théâtre permet de tristesse.

Une fille séduite au premier acte et qui meurt à l'hôpital au second. Cela peut s'appeler, je crois, du Murger noir! L'*Abandonnée* parut dure aux personnes qui venaient au Gymnase pour se divertir. On veut bien pleurer au théâtre, mais sur quelque chose de rare et qui ne rappelle pas de trop près les misères de la vie. Vous avez vu ce qui est arrivé aux *Corbeaux*, de M. Becque.

M. Coppée sentit cela, et, quand il rassembla de nouveau le public, après six ans, ce fut pour lui montrer du bleu, le bleu du *Passant*, cette Italie qu'inventa Musset. Et le *Luthier de Crémone* fut reçu presque aussi bien que le premier ouvrage du poète.

M. Coquelin y eut un de ces rôles qu'il aime pour
leur caractère de mélancolie douce, de poésie et
de bonté triste, et dans lesquels il s'efforce pour réussir. Mademoiselle Barretta, l'âme de cette jolie chose,
y répandit son charme consolant, et ce fut une soirée
dont le souvenir plaît.

Depuis, M. Coppée, qui est, au fond, un vieil amateur de théâtre, quoiqu'il ait en horreur les tours du
métier, a été tenté et s'est mis à écrire de grands
drames historiques. Il convient d'attendre, pour
parler des autres, celui que l'Odéon promet pour cet
hiver (1). D'ailleurs, j'aime mieux chercher M. Coppée
dans ses vers lyriques ; c'est là qu'il se fait mieux
connaître et qu'il se fait mieux aimer.

Le *Reliquaire*, qui fut son début, contient quelques
morceaux achevés à côté d'études d'après les maîtres.
Je devrais dire : d'après le Maître, car M. Coppée, qui
ne se soucie guère des longues traditions antiques ou
classiques, ne procède que de Victor Hugo. Pour s'essayer, avec beaucoup d'adresse et comme une pointe
de malice, il emprunta à vingt ans au vieillard des
Burgraves ses chevaliers vêtus de fer, gantés de fer,
masqués de fer, et autres vieilleries. Mais, en même
temps, il se révélait dans son originalité propre par
des tableaux intimes d'un ton très juste et d'un dessin
très serré.

Après le *Reliquaire*, il donna les *Intimités*, qui sont
peut-être ce qu'il a fait de plus touchant et de plus

(1) *Severo Torelli* a pleinement réussi, et depuis, M. François
Coppée a succédé à l'Académie, au fauteuil de M. de Laprade.

sincère, comme vous en pourrez juger par les quelques pièces que je détache :

. . . .
. . . .

II

Elle viendra ce soir; elle me l'a promis.
Tout est bien prêt. Je viens d'éloigner mes amis,
De brûler des parfums, d'allumer les bougies
Et de jeter au feu les fades élégies
Que j'ai faites alors qu'elle ne venait pas;
Et j'attends. Tout à l'heure elle viendra. Son pas
Retentira, léger comme un pas de gazelle,
Et déjà ce seul bruit me paiera de mon zèle.
Elle entrera, troublée et voilant sa pâleur.
Nous nous prendons les mains, et la douce chaleur
De la chambre fera sentir bon sa toilette.
O les premiers baisers à travers la voilette !

III

C'est lâche ! J'aurais dû me fâcher, j'aurais dû
Lui dire ce que c'est qu'un bonheur attendu
Si longtemps et qui manque, et qu'une nuit pareille
Qu'on passe, l'œil fixé sur l'horloge et l'oreille
Tendue au moindre bruit vague de l'escalier.
C'est lâche ! J'aurais dû me faire supplier,
Avoir à pardonner la faute qu'on avoue
Et boire en un baiser ses larmes sur sa joue.
Mais elle avait un air si tranquille et si doux
Qu'en la voyant je suis tombé sur les genoux:
Et, me cachant le front dans les plis de sa jupe,
J'ai savouré longtemps la douceur d'être dupe.
Je n'ai pas exigé de larmes ni d'aveux,
Car ses petites mains jouaient dans mes cheveux,
Tandis que ces deux bras m'enlaçaient de leur chaîne :

17.

D'avance j'absolvais la trahison prochaine,
Et vil esclave heureux de reprendre ses fers,
J'ai demandé pardon des maux que j'ai soufferts.

IV

Il faisait presque nuit. La chambre était obscure.
Nous étions dans ce calme alangui que procure
La fatigue, et j'étais assis à ses genoux.
Ses yeux cernés, mais plus caressants et plus doux,
Se souvenaient encor de l'extase finie,
Et ce regard voilé, long comme une agonie,
Me faisait palpiter le cœur à le briser.
Le logis était plein d'une odeur de baiser.
Ses magnifiques yeux me tenaient sous leurs charmes;
Et je lui pris les mains et les couvris de larmes.
Moi qui savais déjà l'aimer jusqu'à la mort,
Je vis que je l'aimais bien mieux et bien plus fort
Et que ma passion s'était encore accrue.
Et j'écoutais rouler les fiacres dans la rue.

V

Sa chambre bleue est bien celle que je préfère.
Mon bouquet du matin s'y fane, et l'atmosphère
Languissante s'empreint de parfums assoupis;
Les longs et fins rideaux, tombant sur le tapis,
Attendrissent encor le jour discret et sobre
Que leur vers une tiède après-midi d'octobre.
Au coin du feu mourant deux fauteuils rapprochés
Semblent causer entre eux de nos prochains péchés.
Un coussin traîne là sans raison; mais le fourbe
S'offrira tout à l'heure au genou qui se courbe.

VI

La plus lente caresse, amie, est la meilleure,
N'est-ce pas? Et tu hais l'instant funeste où l'heure
Rappelle avec son chant métallique et glacé

> Qu'il se fait tard, très tard, et qu'il est dépassé
> Déjà le temps moral d'un bain ou d'une messe,
> Car ce sont les adieux alors et la promesse
> De revenir. — Et puis nous oublions encor !
> Mais l'horloge implacable avec son timbre d'or
> Recommence. Tu veux te sauver; tu te troubles.
> Hélas ! et nous devons mettre les baisers doubles (1).

Et ceci qui est d'un sentiment si personnel à M. François Coppée :

IX

> A Paris, en été, les soirs sont étouffants.
> Et moi, noir promeneur qu'évitent les enfants,
> Qui fuis la joie et fais, en flânant, bien des lieues,
> Je m'en vais, ces jours-là vers les tristes banlieues.
> Je prends quelque ruelle où pousse le gazon
> Et dont un mur tournant est le seul horizon.
> Je me plais dans ces lieux déserts où le pied sonne,
> Où je suis presque sûr de ne croiser personne.
> Au-dessus des enclos les tilleuls sentent bon ;
> Et sur le plâtre frais sont écrits au charbon
> Les noms entrelacés de *Victoire* et d'*Eugène*,
> ,Populaire et naïf monument, qui ne gêne
> Pas du tout le croquis odieux qu'à côté
> A tracé gauchement, d'un fusain effronté,
> En passant après eux, la débauche impubère.
> Et, quand s'allume au loin le premier réverbère,
> Je gagne la grand'rue, où je puis encor voir
> Des boutiquiers prenant le frais sur le trottoir,
> Tandis que pour montrer un peu ses formes grasses,
> .Avec son prétendu leur fille joue aux grâces (2).

Il existait dès lors tout entier.

(1) V. *Poésies de François Coppée*, 1864-1869. Tome I, Lemerre éditeur, pages 56 et suivantes.
(2) *Id.*, page 109.

C'est un esprit mesuré, précis, exact, à la fois très délicat et presque un peu vulgaire. Il est incomparable pour rendre le train ordinaire des choses dans les milieux moyens. Il sait railler et s'attendrir presque en même temps. Il est impitoyable pour les gros hommes et les vieux mobiliers ; mais il est sans défense contre les jeunes filles, même quand leur mise est ridicule. Paysages, intérieurs, portraits, confidences, il exprime tout cela dans une langue claire, naturelle, qui coule sans effort, même quand elle ne coule pas tout à fait pure, et dans un rythme facile, agréable, qui plaît sans surprendre, qui charme sans lasser.

Cette simplicité ne laisse pas d'étonner un peu chez un parnassien, élève de M. Catulle Mendès, qui fut le Scoroconcolo de tous les rimeurs du Parnasse.

M. Coppée a fait longtemps partie du groupe des « impassibles » qui se réunissaient chez M. Leconte de Lisle, au boulevard des Invalides, chez M. Catulle Mendès, et qui au retour récitaient des vers, la nuit, dans les rues désertes, parce qu'ils aimaient beaucoup la poésie. Ces impassibles, d'ailleurs, étaient plutôt des enragés.

Ils avaient sur les femmes et sur Napoléon III des idées bien singulières. Quant à la poésie, ils la traitaient avec une transcendance difficile à atteindre, mais une ardeur et une bonne foi qui se sont depuis perdues. M. Catulle Mendès s'y montrait subtil ; M. José Maria de Hérédia, parfait et sonore ; M. Cladet, terrible ; M. Coppée, sage.

M. François Coppée a toujours montré une raison

sûre et droite, un sens juste, beaucoup de mesure. Il
n'a jamais donné dans le mysticisme obscur et dans
les visions exotiques de ses amis littéraires, et leur a
volontiers laissé les poèmes indous et scandinaves. Je
ne sais plus trop qui, parmi les critiques que j'ai lus,
a dit qu'il y avait « du bon jeune homme en
M. Coppée ». Et pourquoi non ?

Sa sincérité le porta de bonne heure à peindre ce
qu'il voyait et à exprimer ce qu'il sentait tout près de
lui. Il fit des *Poèmes modernes*. Et ce poème d'*Olivier*,
n'est-ce pas une sorte de confidence? Je crois que
M. Coppée y a conté ses tristesses ; je crois qu'il est
lui-même le poète amoureux.

> Sous un air calme et doux, cachant un cœur amer.

M. Coppée réunit en lui les dons les plus précieux
de l'enfant de Paris.

Il est malin et sentimental. On ne le tromperait pas
facilement ; on l'attendrit tout de suite. Et, comme
ses vers sont tout personnels, on y retrouve le sourire
mouillé qui lui va si bien !

Il a ses chagrins parce qu'il est sentimental; mais
il a le calme d'un esprit modéré. C'est une âme en
demi-deuil.

Il est bon et sait rendre service; il est désintéressé
dans sa vie et dans ses œuvres, indépendant au delà
de ce qu'on peut imaginer, et n'aime que les lettres.
En politique il n'aime point ceux qui réussissent, et
n'a point flatté les gens du jour. Il voit passer les
choses avec un air gouailleur et bienveillant.

Pour le bien goûter, il faut passer quelques heures
avec lui dans son cabinet de la rue Oudinot, qui

donne sur un petit potager. Son œil d'un bleu un peu
pâle, s'anime quand on lui parle des choses d'il y
a quatorze ans. Un demi-sourire lui relève les lèvres,
et il s'amuse à d'indulgentes plaisanteries en roulant
sa cigarette. Son visage rasé s'est un peu épaissi et
bruni depuis quelques années, mais le profil a gardé
cette finesse que j'ai entendu vanter par beaucoup de
femmes.

XXIII

MADAME JUDITH GAUTIER

Samedi, 29 décembre 1883.

C'était dans le bas Neuilly, entre le Bois et l'avenue,
une maisonnette avec une cour plantée qui regardait
la Seine. Cette cour en terrasse et son large parapet
donnaient à cette bicoque un faux air d'importance,
et le brouillard qui l'enveloppait la moitié du temps
en voilait la pauvreté bourgeoise. Dans ses quatre
murs de plâtre moisi, on se serait cru chez un em_
ployé si on n'y avait vu une douzaine de toiles romantiques, des livres et la gaine d'or d'une momie.

C'est là que Théophile Gautier vécut entre ses deux
filles; ses dernières années. Elles étaient belles toutes
deux, et belles de cette beauté de lignes qu'elles
tenaient de leur père ; mais une seule avait « le visage
de lune et les yeux de lotus » des déesses indoues,
avec ce profil pur qu'on voit sur les médailles d'Agri-
gente. Ces comparaisons doivent être prises à la lettre

si l'on veut se faire une idée du visage de mademoiselle Judith, qui reproduisait dans la perfection cette
beauté antique que son père avait tant aimée.

Avec cela, je ne sais quoi de sauvage dans ses
étranges yeux jaunes et, dans ses attitudes, l'abandon
fatal d'une esclave d'Orient.

Je crois bien qu'elle s'ennuyait infiniment.

A quatorze ans, elle écrivait déjà, avec une facilité
charmante, quelques-uns de ces petits poèmes en
prose riches et simples, que son père lui-même n'aurait pas faits. Elle était déjà lasse à seize ans et fati-
guée de la vie. Candide avec cela, et portant en elle
un trésor de naïveté qu'elle n'épuisera jamais et qui
donne souvent à son égard une expression enfantine.

Elle a écrit un chef-d'œuvre de mélancolie tran-
quille, un petit poème en prose que Tourgueneff et
Flaubert ne se lassaient point d'admirer. L'île de
Chiloë :

« Là, depuis les siècles du monde, il pleut. Lentement,
une pluie chaude descend avec un cliquetis monotone.

» Les flots doux de l'océan Pacifique déferlent sans bruit ;
leur azur pâlit sous la brume près des rives molles de cette
île mélancolique et tiède.

» Une grande opale dans le ciel blanc, tel est l'astre qui
éclaire Chiloë, à travers la pluie qui tombe.

» Rien de stable, rien de solide sous cette ondée immémorable ; le sol est un marécage ; l'arbre le plus haut, un bras
d'enfant l'arracherait.

» Rien de défini, nulle forme précise ; une buée chaude
monte de la terre et enveloppe l'étrange forêt.

» A quelque distance, on ne voit qu'un brouillard bleu, et

de vagues formes d'arbres qui semblent un brouillard plus intense.

» Tout près des fougères arborescentes, telles qu'il en poussait sur la jeune écorce du monde, s'élancent ainsi que des fusées et évasent la gerbe de leur feuillage nébuleux.

» On distingue aussi des lianes ruisselantes de pluie, qui descendent d'une haute branche en laissant pendre de longues chevelures vertes, puis vont se rattacher dans la brume à un rameau qu'on ne voit pas.

» Il pleut; nul oiseau ne rompt de son vol les minces fils de la tranquille averse ; aucune gazelle, par son passage, ne décharge les branches lourdes d'eau.

» Seulement, parmi les hautes herbes, quelques mouvements de reptiles, et, sous les larges feuilles luisantes étendues sur les flaques d'eau, la carapace d'un crustacé, être étrange des temps anciens, que la nature dédaigne et ne refait plus.

» Je ne sais pourquoi je voudrais pleurer dans cette île pleurer sans cause, car je n'ai nul chagrin), au milieu de la pluie perpétuelle qui confondrait sur mes joues ses gouttelettes avec mes larmes.

» Je voudrais pleurer aussi longtemps que la pluie tombera dans cette île mélancolique, où il pleut depuis les siècles du monde, aussi longtemps qu'il pleuvra dans l'île brumeuse de Chiloë qu'entoure l'océan Pacifique (1). »

Elle a l'éternelle innocence des rêveurs et la simplicité des bons ouvriers qui font leur tâche exactement ; car, dès le temps où nous sommes, ayant commencé d'écrire, elle ne s'arrêtait plus. Elle n'était pas

(1) (*Étrennes aux dames*, 1883, Charavay frères, éditeurs). Tout concourt à l'effet harmonieux de cette invention. Il n'est pas jusqu'aux syllabes sourdes et aux *l* mouillées de certains mots qui n'aient été mises là exprès par l'auteur pour mieux donner l'impression de cette ondée immémorable.

encore entrée dans l'Orient ; c'est l'astronomie qui l'occupait, comme Hypathie. Mais n'allez pas croire qu'elle fît de la science amusante et se complût à méditer les œuvres de M. Flammarion. Ses auteurs étaient Arago et le P. Secchi, et elle avait l'attitude méditative de la Polymnie, que Gautier a chantée.

Elle nourrissait aussi des lézards. Mais l'ennui, cet inévitable ennui, qui saisissait Chateaubriand à côté de ses livres et de ses maîtresses, et qui fait bâiller les lions, l'ennui envahissait la Polymnie accoudée.

Alors un poète entra :

Par la petite porte étroite du jardin

Il avait un subtil talent, une parole charmante, les longs cheveux blonds et la barbe fourchue des *Nabis* de sa race. C'était M. Catulle Mendès, tout jeune encore et tel à peu près qu'il apparaît aujourd'hui. Il se fit agréer et épousa mademoiselle Judith.

Gautier, à qui il en coûtait de donner sa fille, eut quelque regret. Ce mariage ne fut pas heureux. Après une lettre pleine d'aveux triomphants et de soucis littéraires que M. Catulle Mendès laissa publier dans les journaux, une séparation fut prononcée au bénéfice de madame Mendès, qui reprit dès lors le nom de son père, et dénoua ce qui avait été mal lié.

Il ne reste plus de ce passé que le souvenir d'un petit salon où l'on disait des vers devant un buste de Wagner au milieu de crépons japonais qui n'étaient pas alors tombés, comme aujourd'hui, dans la vulgarité. Madame Judith modelait alors la terre et faisait de jolies figurines. Elle composa notamment un ingénieux modèle de pendule : une sphère sur laquelle les douze Heures du jour et les douze Heures de la nuit, figurées par des femmes, se livraient chacune à une occupation caractéristique. Il y en avaient qui buvaient ou qui dormaient; d'autres se donnaient des baisers. Cette composition avait toute la richesse imaginative qu'on admira depuis dans les vases et les coupes de Gustave Doré.

Elle écrivait aussi et surtout. Son premier livre, *le Livre de Jade*, signé Judith Walter, est une suite de petits poèmes en prose qu'elle dit empruntés aux vieux poètes chinois, mais qui en réalité lui appartiennent en propre. Et ils ont vraiment un parfum, une fleur qui ne se compare à rien, un souffle amoureux et pur qu'on respire avec délices.

Voyez, par exemple, *la Feuille de saule* :

« La jeune femme qui rêve, accoudée à sa fenêtre, je ne l'aime pas à cause de la maison somptueuse qu'elle possède au bord du fleuve Jaune;

» Mais je l'aime parce qu'elle a laissé tomber à l'eau une une petite feuille de saule.

» Je n'aime pas la brise de l'Est, parce qu'elle m'apporte le parfum des pêchers en fleurs, qui blanchissent la montagne orientale;

» Mais je l'aime parce qu'elle a poussé du côté de mon bateau la petite feuille de saule.

» Et la petite feuille de saule, je ne l'aime pas, parce qu'elle me rappelle le tendre printemps qui vient de refleurir;

» Mais je l'aime parce que la jeune femme a écrit un nom dessus avec la pointe de son aiguille à broder, et que ce nom, c'est le mien. »

Le *Livre de Jade* est de 1867 (1). Madame Judith Gautier était désormais enfermée dans sa tour de porcelaine, où elle s'entourait de toutes les images de l'Extrême-Orient.

Jamais fumeur d'opium ou mangeur de haschisch jamais créateur de paradis artificiels ne fit son rêve si riche et si suivi, sa vision si forte. Madame Judith. Gautier a *vu* la Chine et le Japon. Il est à la connaissance de tout Paris qu'elle sait le chinois et qu'elle eut pour maître en cette langue difficile le plus falot de tous les petits hommes jaunes qui soient sur la terre. Il se nomme Tin-Tun-Ling, compose des vers en comptant sur ses doigts et a deux femmes en France. Cette dernière particularité l'amena en cour d'assises où il ne suffisait pas, pour le défendre, de connaître le droit français : il fallait encore savoir le droit chinois. Madame Judith Gautier assista le bigame jaune et fournit à la défense un victorieux commentaire du code chinois au chapitre des justes noces...

Madame Judith Gautier a successivement reçu l'ambassadeur de Chine, envers lequel elle observa toutes les règles en usage parmi les lettrés du Céleste-Empire, et le géant chinois de l'Hippodrome, qui est un bon négociant en thé, sans préjugés.

Nous eûmes, après le *Livre de Jade*, le *Dragon im-*

(1) Lemerre, éditeur.

périal, roman chinois, et l'*Usurpateur*, roman japonais, deux livres merveilleux par le charme du récit, la magnificence étrange des peintures, la beauté des caractères; toutes ces figures chinoises et japonaises, créées par madame Judith Gautier, ont une candeur héroïque, une passion ardente et pure, une grâce chevaleresque, qui les rend tout à fait aimables, et il n'est pas jusqu'à la fille d'un bateau de fleur qui, sous la plume ou plutôt sous le roseau savant de l'écrivain, ne montre une âme pure, un cœur fier, une parole chaste.

Vous allez en juger.

Le poète Ko-Li-Tsin s'est échappé d'une tour où il était prisonnier à l'aide d'une machine faite en papier, d'une sorte de parachute qui a la forme d'une grue.

Il tombe ainsi au milieu d'un lac et est recueilli par l'empereur Lou qui se promène en barque. L'empereur Lou qui se pique de poésie se prend d'une soudaine affection pour le jeune poète qui lui devient un ami précieux, et il dit :

— « Mais tu ne peux rester ainsi imbibé d'eau. Quand j'ai entendu ton cri, j'allais au Bateau des Fleurs de la Mer du Nord. Veux-tu que je t'y conduise? Là de gracieuses femmes te sècheront, te réchaufferont; puis nous terminerons la nuit en buvant ensemble joyeusement. »

Ko-Li-Tsin accepte et les voilà qui abordent sur la plus brillante des jonques. Marchant dans les fleurs, écartant les branches souples et soulevant le rideau de soie écarlate ils pénètrent dans l'appartement intérieur. « Un parfum de musc et de camphre leur monte aux narines. Leurs pieds enfoncent

dans un tapis profond. Sous la clarté trouble et tendre
des lanternes suspendues aux poutrelles d'un plafond
doré, des femmes gracieuses, aux costumes éclatants,
s'accroupissent auprès de plusieurs jeunes hommes
languissamment étendus sur des coussins ; elles mor-
dillent le bout d'une flûte de jade ou grattent de
l'ongle les cordes d'un pi-pa, ou parfois, en renversant
la tête, laissent échapper de leurs lèvres un long rire
clair comme une cascade. »

Le seigneur Lou traverse rapidement la salle, fait
un signe de tête aux personnes qu'il connaît, soulève
un autre rideau de soie et, descendant quelques
marches, introduit Ko-Li-Tsin dans la seconde
chambre. Celle-ci est presque solitaire. Trois femmes
seulement sommeillent dans les fleurs. «Au plafond,
sous des treilles de bambou, brillent des miroirs d'a-
cier poli qui reflètent avec mille brisures la chambre
et les lumières. Accrochés aux murs, des tableaux
peints sur papier de riz représentent les scènes
amoureuses et au fond un petit autel de jade vert
supporte une frêle statue, couleur d'or, de la déesse
Son-Tse-Pou-Sah, qui s'assied les jambes croisées, et
montre sur sa main droite un enfant nouveau-né :

— Allons, s'écrie Lou, jeunes oisillons paresseux,
venez consoler et réchauffer mon pauvre ami qui sort
de l'eau.

. Les femmes se lèvent et s'approchent « chance-
lantes sur leur très petits pieds » et disent :

— Nous voici. Où est le cœur endolori ? Nous le guéri-
rons par de tendres chansons ; où est le corps glacé par
le froid ? Nous le réchaufferons sous nos lèvres tièdes.

Le seigneur Lou sort, et deux femmes le suivent ;

la troisième s'approche du poète, l'enveloppant de
son lent regard.

Mais à partir d'ici il faut citer sans s'interrompre
tout ce passage :

A peine comptait-elle seize ans ; elle avait déjà conquis
tous les secrets des caressantes attitudes, toutes les grâces
et toutes les mollesses des mouvements veloutés. Petite,
gracieuse, elle marchait en faisant onduler son corps, et en
s'étirant doucement, comme lasse et ensommeillée. Ses yeux
lourds, chargés de langueurs, brillaient paresseusement
entre ses grands cils; sa bouche mignonne se gonflait parfois d'une petite moue mutine qui s'affaissait bientôt dans un
sourire ; souvent elle balançait la tête avec lenteur, faisant
trembler les fleurs et les pierreries posées dans ses cheveux ;
et nulle musique n'était plus douce que le *si-so si-so* de sa
double robe de satin brodée de perles

Elle déshabilla Ko-Li-Tsin avec mille minauderies tendres,
et lui fit revêtir des robes parfumées et tièdes.

— Maintenant, viens, dit-elle, en le tirant par sa manche,
viens te reposer sur ces coussins de soie rose gonflés de
plumes d'orfraie. Je te chanterai une chanson bien rythmée
pour rendre le calme à ton esprit.

— Que parles-tu de me rendre le calme? dit Ko-Li-Tsin
en riant. Chacun de tes mouvements me retourne le foie ;
quand tu me chanteras ta chanson, il sortira certainement de
ma poitrine.

— Tu ne veux pas que je chante ? dit-elle, en faisant la
moue. Alors je vais rejoindre le seigneur Lou.

— Oh ! non ! dit Ko-Li-Tsin, mon ami rit et fume avec
tes compagnes ; reste près de moi, et chante pour me réjouir.

Le poète s'étendit sur les coussins, pendant que la jeune
femme allait vers le mur pour y prendre son pi-pa. Elle fei-
gnit d'abord de ne pouvoir l'atteindre ; mais, faisant un petit

saut, elle le décrocha avec un soupir. Puis elle vint s'asseoir aux pieds de Ko-Li-Tsin, et commença de faire vibrer les cordes.

— Je vais te chanter les chi-pa-mo, dit-elle, qui sont les dix-huit trésors d'une jeune femme.

> Ses yeux sont comme deux étangs bordés de bambous noirs; ses sourcils ressemblent à de jeunes épis de seigle.
>
> Ai-yo, ai-yo ! j'aime les yeux de la belle fille.
>
> Son front ressemble à du jade couvert de gelée blanche; ses cheveux ont l'air de saules au printemps.
>
> Ai-yo, ai-yo ! j'aime le front et les cheveux de la belle fille.
>
> Sa bouche est une pivoine rouge près d'éclore; ses joues sont des pivoines roses tout épanouies.
>
> Ai-yo, ai-yo ! j'aime la bouche et les joues de la belle fille.
>
> Ses seins sont comme des fleurs voilées de neige, ses épaules comme les ailes fermées d'une cigogne.
>
> Ai-yo, ai-yo ! j'aime les seins et les épaules de la belle fille.
>
> Ses pieds sont comme des nénuphars entr'ouverts sur l'eau et ses jambes comme deux pi-pas renversés.
>
> Ai-yo ai-yo ! j'aime les pieds et les jambes de la belle fille.
>
> Son ventre est comme un lac où donne la lune.....

La jeune femme renversa sa tête sur les genoux de Ko-Li-Tsin et se prit à rire.

— Eh bien ! dit-il en lui caressant les cheveux, tu ne continues pas ?

— Non, dit-elle, secouant la tête, je ne veux pas.

Elle jeta par terre sa guitare et fit semblant de pleurer.

Le poète l'attira dans ses bras et l'embrassa pour la consoler.

— Ai-yo, ai-yo ! dit-il, j'aime la belle fille tout entière (1).

La pureté dans la lettre et la pureté dans l'esprit, voilà le caractère de ces beaux ouvrages que madame Judith Gautier accomplit d'un style limpide avec une imagination riche comme celle de son père, et pourtant un peu enfantine, afin sans doute d'être tout à fait charmante.

Elle sortait pourtant quelquefois de sa tour de porcelaine ; c'était pour aller entendre la musique de Wagner. Wagner, son dieu et son ami, dont elle a raconté la vie et décrit l'œuvre. C'est une ardeur religieuse, un amour idéal que lui inspirent les compositions du maître, dont le génie a créé tout un monde. Et, s'il ne faut pas chercher dans ses pages sur l'auteur de *Parsifal* une analyse exacte et un examen des procédés techniques, on y trouve du moins l'expression heureuse de l'amitié forte et du juste enthousiasme.

Cet excellent écrivain s'exprime assez mal, il faut le dire, dans la conversation ordinaire. Je ne lui en fais point un reproche. Il est amusant seulement de l'entendre mettre *chose* et *machin* à la place de tous les mots qui lui échappent et qu'elle trouverait si bien pourtant en écrivant. Elle parle peu du moins, et se flatte de ne jamais rien expliquer de vive voix. Son

(1) *Le Dragon impérial.* Lemerre, éditeur, 1869 ; p. 176 et suiv.

indifférence du bien-dire dans la conversation, son
silence habituel, son air d'ennui, la font, à voir, plus
sultane que bas-bleu. Je n'ai jamais vu en ma vie une
femme de lettres qui le parût moins, et ait une si
douce insouciance pour tout ce qu'elle écrit.

Elle n'est guère Parisienne, non plus par la marche
ni l'allure, et se tient à la grecque. Les autres femmes
goûtent peu ses toilettes. Enfin elle ne chiffonne pas
et, au lieu du fil, du dé et des aiguilles, elle manie le
pinceau, la gomme, et le laiton pour faire, aux heures
de loisir, de merveilleux petits ouvrages : une lanterne
magique pour les petits-enfants de Victor Hugo, avec
l'œuvre entier du poète peint sur les verres, et un
théâtre de marionnettes, avec tous les décors et tous
les personnages des drames de Wagner, qu'elle envoya
à son filleul, un des enfants du maître.

Ce sont là ses amusements. Elle se repose ainsi d'é-
crire, heureuse si elle a pu écarter ainsi un moment
son unique et terrible ennemi : l'ennui.

Elle n'a rien demandé à la vie : une cabane au bord
de la mer ; une chambre sous un toit de Paris, c'est
tout ce qu'elle possède au monde. Elle passe sur cette
terre comme une belle étrangère. Elle ne connaît
que sa pensée, n'y voit que son rêve.

Elle est toujours seule en sa tour de porcelaine.

XXIV

MADAME ALPHONSE DAUDET

Samedi, 19 janvier 1884.

Petite, brune, les traits grands, des yeux noirs assez
tranquilles, madame Alphonse Daudet donne si bien
dans toute sa personne l'idée de la bonne ménagère,
qu'on regrette pour elle le costume aux grâces sévères
des bourgeoises du dix-septième siècle, tel qu'on le
voit dans les gravures de Sébastien Leclerc avec la
cornette, la guimpe, le tablier et un trousseau de clefs
pendu par une chaînette à la ceinture.

Sa conversation ordinaire ne dément point son
apparence, et elle peut causer indéfiniment avec les
femmes sans sortir du cercle de leurs idées. On m'affirme qu'elle est parfaite quand elle parle chiffons,
qu'elle a des recettes à elle pour la cuisine et le
nettoyage des cuivres, et qu'il n'est pas en France
maîtresse de maison plus entendue. Le fait est que
son grand appartement de la place Royale avait tout
à fait bon air, et qu'on ne découvrirait pas un grain

de poussière dans son logis actuel de l'Observatoire.

Et il se trouve que cette ménagère est un subtil poète, un écrivain d'un goût rare et même un peu bizarre, enfin un esprit rompu à tous les exercices de la pensée et de l'expression. Cette jeune femme a même, en fait de ruses et d'artifices poétiques, l'expérience d'un vieux parnassien.

Le constraste est amusant et a fait plusieurs fois donner symboliquement à madame Julia Daudet le nom d'Agnès par des femmes qui, après avoir causé beaucoup avec elle, la croyaient plus innocente qu'elle n'est en littérature.

Mademoiselle Julia Allard, qui devait être madame Alphonse Daudet, reçut une éducation qui convenait parfaitement à sa nature. Elle grandit dans une vieille maison où la vie était laborieuse et tranquille, et où l'exemple des vertus ordinaires et fortes lui était donné par une de ces rares familles bourgeoises que la Révolution n'a pas gâtées. Elle vient elle-même de tracer une esquisse heureuse de ces premières années si bien abritées. « Rien, a-t-elle dit, n'est doux comme les enfances heureuses dans les familles pleines de traditions, où les béguins des jeunes mères, soigneusement conservés, entourent de leurs dentelles un peu jaunies le visage rose des derniers venus ; où l'on habite trente ans de suite les mêmes maisons, en gardant tous ses amis, en célébrant toutes les fêtes. »

Trente ans ! venue trop tard en ce monde, elle n'ose plus faire le souhait de Sainte-Beuve qui, saisi d'un désir de paix, s'écrie :

Naître, vivre et mourir dans la même maison !

Mais elle a l'esprit conservateur ; elle aime les choses passées, s'attache aux souvenirs.

Ce penchant n'est ni sans grâce ni sans générosité, et marque une âme désintéressée : car ce qui est passé est bien près d'être ce qui est vaincu.

Elle a quelque chose de touchant, notre jeune Parisienne, à rappeler cette » vieille maison noire du Marais, obscurcie l'hiver par les brouillards de la Seine, où s'écoula son enfance. « Les fenêtres très hautes, drapées de rideaux verts, le balcon de fer ouvragé et noirci, faisaient face à un vieux monument plein de mousse, orné de statues qui grelottent et de plaques de marbre noir où sont gravés des mots latins... Ce devait être une maison triste et cela me semblait un paradis. J'étais comme charmée pour l'ancienneté de tout ce qui m'entourait. »

M. et madame Allard, en élevant leur fille avec cette rectitude et cette austérité, développèrent de bonne heure cette imagination qui devait faire d'elle la parnassienne et l'impressionniste dont nous goûtons aujourd'hui le style ouvré et le sentiment sincère. Cette maison bougeoise était pleine de livres : « On en trouvait partout, sur les meubles, les tables, prêts à feuilleter au caprice de la pensée ou du loisir. Le logis en semblait plus rempli, plus vivant, car le livre entr'ouvert éparpille sa chimère autour de lui. »

M. et madame Allard, en effet, lisaient beaucoup et écrivaient même un peu après la tâche faite. Et pour mieux sortir de la réalité, ils écrivaient en vers : de cette collaboration domestique sortit un petit volume, dont le titre indique qu'il fut l'œuvre des soirées et

des dimanches, il s'intitule : *En marge de la vie* et exprime, comme il peut, les sentiments de deux âmes
pleines de bonté.

La petite Julia Allard entra de bonne heure dans le
monde enchanté des livres.

Commença-t-elle par des contes de fées? Peu importe! Tout est contes et féeries aux enfants. D'ailleurs, en ce temps-là, M. Verne n'avait pas encore
empoisonné la jeunesse et l'on n'expliquait pas encore la machine pneumatique aux petits enfants.

Aussi, que ce fut l'*Histoire sainte* ou les *Contes de
Perrault*, la petite Julia fut ravie de son premier livre.
Elle en lut d'autres qui lui semblèrent tous également
merveilleux : « L'hiver, nous dit-elle, près des
vitres ruisselantes, sous le cercle étroit de la lampe;
l'été, sur un banc du jardin, entourée d'un bourdonne-
ment d'insectes, des bruits légers de la nature au
repos, j'ai recommencé bien des fois mes livres d'enfant. Le bonheur m'en a duré longtemps, augmenté
peu à peu par des détails inaperçus, des surprises, un
charme de compréhension complétée. »

Son imagination, toute vive et colorée, ne se plaisait pas que dans les livres; elle eut le goût des choses
et le sens de la nature. Elle parle de son « intimité
avec le sable et l'herbe, des jours passés à regarder les
fourmis, du givre et de la neige qu'elle semble pré-
férer même au soleil et à la rosée. »

Ces récits de l'*Enfance d'une Parisienne* sont remplis
de tableaux d'une extrême délicatesse. Cette enfant
avait l'œil d'un peintre, et elle s'en est vantée depuis
bien joliment, en racontant ses premières visites au

musée du Luxembourg. « Quoique petite fille, dit-elle, on sortait de là avec je ne sais quelle attention aux choses d'art, une susceptibilité d'impressions qui vous faisait regarder les becs de gaz allumés dans la brume, ou des paquets de violettes étalés sur un éventaire, comme si on les voyait pour la première fois dans un Paris nouveau. »

Un des plus jolis chapitres de ces récits est le chapitre des *Rondes :*

Quand je me les rappelle, ces chansons enfantines, venues la plupart de la province et du passé, c'est sur le rythme tourbillonnant que nous leur donnions en dansant ; et la ronde aux petites mains nouées s'agite en même temps dans mon esprit avec les tabliers de classe, les robes d'uniforme, les rubans de toutes nuances aux pompons flottants :

> *Ah ! mon beau château*
> *Va-t-en tire lire lire.....*

et le chœur à côté répondait :

> *Le nôtre est plus beau*
> *Va-t-en tire lire lo.....*

laissant les chanteuses reprendre haleine au milieu de cet essoufflement qui rosait les visages, vaporisait les chevelures en petites bouclettes humides, donnait à tous les yeux le vague et le regard perdu de plaisir.

Et c'étaient des évocations diverses :

> *Nous n'irons plus au bois*
> *Les lauriers sont coupés....*

les voix traînaient alors un peu mélancoliques dans cet abatage de fraîche verdure comme elles prenaient des accents

émus pour la chanson d'Adèle à qui sa mère refuse d'aller
au bal

> *Su' l' pont du Nord un bal y est donné...*
> . . . .
> *Non, non, ma fill' vous n'irez pas danser...*

mais le frère d'Adèle arrive à son secours :

> *Mets ta rob' blanch' et ta ceintur' dorée...*
> . . . .

et les voilà courant vers ce pont du Nord de pays inconnu,
large et sonore à notre esprit, où l'eau bat les arches tandis
que la danse fait plier la passerelle,

> *Ils font trois tours et les voilà noyés.*

Il y en avait de ces rondes, de bizarres et de guerrières,
depuis la « chanson de Marlborrough » jusqu'à « La Tour
prends garde » et le « Petit Tambour »

> *La fill' du roi était à sa fenêtre...*

voici la rue étroite où passe le régiment

> *Et ran tan plan, tambour battant!*

et de son balcon d'apparat, où elle trône dans ses atours
avec les belles dames et les seigneurs, la fille du roi distingue
le petit tambour :

> *Petit tambour, tu n'auras pas ma fille!*

mais tout finit bien comme dans les contes de fées dont les
rondes ne sont que la traduction ailée et voyageuse.

Au même lointain de légende, ce couplet où l'on baissait
un peu la voix :

> *Qu'est-ce qui passe ici si tard,*
> *Compagnons de la Marjolaine,*

> *Qu'est-ce qui passe ici si tard?*
> *Gai! Gai! mon chevalier.*
>
> . . . .
> *Que demande ce chevalier?...*
>
> . . . .
> *Une fille à marier.*

Ne dirait-on pas la ronde de nuit de quelque enlèvement au pied d'une grosse tour du moyen âge où la princesse prisonnière attend l'oiseau bleu.

D'autres, de ces refrains, arrivent tout droit du couvent avec des inflexions de cantiques modulés sous des voiles, d'autres sont à houlettes et à paniers comme des tapisseries du dix-huitième siècle ; on les danserait en menuet, du bout des doigts tenant un bout de jupe :

> *Que t'as de belles filles*
> *Giroflé! girofla!*
> *Que t'as de belles filles*
> *L'amour m'y compt'ra...*

Et de fait ceci n'était qu'un lent avant-deux sous une allée droite, avec échange de saluts et de danseuses une à une enlevées par cet amour joyeux et joufflu qui revenait dans bien des chansons :

> *J'entends l' tambour qui bat et l'amour qui m'appelle*
>
> . . . .
> *Il était un' bergère et ron et ron petit patapon*
> *Il était un' bergère*
> *Qui gardait les moutons,*

villageoise celle-ci, les champs, la crèche, la laiterie et à la fin la raillerie paysanne sur la confession :

> *Ma fille pour pénitence et ron.....*
>
> . . . .
> *Nous nous embrasserons.*

mais voici d'un alerte mouvement décidé sans les lenteurs
provinciales, ces fins de phrases interminables et contour-
nées qui sentent la lande bretonne ou les brandes du Berry.

Voici les rondes parisiennes :

> *Dedans Paris il y a une vieille* (bis)
> *Agée de quatre-vingt-dix ans*
> *Tireli sautons gaîment*

Tout un coin du vieux Paris évoqué, et si d'autres échos
dansants se perdent par les champs et les bois, on se figure
ceux-ci résonnant entre les murs d'une cour du Marais,
s'égarant par les vastes escaliers aux antiques ferrures.

De même pour la suivante :

> *La boulangère a des écus*
> *Qui ne lui coûtent guère.*
> *Elle en a, je les ai vus.*

refrain d'un temps troublé où la boulangère et le petit mi-
tron languissaient au Temple tandis 'qu'à tous les coins de
rues s'installaient les clubs et les banquets patriotiques ;
mais les tables en l'air et la révolution en armes

> *Dansons la capucine*
> *Vive le son du canon*

et toujours la révolte de la famine et de la misère :

> *Y a pas de pain chez nous,*
> *Y en a chez la voisine,*
> *Mais ça n'est pas pour nous.*

Le rythme s'accentue en pas de charge, semble bien la
marche pressée et guerrière d'un peuple affamé sur les
pavés de la ville.

Et que le froid blanchisse et sèche la cour plantée d'arbres nus, ou que les platanes verts y jettent un large pan
d'ombre, les rondes de midi et de quatre heures montent

voltigeantes et joyeuses par-dessus les grands murs de la récréation, menées avec entrain par ces voix d'enfants, claviers aigus et neufs, effleurés en mélopées, sans que la note en sorte bien distincte, mais qui s'assouplissent par le chant et se modulent aux impressions imagées, héroïques ou tendres des rondes enfantines (1).

Le cahier de vers de M. et madame Allard, la nature et l'éducation de leur fille, chez celle-ci un don invincible et caché d'écrire, tout cela prédestinait mademoiselle Julia à la main d'un homme de lettres.

Elle épousa M. Alphonse Daudet, qui n'avait alors que sa jeunesse et son premier talent, ce qui n'est pas peu dire : car il était fort séduisant de sa personne, gai, plus riant que gai, plus vif que riant, mais tout à fait endiablé et conteur charmant. Quant à la popularité, aux volumes de trois cents pages tirés à quatre-vingt mille exemplaires, aux photographies dans les vitrines, aux traductions en anglais et en kurde, aux pièces sifflées bruyamment et d'ailleurs très justement, à la gloire enfin, il n'en était pas question alors.

C'était un mariage jeune.

Mademoiselle Julia Allard épousait le poète des *Amoureuses*, si gentil, un peu bohème, variable, fuyant, mais qu'on rangerait en s'y prenant bien. On y réussit assez. On lui fit un intérieur, on fut sa ménagère, sa collaboratrice en même temps. Ce n'est un secret pour personne que madame Daudet travaille aux romans de son mari. Et, ce secret, c'est

(1) *L'Enfance d'une Parisienne*, Chavaray frères, éditeurs, Paris, 1883, pages 95 et suiv.

M. Daudet lui-même qui a voulu le révéler. En 1878, quand parut le *Nabab*, il envoya à ses amis des exemplaires de choix qui portaient sur la première page cette dédicace spéciale : *Au collaborateur dévoué, discret et infatigable, à ma bien-aimée Julia Daudet, j'offre, avec un grand merci de tendresse reconnaissante, ce livre qui lui doit tout.*

Il reste à savoir, si ce n'est trop indiscret, la part de la femme dans l'œuvre de l'homme. Un ami de la maison m'a raconté qu'un jour M. Daudet, nerveux et impatient, poussa son manuscrit à sa femme en disant :

— Finis mon bouquin.

Mais madame Daudet ne l'entend pas ainsi : « Notre collaboration, dit-elle, en recourant à une image, notre collaboration est un éventail japonais. D'un côté, le sujet, personnages, atmosphère ; de l'autre, des brindilles, des pétales de fleurs, la mince continuation d'une branchette, ce qui reste de couleur ou de piqûre d'or au pinceau du peintre. Et c'est moi qui fais ce travail, même avec la préoccupation du dessin, et que mes cigognes envolées continuent bien le paysage d'hiver, ou la pousse verte du creux brun du bambou, le printemps étalé sur la feuille principale. »

Elle achève et parfait les pages déjà écrites. Elle en est bien capable, étant elle-même un écrivain. Elle l'a bien prouvé en ajoutant quelques jolies pages anonymes aux *Lettres d'un absent ;* en écrivant ensuite au *Journal officiel* , sous le pseudonyme de Karl Steen, des études littéraires d'une spirituelle bienveillance ; enfin, en publiant, en 1879, son chef-d'œuvre, l'*En-*

fance d'une Parisienne, qui vient d'être réimprimée
avec quelques pages nouvelles, par les Charavay.

Elle a aussi jeté des notes qui trahissent la finesse
spontanée de son esprit, et je ne sais quelle affectation apparente qui lui est bien naturelle. Elle est très
amusante quand elle nous dit tranquillement :· « Le
rose est la couleur des poupées. » Elle est amusante
aussi dans ses vers fins et maniérés, et pour lesquels
elle a réservé toutes les coquetteries qu'elle ne donne
point à sa personne.

Dans ses vers, elle parle beaucoup de son aiguille,
comme mademoiselle Desroches parlait de sa quenouille :

> Sous un grand frêne en éventail,
> Que le soleil dore et paillette,
> J'ai brodé du plus fin travail
> Tout le tour d'une collerette.
>
> Au poids des écheveaux usés,
> J'avais mesuré ma pensée,
> Sereine entre les fils brisés
> Et chaque fois recommencée.

Ses vers ont quelque obscurité. On dit, et je le crois
volontiers, qu'elle a de l'amitié pour les poèmes de
M. Mallarmé, qui peuvent avoir toutes les qualités
du monde hors celle d'être clairs. Mais on les aime
encore dans ce qu'ils ont de contourné et de bis-
tourné. On aime surtout sa prose expressive, et qui
rend très adroitement les sensations les plus fines, les
visions les plus ténues, les idées les plus rares. Je la
comparerais volontiers à la peinture de Manet pour la
sûreté de la touche et la justesse du ton. Sans compter

quelque chose d'unique et de juste, mis à souhait dans l'un et dans l'autre, pour tenter les artistes et exaspérer les bourgeois : ce qui peut sembler singulier chez cette bourgeoise.

En art, ses sympathies sont d'accord avec son talent : elles vont aux expressifs. Elle adore les Goncourt qu'elle tient pour des maîtres en style. Zola ne l'effarouche pas et je crois que l'*Assommoir* est selon son cœur pour la fermeté et la vivacité des couleurs. Enfin, elle aime beaucoup les poètes, et tous, de peur d'être injuste pour quelqu'un d'eux.

C'est ainsi que je vois cette bourgeoise, qui est bourgeoise comme madame de Pompadour était bergère.

XXV

M. ANATOLE FRANCE

Samedi, 24 janvier 1884.

Demain dimanche, un cercle de comédiens amateurs, *les Arts intimes*, donnera, sous le patronage de MM. Vitu, Sarcey, Henry Fouquier et Auguste Vacquerie, avec le concours de deux comédiennes de talent, mademoiselle Lerou, de la Comédie-Française, et mademoiselle Elise Petit, de l'Odéon, une représentation unique des *Noces corinthiennes*, de M. Anatole France.

L'œuvre, déjà connue des lettrés, a une sorte de beauté intellectuelle qui, pour n'être pas frappante ni sensible à tout le monde, assure à l'auteur une admiration durable et la fait sortir du commun des grands drames en vers. Le sujet de cette tragédie (car c'en est une) est la lutte du christianisme naissant contre le paganisme à la dernière heure, dans un petit bourg de la Grèce ; et c'est, en somme, une histoire d'amour.

Si l'œuvre est intéresssante, l'auteur l'est plus encore. Il n'aime point à se montrer; il s'efforce à rester dans l'ombre. Et, puisqu'il se cache, il ne me
déplaît pas de l'aller chercher et de tenter de lui surprendre son secret qu il ne livre pas.

Sans le dire et même le vouloir, M. Anatole France
se peint dans ses livres. Je crois que son enfance est
un peu celle du petit *Pierre Nozière*, qu'il a contée
dans une suite, œuvre inachevée, d'historiettes, et je
-crois que plus tard il a pensé les pensées qu'il donne
à son vieux *Sylvestre Bonnard*, sa création la plus heureuse et la mieux accueillie. Il n'y a pas jusqu'à la
façon d'aimer, un peu trop imaginative de son pauvre
Jean Servien, que je ne lui suppose en propre à certaines heures de sa vie (1).

(1) M. Anatole France aime à se raconter lui-même. Voici une
page d'autobiographie qui le peint bien. —.« La manie de M. Le
Beau, dit-il, était de faire des catalogues. Il cataloguait, cataloguait, cataloguait. Je l'admirais, et, à dix ans, je trouvais plus
beau de faire des catalogues que de gagner des batailles. Je me
suis, depuis, un peu gâté le jugement; mais, au fond, je n'ai
pas changé d'avis autant qu'on pourrait croire. Le père Le Beau,
comme on l'appelait, me semble encore digne de louanges et
d'envie, et si parfois il m'arrive de sourire en pensant à ce
vieil ami, ma gaieté est tout affectueuse et tout attendrie.
» Le père Le Beau était fort vieux quand j'étais fort jeune;
ce qui nous permit de nous entendre très bien ensemble.
» Tout en lui m'inspirait une curiosité confiante. Ses lunettes
chaussées au bout du nez qu'il avait gros et rond, son visage
rose et plein, ses gilets à fleurs, sa grande douillette dont les
poches béantes regorgeaient de bouquins, sa personne entière
qui avait une bonhomie relevée par un grain de folie. Il se coif-
fait d'un chapeau bas à grands bords autour desquels ses cheveux blancs s'enroulaient comme le chèvrefeuille aux balus-
trades des terrasses. Tout ce qu'il disait était simple, court,
varié, en images ainsi qu'un conte d'enfant. Il était naturelle-

Tous les personages qu'il conçoit agissent peu, ou n'agissent point ; le drame de leur vie est intérieur ; ils sont subtils et très intelligents. A cela on reconnaît que l'auteur s'est peint en eux.

Je ne connais pas d'homme moins fait que lui pour

ment puéril, et m'amusait sans s'efforcer en rien. Grand ami de mes parents et voyant en moi un petit garçon intelligent et tranquille, il m'encourageait à l'aller voir dans sa maison, où il n'était guère visité que par les rats.

» C'était une vieille maison, bâtie de côté sur une rue étroite et montueuse qui mène au Jardin des Plantes, et où je pense qu'alors tous les fabricants de bouchons et tous les tonneliers de Paris étaient réunis. On y sentait une odeur de bouc et de futailles que je n'oublierai de ma vie. On traversait, conduit par Nanon, la vieille servante, un petit jardin de curé ; on montait le perron et l'on entrait dans le logis le plus extraordinaire. Des momies rangées tout le long de l'antichambre vous faisaient accueil ; une d'elles était renfermée dans sa gaine dorée, d'autres n'avaient plus que des linges noircis autour de leurs corps desséchés ; une, enfin, dégagée de ses bandelettes, regardait avec des yeux d'émail et montrait ses dents blanches. L'escalier n'était pas moins effrayant : des chaînes, des carcans, des clés de prison plus grosses que le bras pendaient aux murs.

» Le père Le Beau était de force à mettre, comme Bouvard, un vieux gilet dans sa collection. Il possédait du moins l'échelle de Latude et une douzaine de belles poires d'angoisse. Les quatre pièces de son logis ne différaient point les unes des autres ; des livres y montaient jusqu'au plafond et couvraient les planches pêle-mêle avec des cartes, des médailles, des armures, des drapeaux, des toiles enfumées et des morceaux mutilés de vieille sculpture sur bois ou sur pierre. Il y avait là, sur une table boiteuse et sur un coffre vermoulu, des montagnes de faïences peintes.

» Tout ce qui peut se pendre pendait au plafond dans des attitudes lamentables. En ce musée chaotique, les objets se confondaient sous une même poussière et ne semblaient tenir que par les innombrables fils dont les araignées les enveloppaient.

» Le père Le Beau, qui entendait à sa façon la conservation des œuvres d'art, défendait à Nanon de balayer les planchers. Le plus curieux, c'est que tout dans ce fouillis avait une figure

l'action ; je n'en connais pas de mieux doué pour l'exercice régulier de la pensée, ou qui soit aussi enclin à connaître les choses et à les comprendre. Aussi est-il pour ses amis un bon et utile conseiller.

Son désintéressement ordinaire se peint sur son visage allongé et placide, dans sa physionomie un

ou triste ou moqueuse et vous regardait méchamment. J'y voyais un peuple enchanté de malins esprits.

» Le père Le Beau se tenait d'ordinaire dans sa chambre à coucher qui était aussi encombrée que les autres, mais non point aussi poudreuse ; car la vieille servante avait, par grande exception, licence d'y promener le plumeau et le balai. Une longue table couverte de petits morceaux de carton en occupait la moitié.

» Mon vieil ami, en robe de chambre à ramages et coiffé d'un bonnet de nuit, travaillait devant cette table avec toute la joie d'un cœur simple. Il cataloguait. Et moi, les yeux grand ouverts, retenant mon souffle, je l'admirais. Il cataloguait surtout les livres et les médailles. Il s'aidait d'une loupe et couvrait les fiches d'une petite écriture régulière et serrée. Je n'imaginais pas qu'on pût se livrer à une occupation plus belle. Je me trompais. Il se trouva un imprimeur pour imprimer le catalogue du père Le Beau, et je vis alors mon ami corriger les épreuves. Il mettait des signes mystérieux en marge des placards. Pour le coup, je compris que c'était la plus belle occupation du monde et je demeurai stupide d'admiration.

» Peu à peu l'audace me vint et je me promis d'avoir aussi un jour des épreuves à corriger. Ce vœu n'a été que trop exaucé. On se lasse de tout et même de corriger des épreuves. Il n'en est pas moins vrai que mon vieil ami détermina ma vocation. Par ce spectacle peu commun de son ameublement, il accoutuma mon esprit d'enfant aux formes anciennes et rares, le tourna vers le passé et lui donna des curiosités singulières ; par l'exemple d'un labeur intellectuel régulièrement accompli sans peine et sans inquiétude, il me donna l'envie de travailler dans les lettres et m'en fit, dès l'âge de dix ans, entrevoir la possibilité.

» J'avais douze ans, quand mourut doucement ce vieillard aimable et singulier. Son catalogue, comme vous pensez bien, restait en placards ; il ne fut point publié. Nanon vendit aux

peu effacée, dans l'extrême lenteur de son regard, qui est aimable, distrait et doux, et, jusque dans sa parole, qui hésite et qui s'embarrasse, ce qui est dommage, car il parlerait fort bien sans cela.

Vapereau le fait naître en 1845, mais c'est en 1844 qu'il est né, sur le quai Malaquais, dans une maison attenante à l'hôtel de Chimay, où habita Fouché, et qu'habite aujourd'hui M. Pailleron. Il a gardé de cette maison un souvenir heureux et comme enchanté. Il prit soin d'y loger son vieux Sylvestre Bonnard, afin d'avoir l'occasion d'en parler avec amour. « J'aime, dit-il, à regarder de ma fenêtre la Seine et les quais par les matins d'un gris tendre, qui donnent aux choses une douceur infinie. J'ai contemplé le ciel d'azur qui répand sur la baie de Naples sa sérénité lumineuse. Mais notre ciel de Paris est plus animé, plus bienveillant et plus spirituel. Il sourit, menace, caresse, s'attriste et s'égaie comme un regard humain. »

Et il ajoute ailleurs que les quais, avec leurs étalages de livres, de gravures, de noble bric-à-brac, avec toutes ces choses imprévues et rares qu'ils présentent au hasard ont, plus encore que les profes-

brocanteurs les momies et le reste, et ces souvenirs sont vieux maintenant de plus d'un quart de siècle.

· » La semaine dernière, je vis exposée à l'hôtel Drouot, une de ces petites Bastilles que le patriote Palloy taillait, en 1789, dans des pierres de la forteresse détruite et qu'il offrait, moyennant salaire, aux municipalités et aux citoyens. La pièce était peu rare et de maniement incommode. Je l'examinai pourtant avec une curiosité instinctive, et j'éprouvai quelque émotion en lisant à la base d'une des tours cette mention à demi effacée : *Du cabinet de M. Le Beau.* » (*Télégraphe*, 10 mai 1884).

seurs du collège Stanislas, formé son intelligence et
déterminé ses goûts.

Son père, ancien garde royal, vieux royaliste as-
sombri, avait sur le quai une librairie de vieux livres,
hantée par de vieux causeurs.

C'est là que son fils, en grandissant, se forma aux
calmes travaux de la lecture et prit ces goûts des traditions et des souvenirs qu'il garde dans tous ses ouvrages et qui lui fait mêler sans cesse, dans ses récits,
le passé au présent.

Il n'a, je crois, comme M. Renan, conservé que peu
de croyances ; mais il a conservé le goût de beaucoup
de croyances.

C'est lui-même qui parle assurément dans les aveux
prêtés au petit Nozière : « Grand'maman était frivole...
Elle souriait du sérieux que ma mère apportait à
toutes les affaires de ce monde et de l'autre. » Et plus
loin : « La seule chose qu'elle approuverait en moi,
si elle était encore de ce monde (où elle compterait
aujourd'hui cent dix ans d'âge), c'est une grande facilité à vivre et une heureuse tolérance que je n'ai
pas payées trop cher en les achetant au prix de quelques croyances morales et politiques. Ces qualités
avaient chez ma grand'mère l'attrait des grâces naturelles. Elle mourut sans savoir qu'elle les possédait.
Mon infériorité est de connaître que je suis tolérant
et sociable. »

Ses premières relations littéraires furent avec les
parnassiens de 1868 ; il ressentit pour leur maître
à tous, M. Leconte de Lisle, tout ce qu'une dévotion

mystique à Jean Racine lui laissait encore dans l'âme d'ardeur et de goût. Et il a conservé fidèlement à l'auteur des *Poèmes barbares* une amitié pleine d'admiration.

Il ne fut pas l'un des parnassiens les plus voyants. Son livre des *Poèmes dorés*, venu un peu tard, en 1873, après la guerre et la Commune, fut peu remarqué, sans qu'on puisse s'en étonner beaucoup. Ce n'est pas un livre ; mais une suite d'essais qui se contrarient. L'auteur y recherche parfois la couleur. C'est à quoi il tend dans ce petit poème d'*Homaï* qui ressemble en je ne sais quoi à la *Judith* d'Henri Regnault, mais qui est gâté par une subtilité agaçante, et par des raffinements pénibles de langue et de versification, comme celle-ci :

> Elle entra. Du nuage incertain de ses voiles
> L'astre pur de son front surgissait calme et blanc ;
> Ses cheveux, comme un ciel, étaient semés d'étoiles ;
> *L'eau des saphirs tremblait stagnante sur son flanc.*
>
> . . . .
>
> Ses pieds nus s'avançaient dans la lueur des bagues ;
> *Les rubis à l'orteil dardaient leurs yeux ardents.*

Mais quand la Judith persane se penche vers l'Émir couché dans sa tente, je ne sais pas de plus beau cri d'amour que celui que pousse cet Holopherne de l'Iran.

> « O Beauté que l'Iran et la Nuit m'ont donnée,
> Salut, dit-il ; et toi, Nuit de l'Iran, merci !
> L'instant de ton regard vaut bien plus qu'une année,
> Femme, car j'ai changé depuis que te voici.
>
> « Autrefois, au-devant du sabre et de la lance,
> Au front des cavaliers, dans le sang et les cris,

Sur ma noire jument j'avançais en silence,
Méditant les versets sur ma poitrine écrits.

« Quand, derrière mes pas, une ville naguère,
Brûlant comme un soleil qu'allumait ma vertu,
Faisait des croupes d'or à mes chevaux de guerre,
Je demandais quel nom cette ville avait eu.
. . . .
« Mais à l'heure où tes yeux jettent leurs puissants charmes,
Est-il encore un monde et des colères ? non !
O vierge, dont les bras sont plus beaux que des armes,
Me connais-tu ? Celui qui t'aime est mon seul nom.

« Mon àme, que je sens s'exhaler en tendresse,
Flotte comme une haleine autour de ta beauté :
Me voici devenu faible de ta faiblesse
Et je puis être atteint dans ta fragilité (1).
. . . .

Ses études de vie animale et végétale témoignent d'une haute intelligence. Cependant je ne trouve peut-être d'entièrement durable dans ce livre que *l'Ode à la lumière*.

Dans l'essaim nébuleux des constellations,
        O toi qui naquis la première,
O nourrice des fleurs et des fruits, ô Lumière,
        Blanche mère des visions,

Tu nous viens du soleil à travers les doux voiles
        Des vapeurs flottantes dans l'air :
La vie alors s'anime et, sous ton frisson clair,
        Sourit, ô fille des étoiles !

Salut ! car avant toi les choses n'étaient pas.
        Salut ! douce ; salut ! puissante.
Salut ! de mes regards conductrice innocente
        Et conseillère de mes pas.

Par toi sont les couleurs et les formes divines,
        Par toi, tout ce que nous aimons.
Tu fais briller la neige à la cime des monts.
        etc. . . . . (2)

(1) *Poèmes dorés*, Lemerre, éditeur, 1873, pages 87 et suivantes.
(2) (*Id.*) Pages 1 et suivantes.

Ce morceau est empreint de cette beauté intellectuelle dont je parlais en commençant, et dont l'idée
vient si naturellement à propos de l'auteur des *Noces
corinthiennes* et de *Sylvestre Bonnard*.

Il écrivait en ce temps-là des préfaces pour des édi-
tions de bibliophiles. Ces sortes de travaux ne sont
point lus et sont même imprimés en caractères illisi-
bles. Il s'y plaisait beaucoup, et il a fallu vraiment
l'en arracher. Sa notice sur Bernardin de Saint-Pierre
est un modèle achevé du genre; celle de Racine fut
très remarquée des critiques et surtout, assez méchamment, à l'endroit où il parle des « heureuses perfidies » de l'écolier du Port-Royal.

On voulut, bien à tort, trouver là tout un système
moral.

M. Anatole France habitait, environ ce temps, près
du Luxembourg, et y allait avec un petit groupe d'a-
mis, maintenant dispersés. M. Bourget y faisait avec
élégance de la critique philosophique; M. Frédéric
Plessis, aujourd'hui maître de conférence à Poitiers,
lisait des vers d'un sentiment latin bien agréable ;
M. Camille Benoît, qui vient d'achever l'ouverture et
les chœurs des *Noces corinthiennes*, expliquait Berlioz
dans l'allée des Platanes. On parlait de science et
d'amour, et l'on vivait en paix.

M. France eut, dans ce temps-là, l'esprit tourné à
l'archéologie préhistorique ; je ne sais comment lui
vint cette lubie ; mais il fut quelque temps tout aux
mammouths, aux djœkenimœdens et aux monuments mégalithiques. Cela lui passa.

Il mettait aussi, à longs intervalles, des articles fotr

bien faits dans le journal *le Temps*. Il y mit aussi un petit roman, *Jocaste*, qui, avec beaucoup de pages charmantes, est certainement son inspiration la moins heureuse.

Il y a dans ce même roman des crimes divers, un assassinat, un empoisonnement, un suicide. C'est de l'action cela, et la moins convenable au talent de M. Anatole France; aussi ce roman est-il écourté et manqué. Je le regrette, parce qu'on y trouve une figure bien curieuse et vivante, celle d'un jeune physiologiste sentimental.

Il faut savoir que M. France était, lorsqu'il écrivit *Jocaste*, fort enclin à la physiologie ; il suivit même quelque temps en amateur la clinique de M. Péan, et il raisonnait sur les organes et les fonctions.

Mais cela tomba comme l'archéologie préhistorique, ou plutôt se tourna en philosophie générale.

Son intelligence, savamment cultivée, produisit enfin son fruit le plus précieux et aussi le plus agréable à goûter pour tout le monde. Je veux naturellement parler du *Crime de Sylvestre Bonnard*.

C'est, en apparence, le récit de la vie d'un vieux savant. C'est, en réalité, l'étude de l'âme humaine au déclin de la vie, à l'âge de la réflexion; et je ne crois pas qu'on puisse donner plus de force et plus de grâce à la psychologie des âmes d'élite. Ne vous attachez pas à la fable, qui est mince ; mais goûtez l'esprit du livre.

Il est gracieux et puissant ; il est léger comme l'air, et, comme l'air, il pénètre toutes choses.

Les hommes du seizième siècle avaient un mot

pour désigner ces ouvrages plein de sens, où tout l'homme est mis, avec son intelligence et ses passions : ils les appelaient des magasins et des trésors. Le livre de *Bonnard* est un magasin de pensées et un trésor de morale. Pages agréables et faciles, sans surcharge, malgré leur plénitude ! D'ailleurs je ne crois pas aux chefs-d'œuvre ennuyeux.

Bonnard réussit et le chiffre de la vente, dont je n'ai pas souci, marque, quel qu'il soit, le nombre des lecteurs intelligents dans ce pays où on ne saura bientôt plus lire.

Les *Désirs de Jean Servien* qui furent écrits avant le *Crime de Sylvestre Bonnard,* eurent le tort d'être publiés après ; et le public ne sut pas bon gré au sage auteur d'un livre consolant de se plaire ensuite à conter les troubles d'un petit pion amoureux d'une actrice, bien qu'il soit bien intéressant de voir comment ce Servien imagine une femme et la désire.

A dix-huit ans, il fut reçu bachelier.

Le soir de l'examen, M. Servien déboucha une bouteille cachetée, qu'il gardait depuis longtemps en vue de cette solennité domestique et dont le vin, en se dépouillant, était devenu rose.

— Un jeune homme qui a son diplôme dans sa poche peut entrer par toutes les portes, disait M. Servien, en buvant avec respect ce vin passé, qui avait été bon.

Jean expédia lestement le repas de famille et courut au théâtre. Il ne connaissait encore les spectacles que par les affiches. Il choisit, pour cette soirée, un grand théâtre où l'on jouait une tragédie. Il prit son billet de parterre avec l'espoir confus d'entrer dans un monde de passions et de voluptés. Tout est trouble aux âmes troublées. En entrant dans la salle, il fut surpris et contristé du peu de spectateurs qu'il y avait aux fauteuils et dans les loges. Mais dès qu'il entendit les premiers grincements des violons qu'on accordait, il regarda fixement la toile, qui se leva enfin.

Alors il vit, dans un palais romain, debout, accoudée au dossier d'un siège antique, une femme qui portait sur sa robe de laine blanche la palla couleur de safran. Elle récitait, dans le bruit des pas, des étoffes et des petits bancs, un long monologue, et faisait des gestes lents. Il sentit en la voyant une joie inconnue, qui peu à peu devint aiguë et presque douloureuse. La succession des scènes amena sur le théâtre une confidente, puis un héros, puis des comparses. Mais il ne voyait que la première apparition. Ses regards s'attachaient avidement à elle ; ils caressaient les deux bras nus, autour desquels jouaient des anneaux ; ils glissaient le long de la hanche, sous la haute ceinture ; ils plongeaient dans les cheveux bruns, ondulés sur le front et liés au chignon par trois bandelettes blanches; ils se pressaient contre cette bouche qui remuait et contre les dents humides que, par moments, un reflet de la rampe faisait étinceler. Il voulait sentir, prendre, retenir cette chose belle et vivante qui lui était offerte en spectacle ; il l'enveloppait, l'étreignait des yeux (1).

Malgré d'admirables pages, l'ensemble des *Désirs de Jean Servien* est incertain, brisé, rompu, et l'impression qui reste à l'esprit du lecteur est confuse. C'est que M. France veut ignorer l'art de la composition, de l'arrangement, et il y trouve son compte. Il lui suffit d'appliquer à des sujets changeants et fuyant comme la suite même de la vie sa belle et calme intel-

(1) *Les désirs de Jean Servien*, Lemerre, éditeur, 1882. Pages 55 et suiv.

ligence, d'écrire sans système ni combinaison, dans ce style pur qui lui est propre, et d'exercer son don naturel de bien dire. Et il se résigne à ne point charpenter, pour le plaisir de penser raisonnablement.

Et sa vie est aussi calme et aussi raisonnable que ses pensées. On le voit à ses habitudes et à ses fréquentations, à sa vie retirée dans un bout de Paris, où il y a de larges avenues et des arbres.

Il a épousé, il y a quelques années, la petite-nièce de Jean-Guérin, le miniaturiste de Marie-Antoinette, et ce souvenir lui est agréable.

Sa maison ne sent point trop la littérature. Il y mène une vie tranquille, qu'il rend douce pour les autres et pour lui. Il nous en livre quelques secrets dans ses études d'enfants, qui sont ses productions les plus récentes, et qui viennent d'être publiées dans la *Revue politique et littéraire*.

Une nouvelle figure s'y dessine et, toute petite, remplit tout : celle de Suzanne, qui, à dix mois, voulut manger le coq peint sur une assiette de Strasbourg, et qui, un autre jour, avec sa petite main, essaya de prendre une étoile et se mit à lui parler.

« Ce qu'elle disait n'était pas composé de mots. C'était un parler obscur et charmant, un chant étrange, quelque chose de doux et de profondément mystérieux, ce qu'il fallait enfin pour exprimer l'âme d'un bébé quand un astre s'y reflète. »

Je veux terminer sur cette impression de grâce enfantine cette étude consacrée à une œuvre qui, telle qu'elle est, me plaît profondément.

Comment s'achèvera-t-elle ? Je l'ignore, naturellement. Je rappellerai seulement la prophétie d'un jeune critique, M. Maurice Barrès, qui, parlant de M. Anatole France et des esprits affamés comme lui d'analyse, ajoute : « Chez eux, à la longue, le cœur envahit tout (1) ».

Du moins voyons-nous que, dans l'œuvre de l'auteur de *Sylvestre Bonnard*, la bienveillance s'étend et gagne et qu'il s'en répand une bonté tout humaine, la bonté des sceptiques.

(1) *Anatole France*, par Maurice Barrès. (Paris, Charavay frères, éditeurs, 1883.)

FIN

TABLE DES NOMS PROPRES

DES CONTEMPORAINS (1)

(1) J'entends par contemporains tous ceux que mes lecteurs ont pu raisonnablement connaître.

FIN DE LA TABLE DES NOMS PROPRES

TABLE DES MATIÈRES

F. Aureau. — Imprimerie de Lagny.

9 782013 092739